Emanuela Stramana

Die echte Küche der Toskana

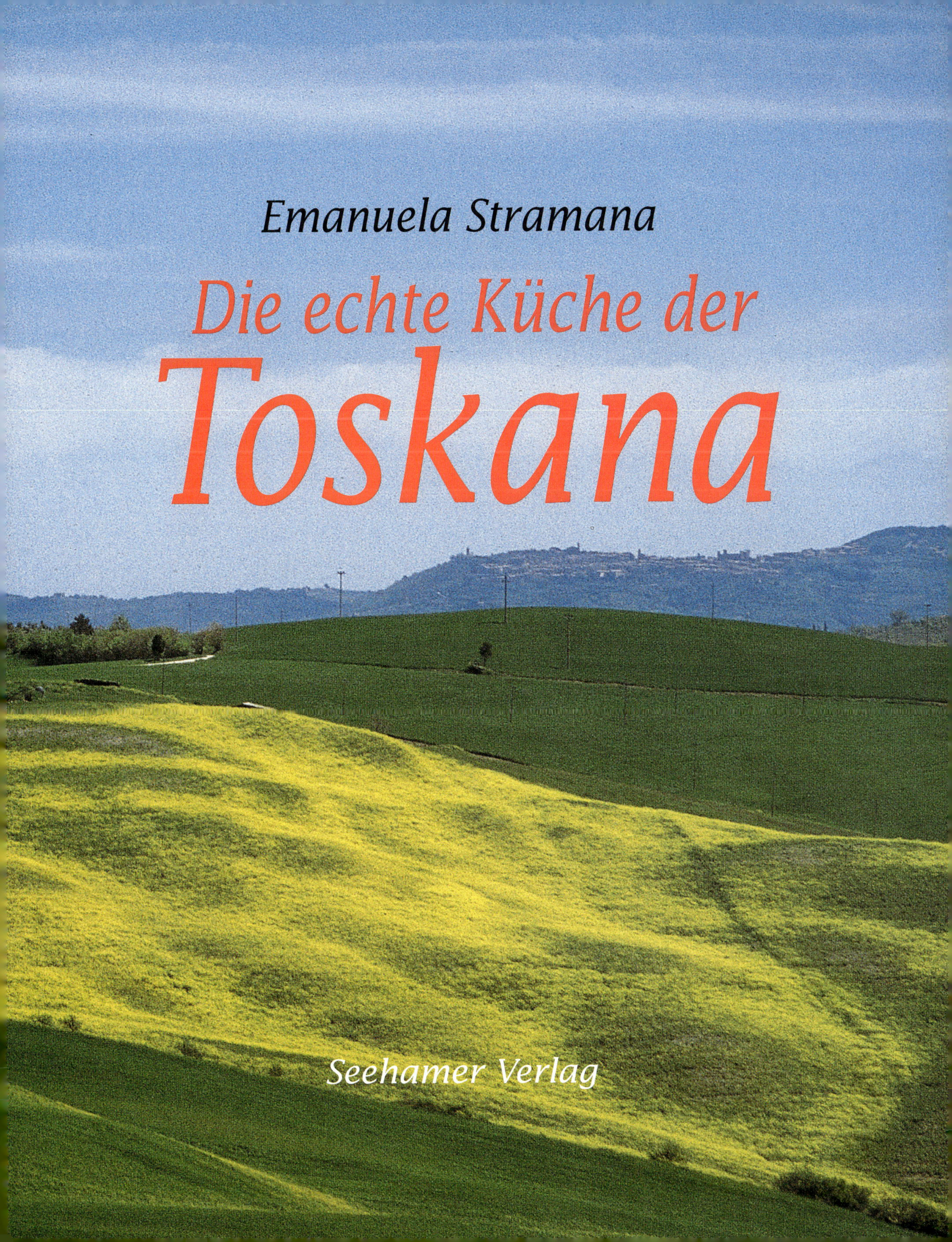

Seehamer Verlag

Inhalt

15000
OFFERTA 16500
OFFERTA 14500

OSTERIA
il grattacielo

SETTE DI VINO!
1
OSTERIA

Kleiner Streifzug durch die toskanische Küche

Toskana: Dieser herrliche Flecken Erde zwischen Apennin und Tyrrhenischem Meer, reich an Kultur und unvergleichlicher Landschaft, geprägt von mittelalterlichen Städtchen, großen *fattorie* (Landgüter) und *poderi* (Bauernhöfe), Ziel vieler Sehnsüchte, gilt vor allem für Feinschmecker als Paradies. So unterschiedlich die einzelnen Regionen der Toskana auch sind, eines haben sie – kulinarisch gesehen – gemeinsam: Ihre Küche ist schlicht, genügsam, unverfälscht, ohne übertriebene Raffinesse. Hier kennt man keine schweren Saucen, keine überwürzten Gerichte. Im Gegenteil, die toskanische Küche legt besonderen Wert auf Zubereitungsformen, die den Eigengeschmack der Zutaten nicht überdecken, sondern unterstreichen. Man denke nur an das toskanische Brot: ungesalzen und mit grober

Kruste, großporig und duftend ... Leicht geröstet, mit Knoblauch eingerieben und mit Olivenöl getränkt ist es schon eine köstliche kleine Mahlzeit, die in ihrer Schlichtheit nicht zu übertreffen ist und doch dem Gaumen signalisiert: So schmeckt es in der Toskana!

Die Ursprünge der traditionellen Küche gehen auf die Etrusker zurück, die vor etwa 3000 Jahren das Gebiet der heutigen Toskana besiedelten. Sie waren das zivilisierteste Volk auf dem europäischen Kontinent und noch heute zeugen Fresken von der hohen Kultur dieses untergegangenen Volkes. Die Darstellungen zeigen nicht nur die Zubereitung der Speisen, zu sehen sind auch große Gelage, bei denen sich Etrusker von graziösen Bediensteten Speis und Trank reichen lassen, während im Hintergrund musiziert wird – ein Beweis dafür, dass Essen nicht nur der reinen Nahrungsaufnahme diente, sondern Bestandteil des kulturellen Lebens war.

Mit der Ausdehnung der Römischen Republik und dem Untergang der etruskischen Zivilisation änderten sich auch die Essgewohnheiten: Es wurde extrem stark gewürzt und alle Speisen wurden mit einer kräftigen Fischsauce übergossen, die den Eigengeschmack der Gerichte gänzlich übertönte. Ein Kochbuch mit hunderten von Rezepten aus dem Jahre 30 v. Chr. überliefert die römische Kochkunst damaliger Zeit – allerdings hat keines dieser Gerichte die Zeiten überdauert ...

Als im 5. Jahrhundert germanische Eindringlinge Städte und Dörfer der heutigen Toskana zerstörten, lebte die Bevölkerung in großer Armut. Viele der heute noch typisch toskanischen Gerichte entstanden in dieser Zeit. Weil Salz wegen der hohen Steuer für die einfache Bevölkerung unbezahlbar war, wurde auch das Brot ungesalzen gebacken. Es war jedoch sättigender Hauptbestandteil vieler Speisen und noch heute darf es bei keiner Mahlzeit fehlen.

Die karge Küche änderte sich im 12. Jahrhundert, als der Handel wieder Aufschwung nahm, die Städte aufblühten und die Bevölkerung anwuchs. In den wohlhabenden Häusern wurden große Küchen eingerichtet und die Kochkunst entwickelte sich weiter. Bereits im 14. Jahrhundert aß man in Florenz mit der Gabel, während ihr Gebrauch im übrigen Italien noch vollkommen unbekannt war. Im 15. Jahrhundert herrschte die Familie der Medici über Florenz und schließlich über die gesamte Toskana. Essen und Trinken wurden wieder zur kulturellen Angelegenheit. Katharina di Medici, die 1533 Heinrich II. von Orleans heiratete und Königin von Frankreich wurde, brachte eine Fülle von Rezepten ihrer Heimat an den französischen Hof. Viele toskanische Gerichte fanden so Eingang in die französische Küche, aus der sich später die Haute Cuisine entwickelte.

Eine besondere ländliche Wirtschaftsordnung, die *mezzadria* (Halbpacht), die teilweise noch bis in die 50er-Jahre des letzten Jahrhunderts Gültigkeit hatte, verlangte von den Bauern, die Hälfte des Ertrags, den sie aus dem ihnen anvertrauten Grund und Boden erwirtschafteten, an den Grundbesitzer abzutreten. Was zu liefern war, wurde vertraglich festgelegt: die Anzahl des Viehs, die Fuhren Heu und Stroh, die Mengen an Korn, Öl, Wein und Brot. Als Gegen-

leistung wurde den Bauern ein Dach über dem Kopf garantiert. Je nach Landstrich war es aber schwer bis unmöglich, mit den verbliebenen Erträgen eine vielköpfige Familie zu ernähren. Die kargen, steinigen Böden der Toskana gaben oft nicht allzu viel her und die meisten Bauern lebten ständig am Existenzminimum, was sich natürlich auch und gerade in der Küche widerspiegelte.

Heute wird die Küche der Toskana wieder durch ihre ländliche Tradition bestimmt und viele Gerichte der traditionellen Armeleuteküche stehen nach wie vor hoch im Kurs. Einfache Gerichte werden mit frischen Kräutern wie Petersilie, Basilikum, Minze (zum Beispiel Bergminze), Estragon oder Rosmarin und dem köstlichen Olivenöl zur Delikatesse; die Verwendung saisonaler frischer Zutaten steht stets im Vordergrund.

Im Gegensatz zum restlichen Italien ist die Toskana von fremden Einflüssen relativ unberührt geblieben. Das erklärt auch, weshalb unter den vielen regionalen Küchen des Landes die toskanische als besonders typisch gilt. Dabei ist die Küche der Toskana die vielfältigste in ganz Italien und sie ist je nach Region sehr stark von den jeweils typischen Produkten geprägt. Die Grundsäulen Brot, Knoblauch und Olivenöl, dazu noch Schafskäse *(pecorino)*, findet man in allen Landstrichen, daneben gibt es jedoch viele regionale Spezialitäten, die oft von Dorf zu Dorf unterschiedlich zubereitet werden – das macht die toskanische Küche so besonders abwechslungsreich.

Nach wie vor ist die Toskana überwiegend ländlich, es gibt wenig Industrie, aber immer noch und sogar zunehmend landwirtschaftliche Kleinbetriebe, die naturbelassene Produkte anbieten. Wer einmal das delikate Fleisch von Schafen, die auf würzigen Weiden aufgezogen wurden, oder das köstliche Hühnerfleisch, das von frei laufendem Geflügel stammt, probiert hat, merkt sehr schnell: Das Fundament der toskanischen Küche ist und bleibt das Grundprodukt. Und obwohl die Armut der Bauern zu einfachen Gerichten zwang, gibt es einen unglaublichen Reichtum an kulinarischer Phantasie. Schlichte Speisen wurden im Laufe der Generationen zu Köstlichkeiten, die durch ungewöhnliche Kombinationen geradezu raffiniert anmuten. Wer einmal zum Dessert einen gereiften Pecorino mit Akazien- oder Kastanienhonig probiert hat, weiß, wovon die Rede ist.

Mehr als in jeder anderen Gegend Italiens hat die frühere Armut dazu beigetragen, dass die Toskaner aus allem, was im Laufe des Jahres wächst und gedeiht, das Allerbeste herausholen und dass sie die einfachsten Gerichte mit viel Phantasie abwechslungsreich und äußerst schmackhaft zu kochen verstehen. Einzig Bohnen und Kichererbsen haben das ganze Jahr Saison. „Bohnenfresser" werden die Toskaner von den übrigen Italienern genannt und in der Tat gibt es ungezählte Gerichte mit frischen oder getrockneten Bohnen – ob als Suppe, Eintopf oder Beilage –, insbesondere mit *cannellini,* einer

länglichen weißen Bohnensorte, oder mit den rot gesprenkelten *borlotti*. Wenn im Frühjahr die ersten Puffbohnen *(fave)* erntefrisch angeboten werden, verspeist man sie gern direkt aus der Schote, also ungekocht, zu Pecorino.

Neben ihrer Vorliebe für Brot und Hülsenfrüchte haben die Toskaner noch eine andere Leidenschaft: Sie gelten als ausgesprochene Fleischliebhaber. Sie genießen Fleisch auf jede Art: gegrillt, gekocht und geschmort. Neben diversen Gerichten mit Schweine-, Rind- oder Kalbfleisch sowie Lamm, Ziege, Wild, Geflügel und Kaninchen sind Braten oder Ragouts von Wildschwein, geschmorter Fasan oder Taube weitere regional typische Köstlichkeiten der toskanischen Küche. Und da die Toskaner – wie fast alle Italiener – leidenschaftliche Jäger sind, kommen diese Spezialitäten entsprechend häufig auf den Tisch. Besonders begehrt und von delikater Schlichtheit ist die berühmte *Bistecca alla fiorentina*, ein riesiges, etwa 1 kg schweres T-Bone-Steak, das im Idealfall von den weißen Chianina-Rindern stammen sollte. Ursprünglich kommt es aus der Maremma, wo die Rinder gehalten werden, doch schon bald eigneten sich wohlhabende Florentiner diese Spezialität an und gaben ihr ihren Namen. In Florenz selbst heißt sie übrigens schlicht *Bistecca* und es gibt keinen Zweifel daran, was gemeint ist. Der Genuss dieses unvergleichlichen, ausschließlich über Holzkohlenfeuer gegrillten Fleischstücks, das nur mit Salz und Olivenöl (eventuell auch mit Pfeffer) gewürzt werden darf, stellt alles in den Schatten: außen knusprig, innen blutig bis rosa, mit unverwechselbarem Aroma.

Fisch spielt hauptsächlich in den Küstenregionen der Toskana eine Rolle. Auch hier gibt es Spezialitäten, die besondere Beachtung

verdienen: So gilt der *Cacciucco* (eine ursprünglich der Armeleuteküche entstammte Fischsuppe) aus der Gegend von Livorno der französischen Bouillabaisse als mindestens ebenbürtig und die um Pisa hoch geschätzten *cee* (Glasaale) sind ein besonderer Genuss. Aber auch was Meer und Flüsse sonst noch hergeben wird auf unnachahmliche Art köstlich zubereitet und auf den Tisch gebracht.

Die Toskaner gelten allgemein als ausgesprochene Individualisten – und im Besonderen, was das Essen angeht: Das zeigt sich schon, wenn man auf Märkten oder in Geschäften beobachtet, mit welcher Sorgfalt die angebotenen Waren begutachtet und verglichen werden. Typisch auch, was oft in Trattorien und Restaurants passiert: Am liebsten lassen sich die Gäste vom Wirt das Tagesangebot „vorbeten“, um dann noch Wünsche anzumelden, dass sie dieses oder jenes Gericht auf spezielle Weise zubereitet haben möchten ... Und in aller Regel geht der Wirt gern auf Sonderwünsche ein, beweisen sie doch, dass der Gast etwas vom Essen versteht. Es ist auch durchaus nicht so, dass stets ein ganzes Menü, also *antipasto*, *primo*, *secondo*, *dolce* (Vorspeise, Nudel- oder Suppengang, Hauptgericht, Dessert), gegessen wird. Je nach Appetit und Laune kann variiert werden und es ist keineswegs unüblich, nur ein *antipasto* und einen Hauptgang zu bestellen. Ach ja, die *antipasti*: Eine toskanische Vorspeise besteht sehr oft aus einer

Portion gemischter Salami und gemischtem Schinken mit zwei oder drei *Crostini* (geröstete Brotscheiben mit Tomaten, Knoblauch und Olivenöl oder mit Milzpaste oder Hühnerleber) und jeder Wirt ist stolz, wenn er einen besonderen Schinken oder eine spezielle Salami der Region anzubieten hat.

Essen ist übrigens oft ein eher gesellschaftliches Ereignis – das bedeutet jedoch nicht unbedingt, Gäste an einer großen Tafel zu bewirten. Häufig verabreden sich Freunde zum Kochen, jeder bringt mit, was er hat, die Mahlzeit wird gemeinsam zubereitet und anschließend wird musiziert und gesungen oder es liegen Karten bereit, um den Tag mit einem Spiel ausklingen zu lassen.

Kulinarisch gesehen kommt auch den vielfältigen Feiertagen eine besondere Bedeutung zu: Sowohl zu regionalen Festen, wie zum Beispiel dem *Palio* (einem traditionellen Pferderennen in der Stadt Siena), als auch zu Weihnachten, Fasching *(Carnevale)*, Ostern oder Marienfesten werden besondere Speisen zubereitet. Sie haben eine lange Tradition und die Rezepte werden von Generation zu Generation weitergegeben.

Eine besondere Stellung in der toskanischen Küche nimmt das Olivenöl ein: Die Landschaft ist geprägt von flirrenden Olivenbäumen und das Öl gehört zum Besten, was die Toskana zu bieten hat. Da ist es selbstverständlich, dass jeder sein Lieblingsöl und seine bevorzugte Ölmühle *(frantoio)* hat. Und wenn man schon keinen eigenen Olivenhain besitzt, weiß man doch zumindest, wer in der Gegend das beste Öl herstellt und kauft es nur dort. Das beste Olivenöl wird unter der Bezeichnung *extra vergine* (extra jungfräulich) gehandelt, es ist dickflüssig, leicht trüb und von fruchtigem, nussigem Geschmack. Es hat eine kräftige grüne Farbe, die erst nach einer Lagerzeit von ein bis zwei Jahren ins gelblich Grüne wechselt. Wenn das erste frisch gepresste Öl zu haben ist – zwischen dem 15. November und dem 15. Dezember – wird es gern im Freundeskreis verkostet und verglichen – am liebsten nur mit einem Stückchen Brot, um den herrlichen reinen Geschmack unverfälscht genießen zu können.

In den bergigen Regionen der Toskana, beispielsweise der Gegend um den Monte Amiata, gibt es ausgedehnte Kastanienwälder und so ist es nicht verwunderlich, dass speziell in diesen Landstrichen die *marroni* (Edelkastanien) Einfluss auf den Speisezettel haben. Sie werden unter anderem gern geröstet zu einem Glas Wein verzehrt; aus Kastanienmehl wird außerdem Polenta bereitet und Kuchen *(Castagnaccio)* gebacken, nicht besonders süß und oft verfeinert mit Pinienkernen oder Rosinen, manchmal gar mit Rosmarin.

Wie bei vielen Spezialitäten „streiten“ die Toskaner auch gern beim Pecorino darüber, woher der beste kommt. Jeder Landstrich, in dem Schafe gezüchtet werden, wetteifert um die Gunst der Genießer. Und in der Tat schmeckt dieser Käse je nach Region durchaus unterschiedlich, da die Bodenbeschaffenheit der Weiden Einfluss auf die Schafsmilch hat. Aber egal, ob es sich um einen milden jungen, einen würzigen gereiften oder einen eher pikanten alten Pecorino handelt: Mir persönlich schmeckt der Schafskäse aus Pienza am besten – vielleicht, weil ich in der Gegend wohne ...

Doch nun genug der Theorie: Sie werden in diesem Buch bei vielen Rezepten Hinweise auf die Herkunft oder kleine Anekdoten zu den Gerichten finden. Wenn nötig, habe ich stets vermerkt, welche Zutaten Sie gegen andere austauschen können, ohne den typischen Geschmack allzu sehr zu verändern. Bei der Zubereitung habe ich mich in erster Linie an der traditionellen, meist also ländlichen Art orientiert – für Stadtbewohner, die beispielsweise keine offene Feuerstelle haben, wird aber in den Tipps darauf hingewiesen, wie ein traditionelles Gericht auch mit einem modernen Herd oder einem elektrischen Grill zubereitet werden kann.

Die nachfolgende Beschreibung der typisch toskanischen Weine soll Ihnen die Suche nach einem geeigneten Tropfen erleichtern und so bleibt mir an dieser Stelle nichts weiter, als Ihnen viel Spaß beim Kochen und vor allem: *buon appetito*, Guten Appetit, zu wünschen!

COMUNE DI PIENZ

MUNICIPIO
PIAZZA
PIO II

Die Weine der Toskana

Wer an toskanischen Wein denkt, hat wohl in erster Linie **Chianti** im Sinn – und tatsächlich wird auf einem Drittel der gesamten Anbaufläche dieser Wein produziert. Das Chiantigebiet erstreckt sich von Pisa im Norden der Toskana über Florenz und Siena bis zum weiter im Süden gelegenen Montalcino und ist in sieben Chinati-Unterzonen unterteilt. Die bekannteste allerdings ist das zwischen Florenz und Siena gelegene *Chianti classico*. Die Bezeichnung *classico* dürfen nur Weine führen, deren Trauben aus dieser Region stammen und nur sie bekommen das rote Siegel mit dem schwarzen Hahn, dem *Gallo nero*. Aber auch die Chianti aus den übrigen Unterzonen gehören seit 1984 in die höchste italienische Weinkategorie, die DOCG *(Denominazione di origine controllata e garantita)*, und das, obwohl viele von ihnen relativ einfache Rotweine sind. Gemeinsam ist allen Chianti, dass sie ganz oder hauptsächlich aus Sangiovese-Trauben gewonnen werden. Der Name Chianti tauchte übrigens bereits im 8. Jahrhundert auf und es wird vermutet, dass er sogar von den Etruskern stammen könnte.

Chianti sind trockene Rotweine von rubinroter Farbe; typisch ist der an Veilchen erinnernde Duft. Junge Chianti sind kräftige, tanninbetonte Weine, die zu vielen Gerichten passen. Bei den älteren Jahrgängen geht die Farbe in Granatrot über. Sie sind samtig, weich und schmecken besonders gut zu dunklem Fleisch.

International am meisten geschätzt und ein absoluter Spitzenwein der Toskana ist der **Brunello di Montalcino**. Ein körperreicher, kräftiger Rotwein, der in der Jugend ein wenig rau und herb, im Alter jedoch eher weich ist. Auch er gehört zu den DOCG-Weinen und wird nur aus speziellen Sangiovese-Trauben, den Sangiovese Grosso, erzeugt. Der Brunello ist kräftiger als der Chianti. Er muss mindestens zwei Jahre im Holzfass lagern und darf erst nach vier Jahren zum Verkauf angeboten werden. Brunello passt hervorragend zu dunklem Fleisch und Wild und sollte einige Stunden vor dem Trinken geöffnet, am besten sogar dekantiert werden.

Eine gute Alternative (auch preislich gesehen!) ist der „kleine Bruder“ des Brunello, der **Rosso di Montalcino**. Wie der Brunello wird er aus reinem Sangiovese Grosso gekeltert, muss aber nur ein Jahr im Fass lagern. Der Rosso schmeckt ebenso wie der Brunello wunderbar zu dunklem Fleisch oder zu Wildgerichten.

Ein weiterer bedeutender Rotwein aus der südlichen Toskana ist der **Vino Nobile di Montepulciano**. Er ist ein naher Verwandter des Chianti und stammt von den Hügeln um Montepulciano in der Provinz Siena. Der Nobile wird aus Sangiovese Grosso (der hier Prugnolo Gentile genannt wird), Canaiolo Nero, den weißen Trauben Malvasia del Chianti, Trebbiano Toscano und gelegentlich kleinen Mengen Mammolo gekeltert. Das Anbaugebiet hat sandigere Böden als Montalcino und durch die Entfernung zum Meer ein kühleres Klima. Dadurch erreicht der Vino Nobile nicht ganz die Fülle eines Brunello, ist aber dennoch ein sehr eleganter Rotwein, der bestens zu Fleischgerichten passt.

Von den weniger anspruchsvollen Lagen um Montepulciano kommen der **Rosso di Montalcino**, ein einfacher aber sehr delikater Rotwein, und der noch einfachere **Chianti Colli Senesi**. Beide Weine passen zu vielen Gerichten.

Südlich von Grossetto, im Hinterland der Maremma, wird ebenfalls Sangiovese Grosso angebaut. Von hier stammt der **Morellino di Scansano**, ein stattlicher Rotwein, der jedoch nicht ganz die Fülle eines Brunello erreicht.

Das kleine Dorf Bolgheri, südlich von Pisa, ist die Heimat des berühmten **Sassicaia**. Er wird ausschließlich aus Cabernet-Franc- und Cabernet-Sauvignon-Trauben gekeltert – Sorten, die eigentlich für die Toskana eher untypisch sind. Der Sassicaia ist ein üppiger, lange lagerfähiger Wein, der schnell Nachahmer gefunden hat, wobei insbesondere der **Ornellaia** zu erwähnen ist. Beide Weine sind relativ teuer und seit 1994 als DOC-Weine eingestuft. Aus dem gleichen Anbaugebiet stammt auch der **Bolgheri Rosso**, der sowohl aus Cabernet-Sauvignon- und Merlot-Trauben als auch aus Sangiovese-Trauben gekeltert wird.

Unter den Weißweinen der Toskana zählt der **Vernaccia di San Gimignano** zu den besten. Die Vernaccia-Traube gedeiht im Chiantigebiet; der Wein hat eine goldgelbe Farbe, ist leicht herb, trocken und passt hervorragend zu Vorspeisen und Fischgerichten.

Ebenfalls perfekt zu Fisch passen der **Bianco Vergine della Valdichiana** sowie der **Galestro**, eine neue leichte Weinsorte aus dem Chiantigebiet. Diese eher preiswerten Weine werden vor allem im Sommer gern getrunken.

Zum Schluss möchte ich Ihnen noch eine besondere Spezialität vorstellen: den **Vin Santo**. Ursprünglich ein Bauernwein, ist er außerhalb der Toskana kaum bekannt. Seinen Namen bekam dieser Dessertwein, weil er ursprünglich nur an Festtagen getrunken wurde. Das hatte einen simplen Grund: Vin Santo wurde und wird auch heute nur in geringen Mengen hergestellt. Er wird meist aus weißen Trebbiano- oder Malvasia-Trauben erzeugt, die auf Strohmatten zum Trocknen ausgelegt werden. Die Mostausbeute beträgt nur etwa 40 bis 50 Prozent, entsprechend hoch ist der Zuckeranteil. Vergoren wird der Vin Santo traditionell in kleinen Holzfässern, den *caratelli,* die auf dem Dachboden gelagert werden. Unter dem Dach deshalb, weil der Temperaturunterschied zwischen Sommer und Winter unbedingt zur Reife benötigt wird. In der Winterkälte kommt die Fermentation zum Stillstand, in der Hitze des Sommers vermehren sich die Hefen. Oxidation ist dabei ein entscheidender Vorgang des Reifeprozesses. Ein guter Vin Santo kann durchaus die Finesse eines alten Portweins erreichen: Er ist edelsüß, hat eine bernsteingelbe Farbe und ein intensives Bukett. Vin Santo wird gern zum Dessert, insbesondere zu *Biscottini di Prato* (oder *Cantucci)*, doppelt gebackenen, harten Mandelkeksen, gereicht.

Neben den berühmten toskanischen Weinen gibt es noch eine ganze Reihe so genannter *vini da tavola* (Tischweine), die oft von beachtlicher Qualität sind und in allen Gegenden der Toskana aus unterschiedlichen Rebzusammensetzungen angeboten werden. Diese Weine stehen in der Regel den klassifizierten DOCG- oder DOC-Weinen in nichts nach und passen sich jeder Mahlzeit harmonisch an.

Die Rezepte

Antipasti

Vorspeisen

Crostini di fegatini di pollo e milza

Crostini mit Hühnerleber und Milz

Für 6 Personen:

2 mittelgroße Zwiebeln
3 Stück Hühnerleber
250 g Kalbsmilz
4 EL Olivenöl
ca. $\frac{1}{8}$ l Weißwein
2 Sardellenfilets, in Öl eingelegt
1 EL kleine Kapern
Salz · Pfeffer
etwas Hühnerbrühe nach Bedarf
6 Scheiben toskanisches Weißbrot oder 12 Scheiben Baguette

◆ Die Zwiebeln schälen und fein würfeln. Die Hühnerleber putzen und grob hacken. Die Milz häuten und ausstreichen.

◆ In einem Topf das Olivenöl erhitzen und die Zwiebelwürfel hellgelb darin andünsten. Milz und Hühnerleber zufügen, kurz andünsten und mit dem Wein ablöschen. Sobald die Flüssigkeit verdunstet ist, die grob zerteilten Sardellen und die Kapern zufügen.

◆ Mit Salz und Pfeffer würzen und mit einem Holzlöffel umrühren. Sobald sich das Gemisch am Boden anlegt, etwas Brühe angießen, nochmals umrühren und 15–20 Minuten mit geschlossenem Deckel köcheln lassen.

◆ Den Topf vom Herd nehmen, wenn die Masse etwas eingedickt ist, und die Leber-Milz-Mischung durch ein Sieb streichen oder mit dem Mixer pürieren, so dass eine dicke Creme entsteht.

◆ Die Brotscheiben rösten, eventuell halbieren, mit der lauwarmen Lebercreme bestreichen und sofort servieren.

In der Toskana feiert man kein Fest, ohne diese köstlichen Crostini als Vorspeise zu servieren. Sie sind sozusagen die Klassiker unter den Crostini.

Die Leber-Milz-Paste kann man auch in größerer Menge zubereiten und gut verschlossen im Kühlschrank einige Tage aufbewahren. Vor dem Servieren sollte sie allerdings unbedingt Zimmertemperatur haben.

Crostini al mirto

Crostini mit Wacholderbeeren

Wacholder wächst in der Toskana überall wild. Um diese köstlich duftenden Crostini herzustellen, sollten Sie am besten frische Wacholderbeeren und nach Möglichkeit ganz frisches Olivenöl verwenden.

Die Wacholdercreme hat ein unübertreffliches Aroma. Da sie lange haltbar ist, kann sie sehr gut in größerer Menge auf Vorrat zubereitet werden. Am besten geben Sie die Creme in ein Schraubdeckel-Glas und bewahren sie im Kühlschrank auf. Vor dem Verzehr sollte sie allerdings Raumtemperatur haben.

Diese Crostini schmecken übrigens besonders gut, wenn sie mit dunklem Brot zubereitet werden.

Für 6 Personen

50 g Butter
2–3 EL Olivenöl extra vergine
100 g Wacholderbeeren
Salz
sehr wenig Pfeffer
6 Scheiben toskanisches Bauernbrot oder Vollkornbrot

Und so wird's gemacht.

- Aus der Butter, dem Olivenöl, den Wacholderbeeren, etwas Salz und Pfeffer im Mixer oder mit dem Pürierstab eine dicke Creme herstellen.
- Die Brotscheiben leicht anrösten, halbieren und mit der Wacholdercreme bestreichen. Sofort servieren.

Crostini verdi all'uovo

Grüne Crostini mit Ei

Brot hat in der Toskana immer eine ganz besondere Rolle gespielt – sowohl bei den alltäglichen Mahlzeiten als auch bei festlichen Anlässen. Und in der Tat sind Crostini ursprünglich nichts weiter als die phantasievollen Brotvariationen für Fest- und Feiertage …

Auch diese Variante, einfach und mit simplen Zutaten hergestellt, ist ein köstlicher Auftakt zu einem festlichen Essen!

Für 4 Personen

2 Eier
1 großer Bund frische Petersilie
1 EL Kapern
3–4 Sardellen, in Öl eingelegt oder ca. 2 cm Sardellenpaste aus der Tube
Mayonnaise
4 Scheiben toskanisches Weißbrot

◆ Die Eier hart kochen, abpellen und vierteln. Die Petersilie waschen, trockenschütteln und die Stängel entfernen.

◆ Die Eier mit den Petersilienblättchen, den Kapern und den Sardellen oder der Sardellenpaste sehr fein hacken.

◆ Alles zusammen mit gerade so viel Mayonnaise vermischen, dass eine geschmeidige Creme entsteht.

◆ Die Brotscheiben halbieren, leicht anrösten, etwas abkühlen lassen und dick mit der Eicreme bestrichen servieren.

Crostini bianchi di funghi

Weiße Crostini mit Steinpilzen

◆ Die Steinpilze mit einem trockenen Tuch vorsichtig säubern, den Fuß abschneiden und die Pilze in dünne Scheiben schneiden.
◆ Den Knoblauch häuten, fein hacken und im heißen Öl hell anschwitzen. Sobald er Farbe annimmt, die in Scheiben geschnittenen Pilze dazugeben, mit Salz nach Belieben würzen und bei mäßiger Hitze zugedeckt ca. 10 Minuten schmoren lassen.
◆ Inzwischen die Minze oder Petersilie waschen, trockenschütteln, die Stängel entfernen und die Blätter fein hacken. Die Kräuter zu den Pilzen geben, noch 1–2 Minuten köcheln lassen.
◆ Den Topf vom Herd nehmen und die Pilzmischung mit dem Pürierstab zu einer Creme verarbeiten. Eventuell mit etwas Pfeffer würzen.
◆ Die Brotscheiben halbieren, leicht anrösten und mit der heißen Pilzcreme bestreichen. Sofort servieren.

Für 4 Personen

2–3 Steinpilze (die Anzahl hängt von der Größe der Pilze ab)
2 Knoblauchzehen
4 EL Olivenöl
Salz
eine Hand voll Bergminze, ersatzweise Petersilie oder eine andere Minzesorte
Pfeffer
4 Scheiben toskanisches Weißbrot

Früher hat man diese Creme im Mörser zubereitet und Puristen tun das auch heute noch. Ich selbst benutze normalerweise einen Pürierstab, weil ich – wie die meisten Hausfrauen heute – nicht so viel Zeit habe und es mit dem Elektrogerät einfach schneller geht.

Bergminze ist übrigens eine im Mittelmeerraum beheimatete Minzesorte mit intensivem, unverwechselbarem Geschmack. Falls Sie keine bekommen, können Sie ohne weiteres eine andere Minzesorte oder Petersilie verwenden.

Bruschetta o fett'unta semplice

Einfache Bruschetta

Für 4 Personen

4 Scheiben toskanisches Bauernbrot oder anderes weißes Landbrot
4 Knoblauchzehen
Olivenöl extra vergine
Salz nach Belieben

◆ Die Brotscheiben über mäßiger Glut rösten (Stadtbewohner, die keinen offenen Kamin haben, können natürlich auch einen Toaster verwenden).
◆ Den Knoblauch abziehen.
◆ Die noch heißen Brotscheiben auf einen Teller legen. Jede Scheibe von beiden Seiten mit einer Knoblauchzehe einreiben.
◆ Mit dem Olivenöl beträufeln, leicht salzen und die Bruschetta sofort servieren.

Noch heute ist der Brauch lebendig, das neue Olivenöl im Freundeskreis zu verkosten. Jeder bringt etwas mit, es wird verglichen und probiert.
Man sitzt am Kamin und lässt sich bezaubern vom intensiven Geruch des brennenden Holzes, vom Geschmack des Knoblauchbrotes und von einem jungen Rotwein.

Bruschetta rossa

Bruschetta mit Tomaten

Für 4 Personen

4 vollreife Tomaten
einige frische Basilikumblätter
4 Scheiben toskanisches Bauernbrot
4 Knoblauchzehen · Salz
Olivenöl extra vergine

◆ Die Tomaten kurz mit heißem Wasser überbrühen, häuten, vierteln und entkernen, dabei die Stielansätze entfernen. Das Fruchtfleisch grob würfeln.
◆ Die Basilikumblätter klein schneiden. Das Brot hell rösten.
◆ Den Knoblauch abziehen und die Brotscheiben beidseitig kräftig damit einreiben.
◆ Die Tomatenwürfel auf den Brotscheiben verteilen, salzen, mit Basilikum bestreuen und mit reichlich Olivenöl beträufeln.

Bruschetta al tartuffo

Trüffel-Bruschetta

◆ Die Trüffeln vorsichtig abwaschen und in sehr dünne Scheiben hobeln.
◆ Die Brotscheiben rösten. In diesem Fall wäre es besonders schön, wenn Sie das über offenem Feuer tun könnten, am besten sogar über Olivenholz ... Aber natürlich können Sie auch für diese Bruschetta einen Toaster benutzen.
◆ Inzwischen das Olivenöl in einem kleinen Topf erhitzen und die Trüffelscheiben für einige Sekunden ins heiße Öl geben.
◆ Die Pilze mit dem Öl sofort auf den gerösteten Brotscheiben verteilen, leicht salzen, eventuell pfeffern und – guten Appetit!

Für 4 Personen

1–2 schöne schwarze Trüffel (je nach Größe)
4 Scheiben toskanisches Bauernbrot
3–4 EL Olivenöl
Salz · Pfeffer

Diese etwas luxuriöse Variante der Bruschetta ist natürlich ein besonderer Gaumenkitzel und mit Sicherheit ein voller Erfolg, wenn Sie Gäste haben.

Bruschetta alla buttera

Bruschetta mit geräuchertem Ricotta

◆ Die Tomaten kurz überbrühen, häuten, vierteln und entkernen, dabei die Stielansätze entfernen. Das Fruchtfleisch fein würfeln. Mit Salz und Oregano würzen, mit etwas Olivenöl beträufeln.
◆ Den Knoblauch abziehen.
◆ In einer Pfanne in etwas Olivenöl den Ricotta erhitzen.
◆ Inzwischen die Brotscheiben rösten, jede Scheibe kräftig mit Knoblauch einreiben und mit den Tomatenwürfeln belegen.
◆ Den warmen Käse auf den Broten verteilen, sofort servieren.

Für 4 Personen

4 kleine reife Tomaten
Salz · Oregano
Olivenöl
4 Knoblauchzehen
4 Scheiben geräucherter Ricotta
4 Scheiben Brot

Bruschetta rustica alle erbe

Rustikale Bruschetta mit Kräutern

Diese mit Kräutern gewürzte Bruschetta ist zwar von den Zutaten her sehr schlicht, doch die köstliche Mischung der Duft- und Geschmacksaromen macht sie zu einem echten Appetitanreger. Ihr Geschmack erinnert an heiße, sonnige Sommertage. Kräuterbruschetta schmeckt übrigens auch gut mit Rosmarin, Schnittlauch oder Bohnenkraut.

Für 4 Personen

je ½ TL getrockneter Oregano, Thymian und Majoran
1 Prise Chilipulver
4 Scheiben toskanisches Landbrot · Salz
Olivenöl extra vergine

So wird's gemacht:

- Die Kräuter mit dem Chilipulver mischen.
- Das Brot rösten. Auf die heißen Brotscheiben die Kräutermischung streuen, mit etwas Salz würzen und mit reichlich Olivenöl beträufeln. Sofort warm servieren.

Bruschetta alla crema di olive

Bruschetta mit Olivenpaste

Für 4 Personen

350 g in Salz eingelegte schwarze Oliven
evtl. etwas Olivenöl extra vergine
4 Knoblauchzehen
4 Scheiben toskanisches Weißbrot

- Die Oliven entsteinen, klein schneiden und im Mörser zu Brei zerstampfen. Falls nötig, etwas Olivenöl darunter mischen.
- Den Knoblauch abziehen.
- Das Brot rösten, jede Scheibe kräftig mit Knoblauch einreiben und die zerstampften Oliven darauf verteilen.

Fett'unta con cavolo nero

Fett'unta mit Schwarzkohl

Cavolo nero *(Schwarzkohl) ist eine in allen Gebieten der Toskana verbreitete Kohlsorte und die Hauptzutat dieser schlichten Bruschetta-Variante.*

Zu Beginn des Winters, mit dem ersten Frost – also gerade, wenn das frische Olivenöl gepresst wird – wird er überall angeboten.

Wer nicht in der Toskana lebt und daher keinen Schwarzkohl zur Hand hat, kann andere Kohlsorten verwenden, die ebenso herzhaft sind. Dem Schwarzkohl am nächsten kommt der in Deutschland erhältliche Grünkohl, aber auch Wirsing ist eine gute Alternative.

Eine Variante dieses Rezeptes ist Bruschetta all fagioli *(Bruschetta mit weißen Bohnen). Dazu werden weiße Bohnen aus der Dose verwendet, die – abgetropft – in einem Topf mit etwas Olivenöl erhitzt werden. Man kann das geröstete und mit Knoblauch eingeriebene Brot aber auch mit Kohl und Bohnen belegen.*

Beide Versionen dieser sättigenden Röstbrote kamen bei den toskanischen Bauern übrigens traditionell als vollwertige Mahlzeit auf den Tisch.

◆ Den Schwarzkohl gründlich waschen. In einem Topf Salzwasser zum Kochen bringen, den Kohl hineingeben und 5–8 Minuten garen. Das Wasser abgießen, den Kohl abtropfen lassen, etwas ausdrücken und noch warm grob hacken.
Falls Sie Grünkohl verwenden, sollte er ein wenig länger kochen.

◆ Den Knoblauch häuten.

◆ Die Brotscheiben rösten, kräftig mit Knoblauch einreiben und den gehackten Kohl auf den Broten verteilen. Mit Olivenöl beträufeln, eventuell nachsalzen und sofort servieren.

Für 4 Personen

6–8 Stängel Schwarzkohl (180–200 g)
alternativ: Grünkohl oder Wirsing
Salz
4 Knoblauchzehen
4 Scheiben toskanisches Landbrot
Olivenöl extra vergine

Stuzzichini di salvia

Salbeihäppchen

Für 12 Häppchen

2 Eier · Salz · Pfeffer
24 frische Salbeiblätter
6 Sardellenfilets, in Öl eingelegt
Öl zum Frittieren

◆ Die Eier mit einer Prise Salz und etwas Pfeffer gründlich verquirlen.
◆ Die Salbeiblätter waschen, trockentupfen und durch die verquirlten Eier ziehen.
◆ Jeweils zwischen zwei Salbeiblätter ein halbes Sardellenfilet legen, die Blätter leicht zusammendrücken, mit einem Zahnstocher fixieren und kurz in heißem Öl frittieren, bis sie knusprig sind.
◆ Die frittierten Häppchen auf Küchenpapier etwas abtropfen lassen und sofort servieren.

Stuzzichini di basilico

Basilikumhäppchen

Für 12 Häppchen

2 Scheiben Mozzarella
2 Eier
Salz · Pfeffer
24 (große) Basilikumblätter
Öl zum Frittieren

◆ Den Mozzarella in 12 etwa haselnussgroße Stückchen schneiden.
◆ Die Eier mit einer Prise Salz und etwas Pfeffer gründlich verquirlen.
◆ Die Basilikumblätter waschen, trockentupfen und durch die verquirlten Eier ziehen.
◆ Jeweils zwischen zwei Basilikumblätter ein Stückchen Mozzarella legen, die Blätter leicht zusammendrücken, mit einem Zahnstocher fixieren und sofort kurz in heißem Öl frittieren, bis sie knusprig sind.
◆ Die frittierten Häppchen auf Küchenpapier etwas abtropfen lassen und sofort servieren.

Fiori di zucca fritti

Frittierte Zucchiniblüten

◆ Die Eier mit etwas Salz, Muskat und etwas Pfeffer gründlich verquirlen.
◆ Die Zucchiniblüten vorsichtig waschen und trockenschütteln. Jede Blüte mit 1 TL Ricotta füllen und an der Spitze vorsichtig zudrehen. Aber Achtung: Gehen Sie zart mit den Blüten um, damit sie nicht einreißen!
◆ Die gefüllten Blüten durch die verquirlten Eier ziehen und sofort in heißem Öl frittieren, bis sie knusprig sind.
◆ Die frittierten Blüten kurz auf Küchenpapier abtropfen lassen und sofort servieren.

Für 12 Häppchen

2 Eier
Salz
1 Prise Muskat
Pfeffer
12 Zucchiniblüten
12 TL Ricotta
Öl zum Frittieren

Falls Sie Zucchini im Garten haben: Verwenden Sie nur die männlichen Blüten. Zu erkennen sind sie daran, dass sie im Gegensatz zu den weiblichen einen Stiel haben. Die weiblichen Blüten dagegen sitzen direkt an der Frucht. Sie sind nicht so fest und auch nicht so schmackhaft wie die männlichen.

Falls Sie keinen Ricotta zur Hand haben: Sie können die Blüten auch ohne Füllung frittieren. Sie schmecken in jedem Fall köstlich!

Pasta fritta o crescentine

Frittierte Hefeteigfladen

Für 6 Personen

¼ l Milch
50 g frische Backhefe
500 g Weizenmehl
50 g Schweineschmalz oder Öl
Salz
reichlich Öl zum Frittieren

◆ Die Milch leicht erwärmen, die Hefe hineinbröckeln und darin auflösen.

◆ Das Mehl auf eine Arbeitsfläche sieben, eine Mulde hineindrücken und die Hefemilch, das Öl oder das Schmalz in Flöckchen sowie ein wenig Salz hineingeben. Alle Zutaten zu einem elastischen, nicht zu festen Teig verkneten.

◆ Den Teig zu einer Kugel formen und ca. 1 Stunde mit einem Küchentuch bedeckt an einem warmen Ort gehen lassen.

◆ Nach dem Aufgehen den Teig zu einem ca. 5 mm dicken Teigblatt ausrollen und in Rauten oder Quadrate von 4–5 cm Kantenlänge schneiden.

◆ Inzwischen in einem großen Topf das Öl erhitzen und die Teigfladen darin frittieren. Sie blähen sich auf, sobald sie mit dem heißen Öl in Berührung kommen.

◆ Wenn die Teigfladen eine schöne goldgelbe Farbe angenommen haben, mit einem Schaumlöffel herausnehmen und auf Küchenpapier kurz abtropfen lassen. Sofort heiß servieren.

Focaccia o schiacciata

Fladenbrot

- Die Hefe in das lauwarme Wasser bröseln und darin auflösen.
- Das Mehl auf eine Arbeitsfläche sieben und eine Mulde hineindrücken. Die Hefe, das Öl und eine kräftige Prise Salz hineingeben und alles zu einem elastischen, nicht zu festen Teig verkneten.
- Den Teig zu einer Kugel formen und 1–1 $\frac{1}{2}$ Stunden mit einem Küchentuch bedeckt an einem warmen Ort gehen lassen.
- Anschließend den Teig auf einem eingefetteten Backblech ausrollen und mit den Fingern kleine Mulden in die Teigoberfläche drücken.
- Den Backofen auf 200 °C vorheizen.
- Zum Bestreichen das Olivenöl mit dem Wasser und dem Salz gründlich vermischen und mit einem Backpinsel gleichmäßig auf der Teigoberfläche verstreichen. Den Rosmarin darüber streuen.
- Das Blech auf mittlerer Schiene in den Ofen schieben und das Fladenbrot 15–20 Minuten backen. Erst schneiden, wenn die *Focaccia* etwas abgekühlt ist!

Für 16–20 Stücke

Für den Teig:
25 g frische Backhefe
ca. $\frac{1}{8}$ l lauwarmes Wasser
700 g Weizenmehl
2 EL Olivenöl
Salz
Olivenöl zum Einfetten des Backblechs

Zum Bestreichen:
5 EL Olivenöl
1 EL Wasser
1 EL Salz
1 EL Rosmarinnadeln

Die Focaccia *schmeckt besonders gut, wenn sie lauwarm gegessen wird.*
Übrigens können Sie das Fladenbrot auch variieren, indem Sie schwarze Oliven, entsteint und in Scheiben geschnitten, unter den Teig mischen oder das Fladenbrot vor dem Backen mit frisch geriebenem Parmesan statt mit Rosmarin bestreuen.

In den Bars von Florenz wird die Schiacciata *in einer süßen Variante zum Kaffee angeboten. Falls Sie diese Version probieren möchten, nehmen Sie einfach Zucker statt Salz und ersetzen den Rosmarin durch Rosinen.*

Trippa in insalata

Kuttelsalat

Für 6 Personen

500 g vorgekochte Kutteln
1 Hand voll schwarze Oliven
1 ½ Bund Petersilie
2 Knoblauchzehen
Olivenöl extra vergine
Salz
frisch gemahlener Pfeffer

◆ Die gekochten Kutteln (kann man fertig beim Metzger kaufen) diagonal in sehr dünne Streifen schneiden und in eine Schüssel geben.
◆ Die Oliven entsteinen, in Scheiben schneiden und hinzufügen.
◆ Die Petersilie waschen, trockenschütteln und die Stängel entfernen. Die Blätter fein hacken und zu den Kutteln geben.
◆ Den Knoblauch abziehen, fein hacken und ebenfalls untermischen.
◆ Alles mit Olivenöl beträufeln, mit Salz und frisch gemahlenem Pfeffer würzen und noch einmal gut durchmischen.
◆ Den Salat vor dem Servieren etwa 30 Minuten kühl stellen und durchziehen lassen.

Kuttelsalat ist besonders im Sommer eine beliebte Vorspeise. Wenn Sie den Knoblauch lieber weglassen, geben Sie stattdessen in Essig eingelegtes Gemüse – zum Beispiel Artischockenherzen oder Paprika – dazu.
Vollreife, in Scheiben geschnittene Tomaten oder in dünne Ringe geschnittene Lauchzwiebeln werden ebenfalls gern unter den Salat gemischt. Anstelle der Petersilie können Sie auch Basilikum verwenden.

Wie Sie die Zutaten auch variieren: Kuttelsalat ist in jedem Fall eine sehr schmackhafte Vorspeise.

Panzanella

Brotsalat mit Tomaten

Panzanella *(auch als* Pan molle *bezeichnet) ist ein uraltes Gericht, das früher von den Bauern mit Gemüse aus dem Garten und übrig gebliebenem Brot improvisiert wurde.*
Das nachfolgende Rezept ist das traditionelle, doch es gibt zahlreiche Variationen: Verschiedene Gemüsesorten, Thunfisch, hart gekochte Eier oder Oliven werden häufig als weitere Zutaten verwendet, um die Panzanella *gehaltvoller und damit zu einer preiswerten, aber feinen Sommermahlzeit zu machen.*

Es heißt, dass Bronzino, ein bekannter Florentiner Maler des 16. Jahrhunderts, die Panzanella *mit folgenden Versen besungen habe:*

„Vince ogni altro piacer di questa vita ...
Considerate un po' s'aggiungessi basilico e ruchetta ..."
(„Sie übertrifft jeden anderen Genuss in diesem Leben ...
Man sollte in Erwägung ziehen, noch Basilikum und Rauke dazuzugeben ...")
Es lohnt sich, das selbst auszuprobieren!

Für 6 Personen

6 Scheiben altbackenes Landbrot
2 rote Zwiebeln
6 reife Tomaten
3 kleine Gurken
1 ½ Hand voll Basilikumblätter
evtl. etwas Rauke
1 ½ EL Weißweinessig
2–3 EL Olivenöl extra vergine
Salz · Pfeffer

◆ Das Brot in Scheiben schneiden und ca. 10 Minuten in kaltem Wasser einweichen. Anschließend mit den Händen sehr gut ausdrücken und in eine Salatschüssel geben.

◆ Die Zwiebeln abziehen und sehr fein hacken. Die Tomaten waschen, trockentupfen, die Stielansätze entfernen und das Fruchtfleisch in Scheiben schneiden. Die Gurken schälen und ebenfalls in Scheiben schneiden. Alles zum Brot geben.

◆ Das Basilikum und – wenn Sie den Rat Bronzinos befolgen möchten – ein wenig klein geschnittene Rauke hinzufügen.

◆ Den Brotsalat mit dem Weinessig und dem Olivenöl beträufeln, mit Salz und Pfeffer abschmecken und gut durchmischen. Vor dem Servieren etwa 30 Minuten kühl stellen.

Acciughe sott'olio

In Öl eingelegte Sardellen

Für 6 Personen

500 g Sardellen, in Salz eingelegt
1 ½ EL Essig
3 Knoblauchzehen
½ Bund Petersilie
1 Chilischote
Olivenöl extra vergine

◆ In Salz eingelegte Sardellen gibt es fertig zu kaufen. Die Fische gründlich abwaschen und entgräten, in eine Schüssel legen, mit dem Essig beträufeln und ca. 1 Stunde durchziehen lassen.
◆ In der Zwischenzeit den Knoblauch abziehen, die Petersilie waschen, trockenschütteln und die Blätter von den Stängeln zupfen, die Chilischote aufschneiden, die Kerne entfernen und alles zusammen fein hacken.
◆ Eine Schicht Sardellen in eine Schüssel legen, mit etwas Knoblauchmischung bestreuen und darüber eine zweite Schicht Sardellen verteilen. Auf diese Weise fortfahren, bis alle Zutaten verbraucht sind. Die letzte Schicht sollte aus Knoblauchmischung bestehen.
◆ Zum Schluss alles mit Olivenöl bedecken und bis zum Anrichten einige Zeit kühl stellen.

Acciughe al prezzemolo e limone

Sardellen mit Petersilie und Zitrone

Für 5–6 Personen

⅛ l Weißwein
½ Zitrone
400 g frische Sardellen
Saft von 1 Zitrone
Salz · frisch gemahlener Pfeffer
1 EL fein gehackte Petersilie
Olivenöl extra vergine

◆ In einem Topf 1–1 ½ l Wasser bis zum Sieden erhitzen, den Weißwein und die in Spalten geschnittene halbe Zitrone dazugeben, die Sardellen hineinlegen und 5–10 Minuten ziehen lassen.
◆ Anschließend die Fische mit einem Schaumlöffel aus dem Wasser nehmen, gut abtropfen lassen und auf eine Servierplatte legen.
◆ Die Sardellen mit dem Zitronensaft beträufeln und mit Salz und frisch gemahlenem Pfeffer würzen. Mit Petersilie bestreuen und etwas Olivenöl darüber geben.
◆ Vor dem Servieren einige Zeit bei Zimmertemperatur durchziehen lassen.

Arselle o telline alla livornese

Archen- oder Dreiecksmuscheln auf Livorneser Art

Für 6 Personen

2 kg frische Archen- oder Dreiecksmuscheln
1 Zwiebel
1 großer Bund Petersilie
4 Tomaten
alternativ: 2 EL Tomatenmark
3–4 EL Olivenöl
Salz
frisch gemahlener Pfeffer
6 Scheiben toskanisches Landbrot

◆ Die Muscheln unter fließendem Wasser gründlich waschen. Geöffnete oder kaputte Muscheln wegwerfen.
◆ Die Zwiebel abziehen und fein würfeln.
◆ Die Petersilie waschen, trockenschütteln und einen kleinen Teil zur Dekoration beiseite legen. Von der restlichen Petersilie die Stängel entfernen und die Blätter grob hacken.
◆ Die Tomaten kurz mit heißem Wasser überbrühen, häuten, vierteln und entkernen, dabei die Stielansätze entfernen. Das Fruchtfleisch grob würfeln.
◆ In einer großen Pfanne das Olivenöl erhitzen, die Zwiebelwürfel hellblond darin anschwitzen und mit Salz und Pfeffer würzen. Die gehackte Petersilie untermischen und die Muscheln in die Pfanne geben. Gut umrühren! Anschließend die Tomatenwürfel (oder das mit etwas Wasser verrührte Tomatenmark) zufügen, noch einmal umrühren und die Pfanne mit einem Deckel schließen.
◆ Inzwischen das Brot toasten, auf einer Servierplatte anrichten und mit der restlichen Petersilie dekorieren.
◆ Sobald sich die Muscheln geöffnet haben, mit dem Muschelsud über dem vorbereiteten Brot verteilen.
◆ Mit Pfeffer würzen und sofort servieren.
Ich bin sicher: Das Wasser wird Ihnen im Munde zusammenlaufen!

Es wird manchmal behauptet, dass Tomatenmark besser für dieses Gericht geeignet sei – ich persönlich verwende lieber frische Tomaten. Probieren Sie einfach aus, was Ihnen besser schmeckt.

Vongole verace in salsa d'uovo

Venusmuscheln in Eiersauce

Für 6 Personen

2 kg frische Venusmuscheln
reichlich Petersilie
2 Knoblauchzehen
6 EL Olivenöl
Salz
Pfeffer
6 Scheiben toskanisches Landbrot

Für die Sauce:
ca. 1/8 l Brühe (aus einem Brühwürfel)
Salz
Saft von 1 Zitrone
1 EL Mehl
2 Eigelb

◆ Die Muscheln unter fließendem Wasser gründlich waschen. Geöffnete oder kaputte Muscheln wegwerfen.

◆ Die Petersilie waschen, trockenschütteln, die Stängel entfernen und die Blätter grob hacken.

◆ Den Knoblauch abziehen und in dünne Scheiben schneiden.

◆ In einer Pfanne das Olivenöl erhitzen, den Knoblauch zugeben und goldgelb andünsten. Die gehackte Petersilie zufügen und alles gut vermischen.

◆ Die gewaschenen Muscheln in die Pfanne geben, salzen und pfeffern, gut umrühren und mit geschlossenem Deckel garen. Dabei immer mal wieder an der Pfanne rütteln, damit nichts ansetzt.

◆ Inzwischen das Brot rösten und auf einer vorgewärmten Servierplatte verteilen.

◆ Sobald sich die Muscheln geöffnet haben, den Inhalt der Pfanne über dem Brot verteilen und warm stellen.

◆ Für die Sauce die Muschelpfanne zurück auf den Herd stellen und die Brühe darin erhitzen, eventuell etwas salzen. Das in Zitronensaft verrührte Mehl unterschlagen, aufkochen lassen und die Pfanne vom Herd nehmen.

◆ Das Eigelb verquirlen und mit einem Schneebesen vorsichtig einrühren. Die Pfanne wieder auf den Herd stellen und die Sauce erhitzen, aber nicht mehr aufkochen lassen. Die fertige Sauce sollte die Konsistenz einer flüssigen Creme haben.

◆ Die Muscheln mit der Sauce überziehen und sofort servieren.

Sie können dieses Gericht abwandeln, indem Sie die Muscheln ohne Eiersauce servieren – nach Meinung des berühmten Artusi schmecken sie dann sogar noch besser ...

Frittata con pomodoro e basilico

Frittata mit Tomaten und Basilikum

Eine Frittata unterscheidet sich von einem Omelett dadurch, dass die Geschmackszutaten wie Gemüse oder Käse gleich mit den rohen Eiern vermischt und nicht als separate Füllung zu den fertigen Pfannkuchen gegeben werden.
Frittata ist eine beliebte Vorspeise, die sich auch auf einem warmen Büfett gut macht. Sie wird sowohl heiß aus der Pfanne als auch lauwarm, aber niemals eiskalt gegessen und immer in Tortenstücke zerteilt serviert. Es gibt unzählige Variationen – lassen Sie Ihrer Phantasie freien Lauf!

Für 4–6 Personen

500 g vollreife Tomaten
alternativ: 1 Dose Tomaten (250 g)
4 EL Olivenöl
Salz
5 Eier
2 EL frisch geriebener Parmesan
reichlich frisches Basilikum
Pfeffer

◆ Die Tomaten kurz mit heißem Wasser überbrühen, häuten, vierteln und entkernen, dabei die Stielansätze entfernen. Das Fruchtfleisch grob würfeln. Alternativ können Sie auch Dosentomaten verwenden, diese gut abtropfen lassen und ebenfalls würfeln.
◆ In einer großen Pfanne das Olivenöl erhitzen, die Tomaten hineingeben, salzen und ca. 10 Minuten leicht köcheln lassen.
◆ Die Pfanne vom Herd nehmen und die Tomaten vorsichtig aus der Pfanne heben, das Öl dabei zurücklassen. Vor der weiteren Verarbeitung die Tomaten etwas abkühlen lassen.
◆ Die Eier in eine Rührschüssel schlagen, die abgekühlten Tomaten, eventuell noch eine Prise Salz, den geriebenen Parmesan und die klein gezupften Basilikumblättchen zufügen. Mit Pfeffer würzen und alles gut vermischen.
◆ Die Pfanne mit dem verbliebenen Öl erneut auf den Herd stellen, eventuell noch etwas Öl zugeben, erhitzen und die Eier-Tomaten-Mischung in die Pfanne geben. Die Hitze reduzieren, damit die Frittata nicht anbrennt.
◆ Sobald die Eier zu stocken beginnen, die Frittata mit Hilfe eines Tellers wenden und fertig backen.
◆ Die Frittata auf eine Kuchenplatte gleiten lassen, in Tortenstücke zerteilen und – guten Appetit!

Ich möchte Ihnen noch eine köstliche Variante vorschlagen, die Sie besonders gut im Frühsommer zubereiten können:

Frittata con zucchine e fiori di zucca

Frittata mit Zucchini und Kürbisblüten

Für 4–6 Personen

3 Frühlingszwiebeln
2 mittelgroße Zucchini
4 EL Olivenöl
Salz
6–8 Kürbisblüten
5 Eier
1 Prise Muskat
2 EL frisch geriebener Parmesan
Pfeffer

◆ Die Zwiebeln putzen, den grünen Teil entfernen. Die Zwiebeln in sehr feine Ringe schneiden.

◆ Die Zucchini waschen, abtrocknen und in nicht zu dünne Scheiben schneiden.

◆ In einer großen Pfanne das Öl erhitzen, die Zwiebeln hineingeben und hellblond anschwitzen. Die Zucchinischeiben hinzufügen, salzen und alles gut vermischen. Die Hitze reduzieren und alles so lange mit geschlossenem Deckel schmoren lassen, bis die Zucchini weich und leicht gebräunt sind.

◆ Das Gemüse vorsichtig aus der Pfanne nehmen, das Öl dabei zurücklassen. Vor der weiteren Verarbeitung die Zucchini-Zwiebel-Mischung etwas abkühlen lassen.

◆ Inzwischen die Kürbisblüten vorsichtig waschen und trockenschütteln.

◆ Die Eier in eine Rührschüssel schlagen, das abgekühlte Gemüse, Muskat und eventuell noch eine Prise Salz sowie den geriebenen Parmesan zufügen. Mit Pfeffer würzen und alles gut vermischen. Die Kürbisblüten vorsichtig unterheben, sie sollten möglichst ganz bleiben.

◆ Die weitere Zubereitung ist identisch mit dem Rezept für die Tomaten-Frittata (siehe Seite 51).

Roventini o migliacci

Schweineblutfladen

◆ Das frische Schweineblut in eine Suppenschüssel füllen, mit Fenchel, Rosmarin, Salz und Pfeffer würzen und das mit wenig kaltem Wasser verrührte Mehl dazugeben. Schnell alles mit einem Holzlöffel gut durchmischen.

◆ In einer Eisenpfanne wenig Schweineschmalz erhitzen. Wenn es zu sieden beginnt, einige Esslöffel der Schweineblutmischung hineingeben und von beiden Seiten zu dünnen Fladen braten.

◆ Sofort servieren – entweder ohne weitere Zutat oder mit geriebenem Parmesan bestreut.

Für 4 Personen

½ l frisches Schweineblut
1 TL Fenchelsamen
1 TL Rosmarinnadeln
Salz · Pfeffer · 1 ½ EL Mehl

Außerdem:
Schweineschmalz zum Ausbacken
evtl. frisch geriebener Parmesan

Dieses Rezept stammt aus den Zeiten, in denen aus Sparsamkeit vom frisch geschlachteten Schwein alles – also auch das Blut – verwendet wurde.

Man bereitete diese Fladen als Mittagsmahlzeit zu; auch heute ist das teilweise im Gebiet von Prato, Pistoia und Siena noch so, doch dort bezeichnet man die Fladen als Migliacci.

In der Gegend von Prato und Pistoia werden sie übrigens so zubereitet: Das Schweineblut wird mit 1 l Schweinskopfbrühe und 100 g Mehl zu einer glatten, klümpchenfreien Mischung verrührt; hinzugefügt werden Salz, abgeriebene Orangenschale, 1 TL Zimt und – wahlweise – 1 EL Pinienkerne oder Sultaninen.

In Siena wird die Blutmischung mit etwas Panforte *(dem typischen Sieneser Gewürzkuchen, Rezept siehe Seite 326) oder mit* Cavalucci *(Sieneser Honigkuchen, Rezept siehe Seite 312) vermischt und dann wie oben beschrieben gebraten. Bei diesen Varianten den Parmesan weglassen!*

Roventini *schmecken ganz hervorragend – sie sind allerdings nicht jedermanns Sache. Ich wollte Ihnen diese Spezialität jedenfalls nicht vorenthalten ...*

Porrata

Lauchkuchen

Dieser Lauchkuchen ist meine spezielle und ganz persönliche Variante der aus dem 14. Jahrhundert überlieferten Porrea, *einer derart beliebten Speise, dass man danach sogar ein kirchliches Fest und ein traditionelles Mittagessen benannte, die beide im August in San Lorenzo/Florenz stattfanden.*

Für 6 Personen

Für den Teig:
20 g frische Backhefe
6 EL lauwarmes Wasser
300 g Mehl
1 Ei
4 EL Olivenöl
Salz

Für die Füllung:
800 g Lauch
4 EL Olivenöl
Salz
3 Eier
Pfeffer

Außerdem:
etwas Butter für die Kuchenform
80 g durchwachsener Speck

◆ Die Hefe in das Wasser bröckeln und darin auflösen.

◆ Das Mehl auf eine Arbeitsfläche sieben, eine Mulde hineindrücken und die Hefe, das Ei, das Öl sowie ein wenig Salz hineingeben. Alle Zutaten zu einem elastischen, nicht zu festen Teig verkneten.

◆ Den Teig zu einer Kugel formen und ca. 1 Stunde mit einem Küchentuch bedeckt an einem warmen Ort gehen lassen.

◆ Inzwischen die Lauchstangen putzen, gründlich waschen und in dünne Ringe schneiden, dabei den dunkelgrünen Teil entfernen.

◆ Das Öl in einer Pfanne erhitzen, die Lauchringe hineingeben, salzen und so lange zugedeckt dünsten, bis sie weich sind – das dauert 10–12 Minuten.

◆ Die Pfanne vom Herd nehmen und den Lauch abkühlen lassen.

◆ Die Eier mit etwas Salz und Pfeffer verquirlen und unter das Gemüse mischen.

◆ Den Backofen auf 180 °C vorheizen.

◆ Den Teig nicht zu dünn ausrollen und eine mit Butter gefettete Kuchenform (Durchmesser etwa 26 cm) damit auskleiden.

◆ Den durchwachsenen Speck in dünne Scheiben schneiden, den Teigboden damit belegen und die Lauch-Eier-Mischung darüber verteilen.

◆ Die *Porrata* im Ofen auf mittlerer Schiene 30 Minuten backen, herausnehmen und sofort heiß servieren.

Zuppe o minestre
Suppen

Ribollita

Toskanische Gemüsesuppe

Für 4 Personen

300 g getrocknete weiße Bohnen (vorzugsweise cannellini)
2 Zwiebeln
1 Knoblauchzehe
1–2 Karotten
2 Stangen Staudensellerie
½ Bund Petersilie
6 EL Olivenöl
1 Zweiglein Rosmarin
1 ½ l Wasser
Salz
600–700 g Mangold
½ Wirsing
2 große Kartoffeln
200 g frische Tomaten alternativ: eine Dose Schältomaten (250 g)
1 Prise Chilipulver
8 dünne Scheiben altbackenes Landbrot

Außerdem:
etwas Olivenöl extra vergine

◆ Die Bohnen über Nacht in reichlich Wasser einweichen.

◆ Die Zwiebeln abziehen und fein würfeln. Den Knoblauch häuten und fein hacken. Die Karotten putzen, den Sellerie waschen und beides sehr fein würfeln. Die Petersilie waschen, trockenschütteln, die Stängel entfernen und die Blätter fein hacken.

◆ In einem großen Topf das Olivenöl erhitzen und die Zwiebeln hellgelb darin anschwitzen. Sobald sie etwas Farbe angenommen haben, den Knoblauch zufügen und ebenfalls Farbe annehmen lassen. Anschließend das Gemüse, die Petersilie und den Rosmarinzweig hinzufügen, gut umrühren und ca. 10 Minuten dünsten. Den Rosmarinzweig wieder entfernen.

◆ Die eingeweichten Bohnen abgießen, abspülen und mit dem Wasser und etwas Salz in den Topf geben. Zugedeckt 1 ½–2 Stunden leise köcheln lassen.

◆ Wenn die Bohnen gar sind, etwa die Hälfte davon aus dem Topf nehmen und durch ein Sieb passieren. Anschließend das Bohnenpüree wieder zurück in den Topf geben.

◆ Inzwischen den Mangold waschen und grob hacken, den Wirsing putzen und grob zerkleinern, den harten Strunk dabei entfernen. (Im Winter wird statt des Wirsings übrigens oft *cavolo nero* (siehe Seite 41 verwendet.) Die Kartoffeln schälen und grob würfeln. Die Tomaten kurz mit heißem Wasser überbrühen, häuten, vierteln und entkernen, dabei die Stielansätze entfernen. Das Fruchtfleisch würfeln. Alternativ können Sie auch Dosentomaten verwenden, diese gut abtropfen lassen und ebenfalls würfeln.

◆ Das gesamte Gemüse zu den Bohnen geben und etwa 1 Stunde weiterköcheln lassen.

◆ Wenn das Gemüse gar ist, die Suppe mit etwa $1/2$ l Wasser auffüllen, mit Chilipulver würzen, eventuell noch etwas nachsalzen. Noch einmal etwa 5 Minuten köcheln lassen.
◆ Vor dem Servieren zwei Brotscheiben in eine Servierschüssel legen, etwas Gemüsesuppe darauf verteilen, mit einer weiteren Schicht Brot bedecken und wieder mit Suppe auffüllen. Auf diese Weise fortfahren, bis alles Brot verbraucht ist. Zum Abschluss die Schüssel mit Suppe auffüllen.
◆ Die *Ribollita* heiß servieren und jeden gefüllten Teller mit etwas Olivenöl beträufeln.

Ribollita *bedeutet eigentlich „wieder gekocht". Und in der Tat schmeckt die Suppe besonders gut, wenn sie aufgewärmt wird. Eine Bäuerin aus dem Chiantigebiet hat mir erzählt, dass diese Suppe nicht etwa deshalb Ribollita heißt, weil sie am nächsten Tag wieder aufgewärmt wurde ... Der Name entstand ursprünglich dadurch, dass vom Vortag übrig gebliebene gekochte Bohnen am nächsten Tag mit etwas Wasser und weiterem Gemüse „verlängert" wurden. Auf diese Weise entstand eine neue Mahlzeit – eben eine wieder gekochte Suppe. Das war sehr praktisch, denn die Suppe köchelte auf dem Feuer, bis man von der Feldarbeit heimkam, und es musste nur noch Brot aufgeschnitten werden. Auf diese Weise wurden die Reste einer Ribollita oft tagelang mit immer neuen Gemüsezugaben weitergekocht.*

In der Gegend um Pienza ist diese Suppe, leicht abgewandelt, als Brotsuppe bekannt, die Ribollita *hingegen ist eher im Chiantigebiet und in der Gegend um Florenz verbreitet.*

Heute steht die Ribollita, *die große Ähnlichkeit mit der etwas spartanischeren* Minestra di pane *(Brotsuppe) hat, in allen Trattorien auf der Speisekarte. Sie wurde seit alters als einfache, gehaltvolle Mahlzeit von der Landbevölkerung geschätzt. Heutzutage hat die* Ribollita *ihren Ruch als Armeleuteessen verloren – und im Zeichen der wieder entdeckten Genüsse gilt sie nicht nur in bäuerlichen Familien als schmackhaftes Gericht.*

Auf der nächsten Seite finden Sie das Rezept für die Brotsuppe.

Minestra di pane

Brotsuppe

Für 4 Personen

500 g getrocknete weiße Bohnen (vorzugsweise cannellini)
2 l Wasser · Salz
1 Zwiebel
1 Knoblauchzehe
1 Stange Staudensellerie
1 Sträußchen Petersilie
4–5 EL Olivenöl
2 Tomaten
200 g Mangold
1 Brühwürfel Gemüsebrühe
Pfeffer oder 1 Prise Chilipulver
8 Scheiben altbackenes Brot

Außerdem:
etwas Olivenöl extra Vergine

◆ Die Bohnen über Nacht in reichlich Wasser einweichen.

◆ Am nächsten Tag abgießen, abspülen und in einem Topf mit dem Wasser und etwas Salz weich kochen. Das dauert etwa 1 1/2 Stunden.

◆ Die Hälfte der Bohnen durch ein Sieb passieren und in den Topf zurückgeben.

◆ Die Zwiebel abziehen und fein würfeln. Den Knoblauch häuten und fein hacken. Den Sellerie waschen und sehr fein würfeln. Die Petersilie waschen, trockenschütteln, die Stängel entfernen und die Blätter fein hacken.

◆ In einem großen Topf das Olivenöl erhitzen und die Zwiebeln darin hellgelb anschwitzen. Sobald sie etwas Farbe angenommen haben, den Knoblauch zufügen und ebenfalls hell anschwitzen. Anschließend den Sellerie und die Petersilie hinzufügen, kräftig umrühren und etwa 10 Minuten dünsten.

◆ Inzwischen die Tomaten kurz mit heißem Wasser überbrühen, häuten, vierteln und entkernen, dabei die Stielansätze entfernen. Das Fruchtfleisch grob würfeln. Den Mangold waschen und grob hacken. Beides zusammen mit den Bohnen und dem Bohnenkochwasser in den Topf geben. Die Suppe mit dem Brühwürfel, Pfeffer oder Chilipulver würzen und mindestens 1 Stunde leise köcheln lassen. Am Ende der Kochzeit sollte die Suppe nicht zu dickflüssig sein.

◆ Vor dem Servieren zwei Brotscheiben in eine Servierschüssel legen, etwas Gemüsesuppe darauf verteilen, mit einer weiteren Schicht Brot bedecken und wieder mit Suppe auffüllen. Auf diese Weise fortfahren, bis alles Brot verbraucht ist. Zum Abschluss die Schüssel mit Suppe auffüllen.

◆ Die Brotsuppe heiß servieren und jeden gefüllten Teller mit etwas Olivenöl beträufeln.

Pappa al pomodoro

Dicke Tomatensuppe

Für diese Suppe hat zwar beinahe jede Familie ein eigenes Rezept, doch die vier Hauptzutaten sind in jedem Fall: Wasser, Öl, Brot und Tomaten. Mit viel Phantasie werden die Zutaten variiert und den jeweiligen Vorlieben angepasst. Besonders Kinder lieben dieses Gericht – ich gebe Ihnen hier die Rezeptvariante, die ich selbst schon mehrfach ausprobiert habe.

◆ Die Tomaten kurz mit heißem Wasser überbrühen, häuten, vierteln und entkernen, dabei die Stielansätze entfernen. Das Fruchtfleisch grob würfeln.

◆ Den Knoblauch häuten und fein hacken.

◆ In einem großen Topf – am besten nehmen Sie einen feuerfesten Tontopf – das Olivenöl erhitzen und den Knoblauch hell darin andünsten. Tomaten, Basilikum und die Chilischote hinzufügen und etwa 5 Minuten mit geschlossenem Deckel dünsten. Anschließend die Chilischote wieder entfernen. Mit der Brühe auffüllen, salzen und pfeffern.

◆ Sobald die Suppe wieder kocht, das in dünne Scheiben geschnittene Brot hineingeben und weitere 15 Minuten bedeckt köcheln lassen. Die Suppe kräftig umrühren, damit ein dicker Brei entsteht.

◆ Den Topf vom Herd nehmen und die Suppe etwa 1 Stunde zugedeckt ruhen lassen.

◆ Vor dem Servieren die Tomatensuppe wieder aufwärmen – ich mache das übrigens am liebsten im Backofen. Auf jeden gefüllten Teller etwas Olivenöl träufeln.

Für 6 Personen

600 g reife Tomaten
1 Knoblauchzehe
4–5 EL Olivenöl
1 Hand voll frisches Basilikum
1 Stückchen getrocknete rote Chilischote (scharf)
3/4 l Fleischbrühe
Salz
Pfeffer
200–300 g altbackenes Brot

Außerdem:
etwas Olivenöl extra vergine

Acqua cotta

„Gekochtes Wasser"

Für 4 Personen

1 Zwiebel
etwas Selleriegrün
einige Basilikumblätter
6 Tomaten
3 EL Olivenöl
Salz
4 Scheiben altbackenes Brot
1 ½ l Brühe
Pfeffer
4 Eier

Außerdem:
frisch geriebener Parmesan
Olivenöl extra vergine

- Die Zwiebel abziehen und fein würfeln. Selleriegrün und Basilikum hacken.
- Die Tomaten kurz mit heißem Wasser überbrühen, häuten, vierteln und entkernen, dabei die Stielansätze entfernen. Das Fruchtfleisch grob würfeln.
- In einem Topf – am besten ist ein feuerfester Tontopf – das Olivenöl erhitzen und die Zwiebeln hellgelb darin anbraten. Sellerie und Basilikum hinzufügen, salzen, umrühren und ein paar Minuten dünsten.
- Die Tomaten mit dem Brot in den Topf geben, die Brühe zufügen, salzen und pfeffern und alles kräftig umrühren.
- Auf kleiner Flamme mit geschlossenem Deckel etwa 45 Minuten köcheln lassen, bis sich das Brot vollständig aufgelöst hat. Nochmals kräftig umrühren, damit eine cremige Konsistenz entsteht.
- Die Eier leicht verquirlen und in die Suppe rühren. Sobald sie gestockt sind, die heiße Suppe mit geriebenem Parmesan bestreut und mit Olivenöl beträufelt servieren.

Sie werden sehen: Wenig Aufwand, große Wirkung – wer diese Suppe einmal probiert hat, ist begeistert!
Acqua cotta *bedeutet übersetzt „gekochtes Wasser". Und in der Tat ist der Ursprung dieser Suppe darauf zurückzuführen, dass Hirten, die oft tagelang von ihren Familien getrennt waren, darauf angewiesen waren, mit einfachen Mitteln ein schmackhaftes Gericht zubereiten zu können. Außer Olivenöl, Brot (das mit der Zeit immer härter wurde) und Zwiebeln gab es praktisch nichts in ihrem Proviant – und so wurde aus dem Wenigen eine Suppe gekocht, die, wenn es gut ging, mit ein paar Wildkräutern von den Weiden angereichert werden konnte.*

Auf der nächsten Seite finden Sie ein Rezept, das diesem ähnlich, aber reichhaltiger ist.

Acqua cotta di Maremma

„Gekochtes Wasser" aus der Maremma

Für 4 Personen

300 g Klippfisch
100 g durchwachsener Bauchspeck
1 Zwiebel
1 Knoblauchzehe
200 g Tomaten
500 g gemischte Kräuter
(z. B. Thymian, Basilikum, Malven und Löwenzahn)
alternativ: Mangold und/oder Zichorie
4–5 EL Olivenöl
1 l Wasser
1/8 l Rotwein
Salz
Pfeffer
3 Kartoffeln

Außerdem:
300 g altbackenes Brot
2 Knoblauchzehen
Olivenöl extra vergine

◆ Den Klippfisch 24 Stunden wässern, dabei das Wasser mehrmals wechseln.

◆ Den Bauchspeck fein hacken. Die Zwiebel abziehen und sehr fein würfeln. Den Knoblauch häuten und fein hacken.

◆ Die Tomaten kurz mit heißem Wasser überbrühen, häuten, vierteln und entkernen, dabei die Stielansätze entfernen. Das Fruchtfleisch grob würfeln.

◆ Die Kräuter waschen, trockenschütteln und grob hacken. Alternativ das Gemüse putzen, waschen, trockentupfen und grob hacken.

◆ In einem großen Topf das Olivenöl erhitzen, den Speck und die Zwiebeln zufügen und die Zwiebeln unter Rühren glasig werden lassen. Sobald sie etwas Farbe angenommen haben, den Knoblauch zufügen und hell anrösten.

◆ Die Tomaten zufügen, gut umrühren und einige Minuten mit geschlossenem Deckel dünsten.

◆ Die Kräuter oder das Gemüse unter die Tomaten mischen, umrühren, das Wasser und den Rotwein angießen, leicht salzen und pfeffern und alles 10–15 Minuten mit geschlossenem Deckel köcheln lassen. (Achtung: Seien Sie sparsam mit dem Salz, der Klippfisch ist schon ziemlich salzig ...)

◆ Inzwischen die Kartoffeln schälen, waschen und grob würfeln.

◆ Den Klippfisch abspülen, in nicht zu kleine Stücke zerteilen und zusammen mit den Kartoffeln in die Suppe geben. Bei geringer Hitze etwa 1 Stunde mit geschlossenem Deckel köcheln lassen.

◆ Das Brot in dünne Scheiben schneiden, mit den abgezogenen Knoblauchzehen kräftig einreiben und in eine Suppenschüssel legen. Die heiße Suppe darüber gießen und mit einem feinen Strahl Olivenöl beträufeln.

Acqua cotta di S. Fiora

„Gekochtes Wasser" S. Fiora

Für 6 Personen

2 Zwiebeln
50–80 g durchwachsener Bauchspeck
500 g mehlig kochende Kartoffeln
4–5 EL Olivenöl
500 g geschälte Tomaten aus der Dose
300–400 g Zichorie oder Radicchio
1 ½ l Wasser
Salz
½ TL getrockneter Thymian
1 Prise Chilipulver

Außerdem:
6 Scheiben toskanisches Landbrot
3 Knoblauchzehen
frisch geriebener Pecorino alternativ: Parmesan

◆ Die Zwiebeln abziehen und fein würfeln. Den Bauchspeck fein hacken. Die Kartoffeln schälen und würfeln.

◆ In einem Topf – wenn möglich, benutzen Sie einen feuerfesten Tontopf – das Olivenöl erhitzen und den Bauchspeck zusammen mit den Zwiebeln zufügen.

◆ Sobald die Zwiebeln glasig sind, die Kartoffeln dazugeben, umrühren und hell anbraten.

◆ Inzwischen die Tomaten abgießen, grob würfeln, in den Topf geben und gut umrühren. Ohne Deckel so lange dünsten, bis alle Flüssigkeit verdampft ist.

◆ Zichorie oder Radicchio kurz waschen, trockenschütteln und in Streifen schneiden. Das Gemüse in den Topf geben, umrühren und mit dem Wasser auffüllen. Salzen, mit Thymian und Chilipulver würzen und etwa 30 Minuten kochen lassen.

◆ Die Suppe ist fertig, wenn die Kartoffeln weich gekocht sind und die Suppe sämig ist.

◆ Vor dem Servieren die Brotscheiben rösten, kräftig mit den abgezogenen Knoblauchzehen einreiben und in eine Suppenschüssel legen.

◆ Die heiße Suppe darüber gießen und zugedeckt etwa 10 Minuten ziehen lassen, damit sich das Brot gut voll saugen kann. Am Schluss reichlich frisch geriebenen Käse darüber streuen.

Am Monte Amiata wird diese einfache, aber köstliche Suppe häufig noch mit Pilzen angereichert.
Dazu 250 g Steinpilze – oder Egerlinge – mit einem trockenen Tuch vorsichtig säubern, in Scheiben schneiden und ca. 10 Minuten vor dem Ende der Garzeit zur Suppe gegeben.

Pappa con l'olio

Dicke Brotsuppe mit Öl

Für 4–5 Personen

4 Knoblauchzehen
4 EL Olivenöl
1 ½ l Wasser
500 g altbackenes Brot
1 Brühwürfel
Salz
Pfeffer

Außerdem:
Olivenöl extra vergine
frisch geriebener Parmesan

◆ Den Knoblauch häuten und fein hacken.
◆ In einem Topf – ideal wäre ein feuerfester Tontopf – das Olivenöl erhitzen und den Knoblauch hellbraun darin anrösten.
◆ Mit dem Wasser ablöschen, das in dünne Scheiben geschnittene Brot und den Brühwürfel zufügen, leicht salzen und pfeffern und bedeckt auf kleiner Flamme etwa 20 Minuten köcheln lassen.
◆ Kräftig umrühren, sodass die Suppe eine cremige Konsistenz bekommt.
◆ Die heiße Suppe auf Teller verteilen, jede Portion mit einem dünnen Strahl Olivenöl beträufeln und mit Parmesan bestreuen.

Um diese Suppe rankt sich mancher Volksglaube. Man sagt, sie mache schön, aber ich vermute, dass man auf diese Weise einem vorzüglichen, aber sehr einfachen Gericht zusätzlichen Wert verleihen wollte, damit es auch von Kindern gern gegessen wurde.

In der Gegend um Siena gibt es zu diesem Rezept eine interessante Variante: Man bereitet die Suppe zwar auf dieselbe Weise zu, kocht aber zusätzlich noch ein paar Tomaten mit. Beim Servieren kommt in jeden Teller ein rohes Eigelb, dass mit geriebenem Parmesan vermischt wurde. Die heiße Suppe darüber, ein paar Tropfen Olivenöl – und guten Appetit.

Bei solch einer guten Suppe liegt vielleicht wirklich der Gedanke nahe, dass sie schön macht …

Zuppa ripiena

„Gefüllte Suppe" aus dem Casentino

Für 4 Personen

je 1/4 TL getrockneter Thymian, Oregano, Majoran
einige Wacholderbeeren
200 g Tomaten
400 g altbackenes Brot
5 EL Olivenöl
Salz
1/2 Kaninchenleber
100 g Hühnerleber
100 g Kalbsbries
1 Zwiebel
einige Salbeiblätter
Pfeffer
2 Eiweiß

◆ Die getrockneten Kräuter mit den Wacholderbeeren fein hacken.

◆ Die Tomaten kurz mit heißem Wasser überbrühen, häuten, vierteln und entkernen, dabei die Stielansätze entfernen. Das Fruchtfleisch grob würfeln.

◆ Das Brot in dünne Scheiben schneiden.

◆ In einem Topf 2 EL Olivenöl erhitzen und die Kräutermischung darin anrösten. Die Tomaten und das Brot zugeben und so viel kochend heißes Wasser angießen, dass alles gut bedeckt ist. Salzen, umrühren und im geschlossenen Topf bei geringer Temperatur so lange köcheln lassen, bis sich das Brot aufgelöst hat und die Suppe ziemlich stark eingedickt, eigentlich mehr ein Brei, ist.

◆ Inzwischen die Lebern und das Bries putzen und klein schneiden. Die Zwiebel abziehen und fein würfeln.

◆ In einem zweiten Topf das restliche Olivenöl erhitzen und die Zwiebelwürfel zusammen mit den Salbeiblättern kurz anbraten. Sobald die Zwiebeln glasig sind, Bries und Leber zufügen, salzen und pfeffern und einige Minuten dünsten.

◆ In die heiße Suppe mit einer kleinen Schüssel eine Vertiefung drücken und die Leber-Bries-Mischung in die Mulde füllen.

◆ Das Eiweiß schlagen und darüber gießen. Sobald das Eiweiß gestockt ist, kann die Suppe serviert werden.

Ursprünglich galt dieses Gericht als komplette Mahlzeit, heute wird die Suppe oft als Zwischengericht serviert. Allerdings meine ich, dass es beinahe schade ist, wenn nach dieser Suppe noch ein weiter Gang folgt …

Zuppa di cavolo nero

Schwarzkohlsuppe

- Am Vorabend die Bohnen in reichlich Wasser einweichen.
- Die Zwiebel abziehen und fein würfeln. Den Sellerie waschen und in dünne Scheiben schneiden. Die Karotte putzen und fein würfeln.
- Die Tomaten kurz mit heißem Wasser überbrühen, häuten, vierteln und entkernen, dabei die Stielansätze entfernen. Das Fruchtfleisch grob würfeln.
- Die Kartoffeln schälen und nicht zu klein würfeln.
- Den Kohl putzen und grob zerschneiden.
- In einem großen Topf das Olivenöl erhitzen. Zwiebeln, Sellerie und Karotten darin anbraten. Sobald die Zwiebeln Farbe angenommen haben, die Tomaten oder das Tomatenmark, das Thymianzweiglein und die Kartoffeln zufügen. Mit Salz und Pfeffer würzen, umrühren und die abgegossenen Bohnen sowie den Kohl zugeben. Mit dem Wasser auffüllen, den Brühwürfel und eventuell noch etwas Salz zufügen und die Suppe bei geringer Hitze zugedeckt etwa 2 Stunden köcheln lassen.
- Vor dem Servieren den Knoblauch abziehen, die Brotscheiben rösten und das Brot kräftig mit dem Knoblauch einreiben.
- Die Knoblauchbrote auf vier Teller verteilen und mit heißer Suppe auffüllen.

Für 4 Personen

150 g getrocknete weiße Bohnen
1 Zwiebel
1 Stange Staudensellerie
1 Karotte
4 Tomaten oder
ein 2 cm langer Strang
Tomatenmark aus der Tube
2–3 Kartoffeln
600 g Schwarzkohl
alternativ: Grünkohl oder Wirsing
4–5 EL Olivenöl
ein Zweiglein Thymian
Salz · Pfeffer
2 l Wasser
1 Würfel Gemüsebrühe

Außerdem:
2 Knoblauchzehen
4 Scheiben toskanisches Landbrot

Aus Schwarzkohl wird übrigens noch eine andere, ganz simple Suppe zubereitet, die trotz ihrer Schlichtheit einen unverfälschten, köstlichen Geschmack hat. Auf der nächsten Seite finden Sie das Rezept dafür.

Cavolo nero con pane

Schwarzkohl mit Brot

Für 4 Personen

1 kg Schwarzkohl
alternativ: Wirsing
oder Grünkohl
1 ½ l Wasser
1 Brühwürfel
4 Knoblauchzehen
4 Scheiben dunkles Landbrot
Salz
frisch gemahlener Pfeffer
Olivenöl extra vergine

◆ Den Kohl putzen, waschen und in Streifen schneiden.
◆ Das Wasser in einem Topf zum Kochen bringen, den Brühwürfel hineingeben und den Kohl etwa 1 Stunden bei mittlerer Hitze kochen.
◆ Vor dem Servieren den Knoblauch abziehen, das Brot rösten und jede Scheibe kräftig mit dem Knoblauch einreiben.
◆ Die Knoblauchbrote auf vier Suppenteller verteilen, mit der Kochflüssigkeit tränken und mit dem Kohl bedecken. Salzen und pfeffern. Jede Portion mit einem dünnen Strahl Olivenöl beträufeln und sofort servieren.

Minestra di fagioli

Bohnensuppe mit Bandnudeln

Für 4 Personen

250 g getrocknete weiße Bohnen (cannellini) oder Bohnen einer anderen Sorte
1–2 Knoblauchzehen
1 Bund Petersilie
1 Stange Staudensellerie
250 g reife Tomaten oder Schältomaten aus der Dose
50 g Schweinespeck
4 EL Olivenöl
1 Stückchen getrocknete Chilischote
2 l Wasser
Salz
200–250 g hausgemachte Tagliatelle (Rezept siehe Seite 103)
alternativ: 200 g schmale Bandnudeln aus der Packung

Außerdem:
Olivenöl extra vergine

- Am Vortag die Bohnen in reichlich Wasser einweichen.
- Den Knoblauch häuten und fein hacken.
- Die Petersilie waschen, trockenschütteln, die Stängel entfernen und die Blätter ebenfalls fein hacken.
- Den Sellerie waschen und fein würfeln.
- Die Tomaten kurz mit heißem Wasser überbrühen, häuten, vierteln und entkernen, dabei die Stielansätze entfernen. Das Fruchtfleisch grob würfeln.
- Den Speck in feine Würfel schneiden.
- In einem großen Topf – wenn möglich, in einem feuerfesten Tontopf – das Olivenöl erhitzen, den Speck mit dem Knoblauch, die Chilischote und die Petersilie zufügen und unter Rühren anrösten.
- Wenn der Knoblauch Farbe angenommen hat, Sellerie, Tomaten und die abgegossenen Bohnen zugeben.
- Mit dem Wasser aufgießen, salzen und bei geringer Hitze mit geschlossenem Deckel etwa 2 Stunden köcheln lassen.
- Kurz vor dem Ende der Garzeit die Tagliatelle in die Suppe geben – aber achten Sie darauf, dass die Suppe nicht zu stark einkocht. Wenn nötig, noch mit etwas Wasser auffüllen.
- Die heiße Suppe auf vier Teller verteilen und mit Olivenöl beträufelt sofort servieren.

Sie haben es sicher schon gemerkt: Bohnen spielen in der Küche der Toskana eine wichtige Rolle.
Es gibt unzählige Rezepte für Bohnensuppen, aber auch als Beilage sind Bohnen sehr beliebt. Hier verrate ich Ihnen ein weiteres typisches Rezept für eine Bohnensuppe – diesmal mit Reis:

Minestra di riso e fagioli

Gemüsesuppe mit Reis und Bohnen

Für 4 Personen

350 g getrocknete weiße Bohnen (vorzugsweise cannellini)
ca. 2 ½ l Wasser
Salz
50 g Schweinespeck
1 Zwiebel
1 Knoblauchzehe
1 Stange Staudensellerie
1 Bund Petersilie
350 g reife Tomaten oder Schältomaten aus der Dose
4–5 EL Olivenöl
1 Prise Chilipulver
200 g Rundkornreis

Außerdem:
Olivenöl extra vergine

◆ Die Bohnen am Vortag in reichlich Wasser einweichen.

◆ Am nächsten Tag die abgespülten, abgetropften Bohnen in einem Topf mit dem Wasser und etwas Salz in ca. 2 Stunden garen.

◆ Inzwischen den Speck in feine Würfel schneiden, die Zwiebel und den Knoblauch abziehen und fein hacken. Den Sellerie waschen und fein würfeln. Die Petersilie waschen, trockenschütteln, die Stängel entfernen und die Blätter fein hacken.

◆ Die Tomaten kurz mit heißem Wasser überbrühen, häuten, vierteln und entkernen, dabei die Stielansätze entfernen. Das Fruchtfleisch grob würfeln. Dosentomaten abtropfen lassen und ebenfalls würfeln.

◆ In einem großen Topf – möglichst einem feuerfesten Tontopf – das Olivenöl erhitzen und den Speck zusammen mit den Zwiebeln darin anbraten. Sobald die Zwiebeln Farbe angenommen haben, den Knoblauch dazugeben, den Sellerie, die Petersilie und das Chilipulver hinzufügen, alles gut umrühren und kurz anrösten, bis auch der Knoblauch Farbe angenommen hat.

◆ Die Tomaten zufügen, salzen und mit geschlossenem Deckel bei mäßiger Hitze etwa 45 Minuten köcheln lassen, dabei aufpassen, dass nicht alle Flüssigkeit verdampft – nötigenfalls einen Schuss Wasser zufügen.

◆ Die fertig gekochten Bohnen mit dem Kochwasser in den Topf mit der

Tomaten-Speck-Mischung geben, den Reis einstreuen und umrühren. Mit geschlossenem Deckel und bei mäßiger Temperatur weitere 20 Minuten köcheln lassen. Die Suppe sollte am Schluss nicht zu dickflüssig sein!

◆ Die heiße Suppe mit etwas Olivenöl beträufeln und sofort servieren.

Pasta e fagioli

Bohnensuppe mit Nudeln

Für 6 Personen

350 g getrocknete Borlotti-Bohnen oder Bohnen einer anderen Sorte
3–4 Knoblauchzehen
einige Salbeiblätter
2 l Wasser
Salz
4 EL Olivenöl
1 Zweiglein Rosmarin
1 gute Prise Chilipulver
300 g kurze dicke Nudeln (z. B. kurze Maccheroni)
evtl. etwas Brühe

◆ Die Bohnen am Vortag in reichlich Wasser einweichen.

◆ Am nächsten Tag 2 Knoblauchzehen abziehen, grob würfeln und zusammen mit den abgespülten, abgetropften Bohnen und dem Salbei in einem großen Topf mit dem Wasser und etwas Salz zum Kochen bringen.

◆ Sobald das Wasser kocht, die Temperatur zurückschalten und die Bohnen etwa 2 Stunden köcheln lassen. Sie können die Bohnen auch bei 220 °C im Backrohr garen, dann müssen Sie allerdings mit etwa 3 Stunden rechnen.

◆ Sobald die Bohnen weich sind, die gesamte Menge durch ein Sieb in den Topf passieren.

◆ Inzwischen den restlichen Knoblauch abziehen und fein hacken.

◆ In einem kleinen Topf das Olivenöl erhitzen, Knoblauch, Rosmarin und Chilipulver darin anrösten, bis der Knoblauch Farbe angenommen hat.

◆ Das so aromatisierte Öl durch ein Sieb zum Bohnenpüree gießen, umrühren und die Bohnensuppe warm halten.

◆ Unterdessen in einem großen Topf reichlich Salzwasser zum Kochen bringen. Die Nudeln darin bissfest garen, abgießen, mit kaltem Wasser abschrecken und in die Bohnensuppe geben.

◆ Falls die Suppe zu dickflüssig sein sollte, eventuell mit etwas heißer Brühe verlängern.

Pasta e ceci

Kichererbsensuppe mit Nudeln

◆ Die Kichererbsen in reichlich Wasser über Nacht einweichen. Natron und Salz mit ins Einweichwasser geben, damit die Kichererbsen außen nicht hart bleiben.

◆ Am nächsten Tag die Kichererbsen abgießen und unter fließendem Wasser gründlich abspülen.

◆ In einem großen Topf – möglichst einem feuerfesten Tontopf – das Wasser zum Kochen bringen, die Kichererbsen hineingeben, salzen und 1–1 1/2 Stunden leise köcheln lassen.

Für 4 Personen

250 g getrocknete Kichererbsen
1 TL Natron
Salz
2 l Wasser
2 Tomaten
1 Knoblauchzehe
3 EL Olivenöl
1 Zweiglein Rosmarin
300 g kurze dicke Nudeln
evtl. etwas heiße Brühe

Außerdem:
Olivenöl extra vergine
frisch gemahlener Pfeffer

◆ Inzwischen die Tomaten kurz mit heißem Wasser überbrühen, häuten, vierteln und entkernen, dabei die Stielansätze entfernen. Das Fruchtfleisch fein würfeln. Den Knoblauch abziehen und hacken.

◆ Sobald die Kichererbsen weich sind, die Hälfte davon durch ein Sieb passieren oder mit dem Pürierstab pürieren und beiseite stellen. Die restlichen Kichererbsen abgießen, das Kochwasser dabei auffangen.

◆ Den Topf wieder aufsetzen und das Olivenöl darin erhitzen. Den Knoblauch hinzugeben und andünsten. Sobald er Farbe angenommen hat, die Tomaten und den Rosmarin zufügen.

◆ Die Kichererbsen – sowohl die ganzen als auch das Püree – und das Kochwasser in den Topf geben, gut umrühren und eventuell noch einmal nachsalzen. Die Suppe sollte ziemlich dickflüssig sein. Falls sie zu sehr eingedickt ist, können Sie sie mit etwas heißer Brühe verdünnen. Die Suppe auf kleiner Flamme warm halten – aber passen Sie auf, dass sie nicht ansetzt.

◆ Inzwischen in einem weiteren Topf die Nudeln in reichlich Salzwasser bissfest garen, abgießen und in die Suppe geben.

◆ Die fertige Suppe mit einem dünnen Strahl Olivenöl beträufeln, frisch gemahlenen Pfeffer darüber streuen und sofort heiß servieren – am besten gleich in dem Tontopf, in dem sie gekocht wurde.

Minestra di patate

Kartoffelsuppe

Für 4 Personen

2 Zwiebeln
60–70 g luftgetrockneter Rücken- oder Bauchspeck
3 Karotten
1 Stange Staudensellerie
1 Bund Petersilie
1 kg mehlig kochende Kartoffeln
2 EL Olivenöl
2 l Wasser
Salz
Pfeffer

Außerdem:
etwas frisch geriebener Pecorino oder Parmesan
Olivenöl extra vergine

◆ Die Zwiebeln häuten und fein hacken. Den Speck fein würfeln. Die Karotten schälen, den Staudensellerie waschen und beides ebenfalls fein würfeln.

◆ Die Petersilie waschen, trockenschütteln, die Stängel entfernen und die Blätter fein hacken. Etwa die Hälfte beiseite stellen.

◆ Die Kartoffeln schälen und in Scheiben schneiden.

◆ In einem großen Topf das Olivenöl erhitzen. Den Speck und die Zwiebeln darin andünsten. Sobald die Zwiebeln Farbe angenommen haben, das gewürfelte Gemüse sowie die Hälfte der Petersilie zufügen und ebenfalls andünsten.

◆ Nach ein paar Minuten die Kartoffelscheiben zufügen, umrühren und das Wasser angießen. Die Suppe salzen und pfeffern und auf kleiner Flamme ca. 1 Stunde leise köcheln lassen.

◆ Die Suppe ist fertig, wenn die Kartoffeln ganz zerkocht sind.

◆ Zum Servieren die heiße Suppe in eine Suppenterrine füllen und mit der restlichen Petersilie sowie dem frisch geriebenen Käse bestreuen. Etwas Olivenöl in einem dünnen Strahl darüber träufeln.

Carcerato

Häftlingssuppe

In Pistoia liegen der Schlachthof und das Gefängnis sehr nahe beieinander, nur getrennt durch ein kleines Flüsschen namens Brana. Früher wurden die unverkäuflichen Innereien der geschlachteten Tiere einfach in die Brana geworfen. Die offenbar hungrigen Häftlinge betrachteten die Abfälle als Gottesgabe und fischten sie aus dem Wasser. Sie verwendeten sie dazu, eine einfache, sättigende Suppe zu kochen – mit Wasser, Hühnerklein und Brot.

Aus dieser Zeit hat die Suppe ihren Namen und noch heute wird sie in abgewandelter Form in der Gegend von Pistoia gern gegessen. Sie ist der Pappa con l'olio *(Rezept siehe Seite 63) ähnlich, allerdings ist sie durch die Zugabe von Fleisch sehr viel gehaltvoller.*

Für 4–5 Personen

1 Zwiebel
1 Stange Staudensellerie
1 kleine Karotte
ein paar Suppenknochen
500 g Kalbsinnereien
etwa 1 l Wasser
500 g altbackenes Brot
Salz
Pfeffer

Außerdem:
reichlich geriebener Pecorino
Olivenöl extra vergine

◆ Die Zwiebel häuten und grob würfeln. Den Sellerie waschen, die Karotte schälen und beides ebenfalls zerkleinern.

◆ Aus Knochen, Innereien und dem geputzten Gemüse mit dem Wasser eine kräftige Fleischbrühe kochen. Das dauert mindestens 2 Stunden, zwischendurch immer wieder den Schaum abschöpfen.

◆ Anschließend die Brühe durch ein Sieb in den Topf gießen, Fleisch und Gemüse wegwerfen.

◆ Die Brühe wieder zum Kochen bringen und das in dünne Scheiben geschnittene Brot zufügen. Mit Salz und Pfeffer abschmecken und auf kleiner Flamme unter gelegentlichem Umrühren so lange kochen, bis sich das ganze Brot aufgelöst hat und ein dicker Brei entstanden ist.

◆ Die heiße Suppe in Teller füllen und dick mit geriebenem Käse bestreut und mit etwas Olivenöl beträufelt sofort servieren.

Zuppa di cipolle

Zwiebelsuppe

Für 4 Personen

1 Karotte
1 Stange Staudensellerie
300 g Schweinerippchen
2 l Wasser
1 kg Zwiebeln
1–2 salsicce *oder andere kräftig gewürzte Schweinsbratwürste*
5 EL Olivenöl
Salz
4 Scheiben toskanisches Landbrot
2 Knoblauchzehen

◆ Die Karotte schälen, den Sellerie waschen und beides würfeln.
◆ In einem großen Topf das vorbereitete Gemüse mit den Rippchen und dem Wasser zum Kochen bringen und in etwa 1 1/2 Stunden eine kräftige Fleischbrühe kochen.
◆ Die Rippchen aus der Brühe nehmen, das Fleisch von den Knochen lösen, klein schneiden und beiseite stellen.
◆ Die Brühe durch ein Sieb in den Topf gießen und das Gemüse wegwerfen.
◆ Die Zwiebeln häuten und in Scheiben schneiden. Die Bratwürste häuten und mit den Zwiebeln in einem feuerfesten Tontopf im heißen Olivenöl anbraten.
◆ Sobald die Zwiebeln Farbe angenommen haben, mit der heißen Fleischbrühe auffüllen und auf kleiner Flamme köcheln lassen, bis die Zwiebeln gar sind.
◆ Die Rippchen in die Suppe geben und noch einige Minuten köcheln lassen. Eventuell mit etwas Salz abschmecken.
◆ Vor dem Anrichten das Brot rösten, mit den abgezogenen Knoblauchzehen einreiben und in eine Suppenschale legen.
◆ Die heiße Suppe darüber gießen und sofort servieren.

Carabaccia

Florentiner Zwiebelsuppe

Es ist nicht endgültig erwiesen, ob die Zwiebelsuppe in Italien oder in Frankreich kreiert wurde. Fest steht, dass Zwiebeln in der Toskana schon zur Zeit der Etrusker ausgiebig verwendet wurden.

Überliefert ist jedenfalls, dass diese Suppe bereits im 16. Jahrhundert am Hof der Herzöge des Hauses d'Este auf den Tisch kam.

Hier also das Rezept für die Carabaccia*:*

Für 6 Personen

1 Stange Staudensellerie
1–2 Karotten
1 kg rote Zwiebeln
8 EL Olivenöl
1 ½ l Fleischbrühe (Brühwürfel)
Salz
Pfeffer

Außerdem:
6 Scheiben Weißbrot
reichlich junger Pecorino, frisch gerieben

◆ Den Sellerie waschen, die Karotten schälen und beides fein hacken.

◆ Die Zwiebeln häuten und in sehr feine Scheiben schneiden.

◆ In einem feuerfesten Tontopf das Olivenöl erhitzen, Sellerie und Karotten zufügen und leicht anrösten.

◆ Die Zwiebeln dazugeben und mit geschlossenem Deckel bei kleiner Hitze etwa 30 Minuten schmoren lassen. Dabei aufpassen, dass sich die Zwiebeln nicht am Topfboden anlegen, eventuell ein klein wenig Brühe angießen.

◆ Anschließend mit der Brühe aufgießen, salzen und pfeffern und mit geschlossenem Deckel weitere 30 Minuten köcheln lassen. Am Schluss sollte die Suppe schön sämig sein.

◆ Die Brotscheiben rösten, jeweils eine Scheibe in einen Suppenteller legen, mit reichlich geriebenem Käse bestreuen und die Suppe darüber gießen. Sofort heiß servieren.

Zuppa di riso con le fave

Reissuppe mit Puffbohnen

Für 4 Personen

1 Zwiebel
3–4 reife Tomaten
3–4 EL Olivenöl
400 g ausgepahlte frische Puffbohnen
1 1/2 l Brühe (Brühwürfel)
Salz
250 g Rundkornreis
frisch gemahlener Pfeffer
Olivenöl extra vergine

◆ Die Zwiebel abziehen und fein würfeln. Die Tomaten kurz mit heißem Wasser überbrühen, häuten, vierteln und entkernen, dabei die Stielansätze entfernen. Das Fruchtfleisch grob würfeln.

◆ In einem großen Topf das Olivenöl erhitzen und die Zwiebeln hellgelb darin anschwitzen. Sobald sie etwas Farbe angenommen haben, die Tomaten zufügen und gut umrühren. Einige Minuten dünsten, die Bohnenkerne zufügen, mit etwa 1/2 l Brühe aufgießen und salzen.

◆ Bei kleiner Hitze 25–30 Minuten köcheln lassen.

◆ Den Reis in die Bohnen rühren, mit der restlichen Brühe auffüllen und die Suppe bei schwacher Hitze weitere 20 Minuten köcheln lassen.

◆ Falls die Reissuppe zu dickflüssig ist, eventuell noch etwas Brühe dazugeben.

◆ Am Schluss die Suppe mit frisch gemahlenem Pfeffer würzen und mit einem feinen Strahl Olivenöl beträufeln. Heiß servieren.

Zuppa con le acciughe

Sardellensuppe

Für 4 Personen

350 g frische Sardellen
1 Zwiebel
2 Knoblauchzehen
1 Karotte
1 Stange Staudensellerie
1 Bund Petersilie
5 EL Olivenöl
500 g reife Tomaten
Salz
Pfeffer
1/8 l Weißwein
1 l Wasser

Außerdem:
4 Scheiben toskanisches Landbrot
2 Knoblauchzehen

◆ Die Sardellen ausnehmen, Gräten, Kopf und Schwanz entfernen und anschließend die Fische unter fließendem Wasser gründlich waschen.

◆ Die Zwiebel abziehen und fein würfeln. Den Knoblauch häuten und fein hacken. Die Karotte putzen, den Sellerie waschen und beides sehr fein würfeln. Die Petersilie waschen, trockenschütteln, die Stängel entfernen und die Blätter fein hacken.

◆ In einem großen Topf das Olivenöl erhitzen und die Zwiebeln hellgelb darin anschwitzen. Sobald sie Farbe angenommen haben, den Knoblauch zufügen und ebenfalls etwas Farbe annehmen lassen. Anschließend die Karotten, den Sellerie und die Petersilie hinzufügen, kräftig umrühren und alles etwa 10 Minuten dünsten.

◆ Inzwischen die Tomaten mit heißem Wasser überbrühen, häuten, vierteln und entkernen, dabei die Stielansätze entfernen. Das Fruchtfleisch fein würfeln, zur Gemüsemischung geben, salzen, pfeffern und alles weitere 20 Minuten dünsten. Anschließend mit Wein und Wasser auffüllen.

◆ Die geputzten Sardellen in die Suppe geben und bei geringer Hitze etwa 10 Minuten ziehen lassen.

◆ In der Zwischenzeit das Brot rösten, mit den abgezogenen Knoblauchzehen einreiben und zur heißen Suppe servieren.

Brodo del parto

Geburtssuppe

Als die Frauen ihre Kinder noch zu Hause auf die Welt brachten war es Brauch, zu diesem Anlass eine gehaltvolle, bekömmliche Fleischsuppe zu kochen. Damit sollte die Mutter schnell wieder zu Kräften kommen und gleichzeitig wurde sie durch das Privileg, diese köstliche Suppe serviert zu bekommen, gefeiert.

Das Fleisch für diese Suppe stammte üblicherweise vom Chianina-Rind, in manchen Gegenden wurde auch das beste Huhn aus dem Stall geopfert.

Für diese Suppe gibt es ein ganz spezielles Rezept, das ich Ihnen hier vorstellen möchte – auch wenn ich den Verdacht habe, dass die so zu bereitete Suppe wohl nur den reichsten Müttern vorbehalten war ...

Für 4 Personen

½ mittelgroße Zwiebel
1 Stange Staudensellerie
2 Karotten
1 Bund Petersilie
1 nussgroßes Stück Butter
2 EL Olivenöl
1 großes T-Bone-Steak von 800–1000 g
1 l Wasser
Salz
2 Gewürznelken
1 Lorbeerblatt
knapp ⅛ l alter Chianti

- Die Zwiebel abziehen und in dünne Scheiben schneiden. Den Sellerie waschen, die Karotten schälen und beides würfeln.
- Die Petersilie waschen, trockenschütteln, die Stängel entfernen und die Blätter fein hacken.
- In einem großen Topf die Butter und das Olivenöl erhitzen und die Zwiebeln darin glasig dünsten. Sobald sie etwas Farbe angenommen haben, Sellerie, Karotten und die Petersilie hinzufügen. Umrühren und kurz andünsten lassen.
- Inzwischen das Fleisch klein schneiden, mit dem Knochen in den Topf geben und kurz anbraten.
- Mit dem Wasser auffüllen, salzen, die Gewürznelken und das Lorbeerblatt zufügen und die Suppe auf kleiner Flamme 2–2 ½ Stunden köcheln lassen.
- Die Fleischstücke aus der Brühe nehmen und eventuell zur Weiterverwendung für ein anderes Gericht aufheben. Die Brühe abfiltern.
- In jede Suppentasse etwas alten Chianti geben, mit der heißen Suppe auffüllen und sofort servieren.

Ginestrata

„Ginstersuppe"

Ein ausgefallenes aber traditionelles Rezept, das in der Renaissance entstanden ist. Damals erfreuten sich die Geschmacksrichtungen süßsauer oder süßsalzig, die heute aus der toskanischen Küche fast ganz verschwunden sind, großer Beliebtheit. Wichtig ist, dass die Eier ganz frisch und die Eidotter schön gelb sind – das Aussehen der Suppe soll an blühenden Ginster erinnern, nur so verdient sie ihren Namen.

Für 4 Personen

4 sehr frische Eigelb
½ l entfettete Hühnerbrühe
½ Gläschen Marsala oder Vin Santo
1 gestrichener TL Zimt
50 g Butter
Salz

Außerdem:
etwas Puderzucker
Muskat

◆ In einer Schüssel das Eigelb, die Hühnerbrühe, den Marsala oder den Vin Santo und den Zimt mit einem Schneebesen verrühren. Die Mischung durch ein Sieb in einen Topf gießen.
◆ Die Butter hinzufügen, mit Salz würzen und unter ständigem Rühren mit dem Schneebesen auf kleinster Flamme eindicken lassen.
◆ Die heiße Suppe auf Suppentassen verteilen, mit etwas Puderzucker und einer Prise Muskat bestäuben und servieren.

Zuppa di zucca

Kürbissuppe

◆ Die Zwiebel und den Knoblauch abziehen und fein würfeln. Die Kartoffeln schälen und ebenso wie das Kürbisfleisch grob würfeln.
◆ In einem Topf das Olivenöl erhitzen und die Zwiebel- und Knoblauchwürfel darin anbraten. Sobald sie Farbe angenommen haben, Kürbis und Kartoffeln zufügen, umrühren und ein paar Minuten andünsten. Salzen, pfeffern und die Gemüsebrühe angießen.
◆ Auf kleiner Flamme etwa 1 Stunde bedeckt köcheln lassen, anschließend das Gemüse mit der Brühe durch ein Sieb passieren oder im Mixer pürieren.
◆ Alles zurück in den Topf geben, die Milch und die Butter unterrühren. Sollte die Suppe zu dickflüssig sein, eventuell mit etwas heißer Brühe verlängern.
◆ Die Suppe noch einmal erhitzen und unmittelbar vor dem Servieren den geriebenen Parmesan einrühren.

Für 4 Personen

1 Zwiebel
1 Knoblauchzehe
3 mehlig kochende Kartoffeln
500 g gelbes Kürbisfleisch
4 EL Olivenöl
Salz
Pfeffer
1 l Gemüsebrühe (Brühwürfel)
1/4 l Milch
25 g Butter
3 EL frisch geriebener Parmesan

*Wenn Sie diese Suppe etwas gehaltvoller mögen, können Sie kurz vor dem Servieren noch eine große Tasse gekochten Reis oder gekochte Nudeln dazugeben.
Sie werden sehen: Auch mit Einlage schmeckt die Suppe ausgezeichnet!*

Zuppa di farro

Dinkelsuppe

Bei den Ausgrabungsarbeiten in Pompeji kamen unter der Aschenschicht auch versteinerte Dinkelbrote zum Vorschein. In den Küchen der Römer wurde viel Dinkel (Spelt) verwendet, denn dieses Getreide war damals ein wichtiges Nahrungsmittel. Leider war Dinkel lange Zeit von unseren Speisezetteln verschwunden, aber heute kehrt er zurück und die Dinkelgerichte, die sich bei unseren Vorfahren größter Beliebtheit erfreuten, tauchen wieder auf.

Für die Dinkelsuppe gilt übrigens dasselbe wie für andere Suppen: Man kann sie auf unterschiedliche Arten mit verschiedenen Zutaten zubereiten. Das klassische Rezept ist jedoch dieses:

Für 6 Personen

350 g Dinkel
1 mittelgroße Zwiebel
1 Knoblauchzehe
1 Karotte
1 Stange Staudensellerie
4–5 EL Olivenöl
2 l Wasser
Salz
1 Zweig Rosmarin

Außerdem:
6 Scheiben toskanisches Landbrot
Olivenöl extra vergine
evtl. frisch gemahlener Pfeffer

- Den Dinkel am Vorabend in reichlich Wasser einweichen.
- Am nächsten Tag die Zwiebel und den Knoblauch häuten und fein hacken. Die Karotte schälen, den Sellerie waschen und beides würfeln.
- Den Dinkel abgießen und unter fließendem Wasser abspülen.
- In einem großen Topf – schön wäre ein feuerfester Tontopf – das Olivenöl erhitzen und die Zwiebeln darin goldgelb anrösten Sobald sie Farbe angenommen haben, Knoblauch, Karotten und Sellerie zugeben. Einige Minuten andünsten und sobald der Knoblauch Farbe angenommen hat, den Dinkel und das Wasser zufügen. Salzen und zugedeckt auf kleiner Flamme etwa 1 Stunde leise köcheln lassen. Während der letzten 15 Minuten den Rosmarin mit in die Suppe geben.
- Sobald der Dinkel weich gekocht ist, das Brot rösten, mit dem Olivenöl beträufeln und zur heißen Suppe servieren.
- Eventuell etwas frisch gemahlenen Pfeffer über die Suppe geben.

Wie schon erwähnt, kann die Dinkelsuppe auch mit anderen Gemüse- und Getreidesorten zubereitet werden. Eine besondere Geschmacksnote erhält die Suppe durch einige Scheiben fein gewürfelten, luftgetrockneten Speck oder Bauchspeck, der mit dem Gemüse angebraten wird. Man kann zusätzlich zum Dinkel auch weiße Bohnen (cannellini) *oder – was meines Erachtens noch besser ist – die noch kräftiger schmeckenden Borlotti-Bohnen mitkochen.*

Wer zu den echten Feinschmeckern gehört, kocht ein Schweinsfüßchen mit, bis sich das Fleisch vom Knochen ablösen lässt. Das macht die Suppe natürlich noch gehaltvoller …

Minestra del prete

Priestersuppe

Für 6 Personen

1 küchenfertiges Hähnchen von etwa 1 kg
1 Zwiebel
2 Karotten
2 Stangen Staudensellerie
1 große Tomate
Salz
2 l Wasser

Außerdem:
6 Scheiben toskanisches Landbrot
4–6 EL geriebener Parmesan oder Pecorino

- Das Hähnchen unter fließendem Wasser abwaschen.
- Die Zwiebel abziehen und würfeln. Die Karotten schälen, den Sellerie waschen und beides ebenfalls in Würfel schneiden.
- Die Tomate kurz mit heißem Wasser überbrühen, häuten, vierteln und entkernen, dabei den Stielansatz entfernen. Das Fruchtfleisch grob würfeln.
- In einem großen Topf das Hähnchen mit allen weiteren Zutaten im kalten Wasser aufsetzen. Sobald das Wasser kocht, den Schaum abschöpfen, die Temperatur zurückschalten und die Suppe ungefähr $1\,{}^{1}/_{2}$ Stunden leise köcheln lassen, bis sich das Fleisch leicht von den Knochen lösen lässt.
- Das Hähnchen aus der Brühe nehmen, entbeinen, das Fleisch in mundgerechte Stücke schneiden und zurück in die Brühe geben.
- Vor dem Anrichten das Brot rösten und in eine Suppenschüssel legen. Die Brotscheiben mit dem Käse bestreuen und die Schüssel mit der heißen Suppe auffüllen.

Zuppa di lenticchie

Linsensuppe

Linsen können auf viele unterschiedliche Arten und zu vielen Gelegenheiten zubereitet werden; sie ergeben nicht nur Suppen und Eintöpfe, sondern sind auch eine leckere Beilage zu Fleischgerichten, wie beispielsweise dem Zampone *(gepökelter, mit Schweinehack gefüllter Schweinsfuß).*

Außerdem werden Linsen magische Kräfte zugeschrieben: Es heißt, dass ein zur Jahreswende verzehrtes Linsengericht Glück und Geld ins Haus bringt …

Für 4 Personen

2 Frühlingszwiebeln
2 Knoblauchzehen
1 Stange Staudensellerie
1 dünne Scheibe Rigatino (luftgetrockneter, gut durchwachsener Speck)
3 EL Olivenöl
einige Salbeiblättchen
350 g Linsen
1 ½ l Wasser · Salz

Außerdem:
4 Scheiben toskanisches Landbrot
Olivenöl extra vergine
2 Frühlingszwiebeln
frisch gemahlener Pfeffer

◆ Die Frühlingszwiebeln putzen und in dünne Scheiben schneiden, dabei das letzte Drittel des grünen Teils entfernen.

◆ Den Knoblauch abziehen und fein hacken. Den Sellerie waschen und in dünne Scheiben schneiden. Den Speck fein würfeln.

◆ In einem großen Topf – möglichst einem feuerfesten Tontopf – das Olivenöl erhitzen und die Zwiebeln mit dem Speck darin anbraten. Sobald die Zwiebeln Farbe angenommen haben, Knoblauch, Sellerie und Salbei hinzufügen und ebenfalls ein paar Minuten anrösten.

◆ Die gewaschenen Linsen mit dem Wasser zufügen, salzen und alles bedeckt bei kleiner Flamme ca. 1 Stunde köcheln lassen.

◆ Vor dem Servieren das Brot rösten und mit dem Olivenöl beträufelt in eine Suppenschüssel legen.

◆ Die Frühlingszwiebeln putzen und in dünne Ringe schneiden, den grünen Teil entfernen.

◆ Die heiße Suppe in die Schüssel füllen, mit den Zwiebelringen und frisch gemahlenem Pfeffer bestreuen und sofort servieren.

Brodo improvvisato

Schnelle Fleischbrühe

◆ Die Zwiebel abziehen und grob hacken. Die Karotten schälen und reiben. Die Petersilie waschen und trockenschütteln.

◆ Das Hackfleisch mit allen weiteren Zutaten in einen Topf geben, mit dem kalten Wasser aufgießen und zum Kochen bringen. Nach etwa 20 Minuten die Brühe durch ein Tuch oder ein feines Sieb in einen Topf abgießen und salzen.

◆ Die fertige Brühe können Sie beliebig weiterverwenden, zum Beispiel für die nachfolgende Stracciatella, oder Sie können sie mit *Passatelli* (Rezept siehe folgende Seite) servieren.

Für gut 1 l Brühe

1 große Zwiebel
2 Karotten
1 Sträußchen Petersilie
500 g Rinderhackfleisch
2 Lorbeerblätter
Selleriegrün
1 ½ l Wasser

Außerdem:
Salz

Stracciatella

Einlaufsuppe

◆ Die Brühe in einem Topf zum Kochen bringen.

◆ Inzwischen in einer Schüssel die Eier kräftig verquirlen. Die abgeriebene Zitronenschale und den geriebenen Parmesan dazugeben. Mit Muskat, etwas Salz und Pfeffer würzen.

◆ So lange rühren, bis die Eimischung glatt und völlig klumpenfrei ist.

◆ Die Eimischung in die kochende Brühe gießen und dabei mit einer Gabel kräftig umrühren. Sofort servieren.

Für 4 Personen

1 l Fleischbrühe
(Rezept siehe oben)
4 Eier
etwas abgeriebene Zitronenschale
4 EL geriebener Parmesan
1 Prise Muskat
Salz · Pfeffer

Passatelli

Suppennudeln

Diese Suppeneinlage verdankt ihren Namen der Zubereitung: Der Nudelteig wird durch ein Sieb mit relativ großen Löchern in die Brühe gestrichen, also „passiert". Diese Nudeln schmecken ausgezeichnet und werden vor allem an Festtagen als Suppeneinlage serviert.

Für 4 Personen

100 g Semmelbrösel
4 EL geriebener Parmesan
2 Eier
1 ordentliche Prise Muskat
etwas abgeriebene Zitronenschale
evtl. 20 g Ochsenmark
Salz · Pfeffer

Außerdem:
1 l Fleischbrühe
(Rezept siehe Seite 83)

◆ Die Semmelbrösel mit dem Parmesan mischen, die Eier und die übrigen Zutaten dazugeben und alles zu einem relativ festen Teig verkneten.
◆ Die Brühe in einem Topf zum Kochen bringen. Sobald sie kocht, den Teig mit den Händen durch ein Sieb mit relativ großen Löchern in die Brühe streichen.
Der Teig fällt in Form von kurzen, dünnen Strängen aus dem Sieb und gerinnt in der kochenden Brühe sofort zu kurzen Nudeln.

Minestra con le castagne

Kastaniensuppe

Diese Suppe ist eine besondere Spezialität aus der Gegend um den Monte Amiata. Dort gibt es riesige Kastanienhaine und so ist es kein Wunder, dass – besonders im Frühherbst – Kastanien oft den Speisezettel bereichern.

Für das nachstehende Rezept können Sie notfalls auf getrocknete Kastanien zurückgreifen, die müssen Sie dann allerdings vor der weiteren Verarbeitung mindestens 12 Stunden in Wasser einweichen. Frische Kastanien sind aber auf jeden Fall vorzuziehen.

Für 4 Personen

500 g frische Kastanien
1 Stange Staudensellerie
1 mittelgroße Zwiebel
2 Knoblauchzehen
evtl. 60–75 g durchwachsener Speck
3–4 EL Olivenöl
1 1/4 l Brühe
Salz · Pfeffer
1 Prise Fenchelsamen
1 Zweiglein Rosmarin
1 Tasse gekochter Reis
3–4 EL frisch geriebener, pikanter (lange gereifter) Schafskäse

◆ Die Kastanien ca. 15 Minuten in lauwarmem Wasser einweichen, anschließend quer über die gewölbte Seite mit einem scharfen Messer einen Einschnitt machen. Dabei darauf achten, dass das Fruchtfleisch möglichst nicht verletzt wird.
◆ Die so vorbereiteten Kastanien gut mit Wasser bedeckt in einem Topf mit geschlossenem Deckel 15–20 Minuten kochen. Abgießen und sofort schälen. Dabei unbedingt auch die unter der Schale liegende harte Haut entfernen.
◆ Den Sellerie waschen und in dünne Scheiben schneiden. Die Zwiebel und den Knoblauch abziehen, beides fein hacken. Falls Sie Speck verwenden, diesen ebenfalls fein würfeln.
◆ In einem Topf das Olivenöl erhitzen, die Zwiebeln goldgelb darin andünsten. Sobald sie Farbe angenommen haben, den Sellerie und den Knoblauch zufügen und ebenfalls kurz andünsten. Wenn Sie Speck verwenden, muss er zusammen mit den Zwiebeln angebraten werden.
◆ Sobald der Knoblauch etwas Farbe angenommen hat, die Kastanien in den Topf geben, die Brühe angießen, salzen, pfeffern und den Fenchelsamen sowie den Rosmarin zufügen.
◆ Mit geschlossenem Deckel auf kleiner Flamme so lange köcheln lassen, bis die Kastanien vollständig zerfallen sind. Das dauert – je nachdem, wie frisch die Kastanien sind – 1–1 1/2 Stunden.
◆ Zwischendurch immer wieder darauf achten, dass die Suppe nicht anbrennt, eventuell mit etwas Brühe verlängern!
◆ Am Schluss den Reis in die Suppe geben und den frisch geriebenen Käse unterrühren. Sofort heiß servieren.

Zuppa di cardi

Kardensuppe

Karden sind ein in der Toskana sehr beliebtes Wintergemüse, das zwischen November und Februar häufig auf den Tisch kommt.

Verwendet werden nur die Blattstiele dieser artischockenähnlichen Distelpflanze. Sie werden blanchiert, gedünstet und überbacken auch gern als Beilage zu Fleisch serviert (Rezept siehe Seite 144).

Für 4 Personen

500 g Karden
Saft von 1 Zitrone
1 l Wasser · Salz
1 große Zwiebel
50 g Rückenspeck
3 EL Olivenöl
40 g Butter

Außerdem:
4 Scheiben Brot
frisch gemahlener Pfeffer

◆ Die Karden putzen, das heißt die Blätter von den Stielen entfernen und mit einem Messer Haut und Fasern von den Stielen abschaben. Die vorbereiteten Stängel sofort mit dem Zitronensaft einreiben, damit sie nicht anlaufen, und in etwa 2 cm lange Stücke schneiden.

◆ In einem Topf das Wasser zum Kochen bringen, die Karden hineingeben, salzen und etwa 1 Stunde kochen.

◆ Sobald die Karden weich sind, mit der Kochflüssigkeit durch ein Sieb passieren oder in der Küchenmaschine pürieren und beiseite stellen.

◆ Inzwischen die Zwiebel abziehen und fein hacken. Den Speck fein würfeln.

◆ In einem Topf das Olivenöl erhitzen und die Zwiebeln mit dem Speck darin anrösten. Sobald die Zwiebeln Farbe angenommen haben, das Kardenpüree und die Butter zugeben. Umrühren und weitere 20 Minuten auf kleiner Flamme kochen.

◆ Kurz vor dem Servieren das Brot rösten, je eine Scheibe in einen Suppenteller legen und die heiße Suppe darüber gießen. Mit frisch gemahlenem Pfeffer bestreuen und sofort servieren.

Risotti e paste asciutte
Risotti und Nudelgerichte

Es gibt ein paar einfache Regeln, um einen guten Risotto herzustellen: Zunächst werden Zwiebeln und eventuell Knoblauch in Olivenöl oder Butter leicht angebräunt, anschließend kommt der Reis hinzu. Er wird unter Rühren kurz angebraten.
Manche Rezepte schreiben an dieser Stelle vor, dass der Reis mit etwas Wein abgelöscht wird. Sobald die Flüssigkeit verdampft ist, kommen die Geschmack gebenden Zutaten wie Gemüse, Fleisch oder Fisch dazu.

Aber keine Regel ohne Ausnahme: In vielen Fällen ist es auch umgekehrt, die Geschmackszutaten werden mit Zwiebeln und Knoblauch angebraten und dann erst wird der Reis zugefügt.

Zum Schluss jedenfalls wird die kochend heiße Brühe oder kochend heißes Wasser – und an diesem Punkt scheiden sich die Geister – angegossen. Eine Möglichkeit besteht darin, dass die Flüssigkeit unter ständigem Rühren nach und nach zugegeben wird; bei der anderen Variante wird die Flüssigkeit auf einmal zugegeben und der Reis saugt während der Kochzeit die gesamte Flüssigkeit auf.

In den nachfolgenden Rezepten habe ich mich für die erste Möglichkeit entschieden – aber es steht Ihnen natürlich frei, es auch auf die andere Weise zu probieren.

Die Mengenangaben für die Kochflüssigkeit ist übrigens nicht absolut verbindlich, mancher Risotto benötigt etwas mehr Flüssigkeit als ein anderer. Wichtig ist, dass der Risotto am Schluss weder ein dicker Brei noch so flüssig wie eine Suppe sein darf.

Wenn das Rezept Fleischbrühe vorschreibt, können Sie eine hausgemachte Brühe nach dem Rezept auf Seite 83 oder Brühwürfel verwenden. Ansonsten können Sie je nach Geschmack auch Gemüsebrühe nehmen.

Risotto alla montanara

Risotto auf Montanara Art

Für 4 Personen

150 g kleine Steinpilze
alternativ: Champignons
2 Zwiebeln
1 Knoblauchzehe
2 salsicce oder andere kräftig gewürzte Schweinsbratwürste
etwas Bergminze oder eine andere Minzesorte
80 g Butter
1 EL italienische Tomatenpaste mit Basilikum
alternativ: Tomatenmark
Salz
400 g Risottoreis, z. B. Arborio
etwa 1 ¼ l heiße Fleischbrühe
2–3 EL frisch geriebener Parmesan oder Pecorino

◆ Die Pilze mit einem Stück Küchenpapier vorsichtig säubern, unten von den Stielen eine dünne Scheibe abschneiden und wegwerfen. Die Pilze in Scheiben schneiden.

◆ Zwiebeln und Knoblauch abziehen und beides fein hacken. Die Würste pellen und in Scheiben schneiden. Die Minze waschen, trockenschütteln, die Blätter von den Stängeln zupfen und grob hacken.

◆ In einem Topf gut zwei Drittel der Butter schmelzen und die Zwiebeln sowie den Knoblauch darin anrösten. Sobald das Gemüse Farbe angenommen hat, die Wurstscheiben zugeben und ein paar Minuten anbraten. Die Pilze, die Tomatenpaste oder das Tomatenmark und die Minze zufügen, leicht salzen, umrühren und alles 10–15 Minuten dünsten.

◆ Den Reis in den Topf geben, gut umrühren und die Hitze stark reduzieren. Eine Schöpfkelle heiße Fleischbrühe zugeben, dabei weiterrühren. Sobald die Flüssigkeit verdampft ist, wieder eine Schöpfkelle Brühe zusetzen. In dieser Weise fortfahren, bis die ganze Brühe verbraucht ist. Wichtig ist, dass der Risotto während der gesamten Kochzeit ständig gerührt wird. Insgesamt braucht der Reis etwa 20 Minuten, bis er gar ist. Am Schluss darf der Risotto nicht zu dünnflüssig, aber auch nicht zu fest sein.

◆ Kurz vor dem Ende der Kochzeit die restliche Butter unter den Risotto rühren. Den Topf vom Herd nehmen, den Risotto 1–2 Minuten ruhen lassen, mit dem geriebenen Käse bestreuen und servieren.

Risotto con i carciofi

Risotto mit Artischocken

Dieser Risotto wird vor allem in der Gegend von Siena gekocht. Zur Artischockenzeit, also im Winter, kommt Artischockenrisotto dort häufig auf den Tisch.

Für 4 Personen

4–6 kleine Artischocken
1/2 Zitrone
1 mittelgroße Zwiebel
40 g Bauchspeck
3–4 EL Olivenöl
1/8 l Weißwein
Salz
400 g Risottoreis, z. B. Arborio
etwa 1 1/4 l heiße Brühe
frisch gemahlener Pfeffer
3–4 EL frisch geriebener, alter Pecorino

◆ Die Artischocken vorbereiten: Dazu die äußeren harten Blätter entfernen und wegwerfen. Von den zarteren Blättern die harten Spitzen abschneiden und ebenfalls wegwerfen. Den Stiel auf etwa 2 cm Länge kürzen und großzügig abschälen. Die so vorbereiteten Artischocken längs in Scheiben schneiden und sofort in Zitronenwasser legen, damit sie sich nicht verfärben.

◆ Die Zwiebel abziehen und fein hacken. Den Speck in feine Würfel schneiden.

◆ In einem Topf das Öl erhitzen, Speck und Zwiebeln darin anbraten. Sobald die Zwiebeln Farbe angenommen haben, die abgetropften Artischockenscheiben dazugeben und kurz andünsten. Anschließend den Weißwein zugeben, salzen und alles mit geschlossenem Deckel 10–15 Minuten dünsten.

◆ Den Reis in den Topf geben, gut umrühren und die Hitze stark reduzieren. Eine Schöpfkelle heiße Brühe zugeben, dabei weiterrühren. Sobald die Flüssigkeit verdampft ist, wieder eine Schöpfkelle Brühe zusetzen. In dieser Weise fortfahren, bis die ganze Brühe verbraucht ist. Wichtig ist, dass der Risotto während der gesamten Kochzeit ständig gerührt wird. Insgesamt braucht der Reis etwa 20 Minuten, bis er gar ist. Am Schluss darf der Risotto nicht zu dünnflüssig, aber auch nicht zu fest sein.

◆ Den Topf vom Herd nehmen, den Risotto 1–2 Minuten ruhen lassen, mit frisch gemahlenem Pfeffer und dem geriebenen Käse bestreuen und servieren.

Risotto verde

Grüner Risotto

Für 4 Personen

500 g Spinat oder Mangold
Salz
1 Zwiebel
75 g Butter
400 g Risottoreis, z. B. Arborio
etwa 1 1/4 l heiße Brühe
reichlich frisch geriebener Parmesan

◆ Den Spinat oder Mangold waschen, grob hacken und in reichlich Salzwasser einige Minuten blanchieren.
◆ Das Gemüse abtropfen lassen, durch ein Sieb passieren oder mit der Küchenmaschine pürieren und beiseite stellen.
◆ Die Zwiebel abziehen und fein hacken.
◆ In einem Topf etwa zwei Drittel der Butter schmelzen und die Zwiebelwürfel darin andünsten. Sobald sie Farbe angenommen haben, den Reis zufügen und unter Rühren kurz andünsten.
◆ Die Hitze stark reduzieren. Eine Schöpfkelle heiße Brühe zugeben, dabei weiterrühren. Sobald die Flüssigkeit verdampft ist, wieder eine Schöpfkelle Brühe zusetzen. In dieser Weise fortfahren, bis die ganze Brühe verbraucht ist. Wichtig ist, dass der Risotto während der gesamten Kochzeit ständig gerührt wird. Nach etwa 10 Minuten das Gemüsepüree zugeben und salzen. Insgesamt braucht der Reis etwa 20 Minuten, bis er gar ist. Am Schluss darf der Risotto nicht zu dünnflüssig, aber auch nicht zu fest sein.
◆ Kurz vor dem Ende der Kochzeit die restliche Butter in den Risotto rühren. Den Topf vom Herd nehmen, den Risotto 1–2 Minuten ruhen lassen und mit dem Käse bestreut servieren.

Risotto contadino

Bauernrisotto

Für 4 Personen

1 kleine Zwiebel
1 Karotte
1 Stange Staudensellerie
2–3 Zucchini
1 Hand voll ganz junge, kleine grüne Schnittbohnen
1 Sträußchen Petersilie
1 Zweiglein Basilikum
4–5 EL Olivenöl
Salz
4 Tomaten
1 Tasse ausgepahlte frische Erbsen
ca. 1 ½ l heiße Fleischbrühe
400 g Risottoreis, z. B. Arborio
40 g Butter
frisch geriebener Parmesan

◆ Die Zwiebel abziehen und fein würfeln. Die Karotte schälen, den Sellerie und die Zucchini waschen und alles ebenfalls in kleine Würfel schneiden. Die Schnittbohnen putzen und halbieren.

◆ Die Petersilie waschen, trockenschütteln, die Stängel entfernen und die Blätter fein hacken. Das Basilikum waschen, trockenschütteln, die Blätter abzupfen und ebenfalls hacken.

◆ In einem Topf das Olivenöl erhitzen und die Zwiebeln hellblond darin anschwitzen. Sobald sie Farbe angenommen haben das restliche Gemüse (mit Ausnahme der Zucchini), die Hälfte der Petersilie und das Basilikum zufügen. Umrühren, salzen und einige Minuten schmoren lassen.

◆ Inzwischen die Tomaten kurz mit heißem Wasser überbrühen, häuten, vierteln und entkernen, dabei die Stielansätze entfernen. Das Fruchtfleisch grob würfeln und zum übrigen Gemüse in den Topf geben.

◆ Nach 6–7 Minuten die Zucchiniwürfel und die Erbsen zufügen, noch einmal gut umrühren und das Gemüse weitere 3–4 Minuten schmoren lassen. Eventuell ein wenig heiße Brühe angießen.

◆ Den Reis zum Gemüse geben, gut umrühren und die Hitze stark reduzieren. Zwei Schöpfkellen Fleischbrühe angießen, dabei weiterrühren. Sobald die Flüssigkeit verdampft ist, wieder eine Schöpfkelle Brühe zusetzen. In dieser Weise fortfahren, bis die ganze Brühe verbraucht ist. Wichtig ist, dass der Risotto während der gesamten Kochzeit ständig gerührt wird. Insgesamt braucht der Reis etwa 20 Minuten, bis er gar ist. Am Schluss darf der Risotto nicht zu dünnflüssig, aber auch nicht zu fest sein.

◆ Kurz vor dem Ende der Kochzeit die Butter und den Käse in den Risotto rühren. Den Topf vom Herd nehmen und den Risotto 1–2 Minuten ruhen lassen. Mit der restlichen Petersilie bestreuen und servieren.

Risotto ai fiori di zucca

Risotto mit Kürbisblüten

Für 4 Personen

1 Zwiebel
6–8 Kürbisblüten
etwas Bergminze oder eine andere Minzesorte
75 g Butter
1/8 l Weißwein
Salz
400 g Risottoreis, z. B. Arborio
etwa 1 1/4 l heiße Brühe
frisch geriebener Parmesan

◆ Die Zwiebel abziehen und fein würfeln. Die Kürbisblüten vorsichtig waschen, trockenschütteln und in feine Streifen schneiden. Die Minze waschen, trockenschütteln und fein hacken.

◆ In einem Topf etwa zwei Drittel der Butter schmelzen und die Zwiebeln darin anrösten. Sobald sie Farbe angenommen haben, die Kürbisblüten dazugeben und leicht anbraten. Mit dem Wein ablöschen und leicht salzen.

◆ Nach 3–4 Minuten den Reis in den Topf geben, gut umrühren und die Hitze stark reduzieren. Eine Schöpfkelle heiße Brühe zugeben, dabei weiterrühren. Sobald die Flüssigkeit verdampft ist, wieder eine Schöpfkelle Brühe zusetzen. In dieser Weise fortfahren, bis die ganze Brühe verbraucht ist. Wichtig ist, dass der Risotto während der gesamten Kochzeit ständig gerührt wird. Insgesamt braucht der Reis etwa 20 Minuten, bis er gar ist. Am Schluss darf der Risotto nicht zu dünnflüssig, aber auch nicht zu fest sein.

◆ Kurz vor dem Ende der Kochzeit die restliche Butter in den Risotto rühren. Den Topf vom Herd nehmen, den Risotto 1–2 Minuten ruhen lassen, mit dem geriebenen Käse und der Minze bestreuen und servieren.

Risotto al pomodoro

Tomatenrisotto

◆ Die Zwiebel abziehen und sehr fein würfeln. Die Kräuter waschen, trockenschütteln und hacken.

Für 4 Personen

1 Zwiebel
1 Hand voll Basilikumblätter
einige Blättchen Bergminze oder eine andere Minzesorte
4–6 vollreife Tomaten
4 EL Olivenöl
400 g Risottoreis, z. B. Arborio
1/8 l Rotwein (Chianti)
Salz
etwa 1 1/4 l heiße Fleischbrühe
40 g Butter
reichlich würziger, geriebener Pecorino

◆ Die Tomaten kurz mit heißem Wasser überbrühen, häuten, vierteln und entkernen, dabei die Stielansätze entfernen. Das Fruchtfleisch grob würfeln.

◆ In einem Topf das Olivenöl erhitzen und die Zwiebeln darin anbraten. Sobald sie Farbe angenommen haben, die Kräuter dazugeben. Nach etwa 1 Minute den Reis in den Topf geben, gut umrühren und die Hitze stark reduzieren. Mit dem Wein ablöschen.

◆ Sobald der Wein ganz verdunstet ist, die Tomaten zum Reis geben, salzen und gut umrühren.

◆ Eine Schöpfkelle heiße Fleischbrühe zugeben, dabei weiterrühren. Sobald die Flüssigkeit verdampft ist, wieder eine Schöpfkelle Brühe zusetzen. In dieser Weise fortfahren, bis die ganze Brühe verbraucht ist. Wichtig ist, dass der Risotto während der gesamten Kochzeit ständig gerührt wird. Insgesamt braucht der Reis etwa 20 Minuten, bis er gar ist. Am Schluss darf der Risotto nicht zu dünnflüssig, aber auch nicht zu fest sein.

◆ Kurz vor dem Ende der Kochzeit die Butter in den Risotto rühren. Den Topf vom Herd nehmen, den Risotto 1–2 Minuten ruhen lassen und mit dem geriebenen Käse bestreut servieren. Wenn Ihnen Pecorino zu intensiv ist, können Sie auch Parmesan nehmen.

Sie werden schon bemerkt haben, dass all diese Risotti jeweils zu einer bestimmten Jahreszeit gehören und dann auf den Speiseplan kommen sollten, wenn die Gärten und Märkte ein reiches Angebot an Gemüsen bescheren.
Der Tomatenrisotto gelingt natürlich am besten im Sommer, wenn die Tomaten voll ausgereift sind.

Risotto con funghi e verdure

Risotto mit Pilzen und Gemüse

Bei Freunden in der Gegend von Arezzo wurde mir dieser exquisite Risotto zum ersten Mal serviert – und ich war so davon angetan, dass ich Ihnen das Rezept dafür unbedingt weitergeben möchte!

Für 4 Personen

- *25 g getrocknete Steinpilze*
- *1 Zwiebel*
- *40 g Bauchspeck*
- *1 große, mehlig kochende Kartoffel*
- *80 g Butter*
- *1 Hand voll junge, frische Puffbohnen, ausgepahlt*
- *Salz*
- *1/8 l trockener Weißwein*
- *400 g Risottoreis, z. B. Arborio*
- *ca. 1 1/2 l heiße Fleischbrühe*
- *1 Tasse ausgepahlte frische Erbsen*
- *8 Spargelspitzen*
- *reichlich frisch geriebener Pecorino*
- *frisch gemahlener Pfeffer*

◆ Die getrockneten Pilze etwa 20 Minuten in warmem Wasser einweichen. Anschließend abgießen, unter fließendem Wasser gut abspülen und die Pilze in einem Sieb bis zur Verwendung abtropfen lassen.

◆ Inzwischen die Zwiebel abziehen und fein würfeln. Den Speck ebenfalls in feine Würfel schneiden. Die Kartoffel schälen und würfeln.

◆ In einem Topf etwa zwei Drittel der Butter schmelzen und die Zwiebeln mit dem Speck darin anbraten. Sobald die Zwiebeln Farbe angenommen haben, Kartoffeln und Bohnen zugeben, salzen und einige Minuten mitdünsten. Mit dem Wein ablöschen.

◆ Den Reis in den Topf geben, gut umrühren und die Hitze stark reduzieren. Eine Schöpfkelle heiße Fleischbrühe zusammen mit den Pilzen, Erbsen und Spargelspitzen zugeben, dabei weiterrühren. Sobald die Flüssigkeit verdampft ist, wieder eine Schöpfkelle Brühe zusetzen. In dieser Weise fortfahren, bis die ganze Brühe verbraucht ist. Wichtig ist, dass der Risotto während der gesamten Kochzeit ständig gerührt wird. Insgesamt braucht der Reis etwa 20 Minuten, bis er gar ist. Am Schluss darf der Risotto nicht zu dünnflüssig, aber auch nicht zu fest sein.

◆ Kurz vor dem Ende der Kochzeit die restliche Butter und den Käse in den Risotto rühren. Den Topf vom Herd nehmen und den Risotto 1–2 Minuten ruhen lassen. Mit frisch gemahlenem Pfeffer bestreut servieren.

Risotto di verdure delle Lunigiana

Gemüserisotto aus der Lunigiana

Für 4 Personen

2 salsicce oder andere Schweinsbratwürste
1/2 Zwiebel
4 kleine Artischocken
1/2 Zitrone
300 g frische oder
30 g getrocknete Steinpilze
etwas Bergminze oder eine andere Minzesorte
1 EL Olivenöl
1 Tasse ausgepahlte frische Erbsen
Salz
1/8 l trockener Weißwein
400 g Risottoreis, z. B. Arborio
etwa 1 1/2 l heiße Fleischbrühe
40 g Butter
60 g geriebener Grana oder Parmesan
frisch gemahlener Pfeffer

◆ Die Würste enthäuten und mit einer Gabel grob zerteilen. Die Zwiebel abziehen und fein würfeln.

◆ Die Artischocken vorbereiten: Dazu die äußeren harten Blätter entfernen und wegwerfen. Von den zarteren Blättern die harten Spitzen abschneiden und ebenfalls wegwerfen. Den Stiel auf etwa 2 cm Länge kürzen und großzügig abschälen. Die so vorbereiteten Artischocken längs in Scheiben schneiden und sofort in Zitronenwasser legen, damit sie sich nicht verfärben.

◆ Die frischen Steinpilze mit einem Stück Küchenpapier vorsichtig säubern, unten von den Stielen eine dünne Scheibe abschneiden und wegwerfen. Die Pilze in Scheiben schneiden. Falls Sie getrocknete Pilze verwenden, müssen diese 20 Minuten in warmem Wasser eingeweicht und unter fließendem Wasser gründlich abgespült werden. Vor der weiteren Verwendung gut abtropfen lassen.

◆ Die Minze waschen, trockenschütteln, die Blättchen von den Stängeln zupfen und grob hacken.

◆ In einem Topf das Olivenöl erhitzen und die Zwiebeln mit den Wurststückchen darin anbraten. Wenn die Zwiebeln etwas Farbe angenommen haben, die abgetropften Artischockenscheiben zufügen und unter Umrühren hell anbraten.

◆ Anschließend die Pilze, die Erbsen und die Minze zufügen, salzen, den Weißwein dazugeben und alles ein paar Minuten dünsten.

◆ Sobald der Wein verdunstet ist, den Reis in den Topf geben, gut umrühren und die Hitze stark reduzieren. Eine Schöpfkelle heiße Fleischbrühe zugeben, dabei weiterrühren. Sobald die Flüssigkeit verdampft ist, wieder eine Schöpfkelle Brühe zusetzen. In dieser Weise fortfahren, bis die ganze Brühe verbraucht ist. Den Risotto während der gesamten Kochzeit ständig rühren! Insgesamt braucht der Reis etwa 20 Minuten, bis er gar ist. Am Schluss darf der Risotto nicht zu dünnflüssig, aber auch nicht zu fest sein.

◆ Kurz vor dem Ende der Kochzeit die Butter und den Käse in den Risotto rühren. Den Topf vom Herd nehmen und den Risotto 1–2 Minuten ruhen lassen. Vor dem Servieren mit frisch gemahlenem Pfeffer bestreuen.

Risotto di tinche

Schleienrisotto

In der Gegend um den Lago di Chiusi gibt es eine ganz eigene Küche, in der die Süßwasserfische aus dem See eine große Rolle spielen. Der Risotto mit Schleien ist solch eine Spezialität …

Für 6 Personen

- 2 schöne Schleien (800–1000 g)
- 1 Zwiebel
- 4 Knoblauchzehen
- 1 Bund Petersilie
- 3 große Tomaten
- 2–3 mittelgroße Kartoffeln
- 2 kleine Karotten
- 80 g Champignons
- 6 EL Olivenöl
- 1/4 l Weißwein
- Salz
- ca. 2 l Wasser
- 600 g Risottoreis, z. B. Arborio

◆ Die Fische ausnehmen und unter fließendem Wasser gründlich waschen. Kopf und Schwanz entfernen.
◆ Die Zwiebel und 2 Knoblauchzehen abziehen und fein würfeln. Die Petersilie waschen, trockenschütteln, die Stängel entfernen und die Blätter fein hacken.
◆ Die Tomaten kurz mit heißem Wasser überbrühen, häuten, vierteln und entkernen, dabei die Stielansätze entfernen. Das Fruchtfleisch grob würfeln.
◆ Die Kartoffeln schälen und fein würfeln. Die Karotten schälen und reiben.
◆ Die Champignons mit Küchenpapier vorsichtig säubern, von den Stielen unten eine dünne Scheibe abschneiden und wegwerfen. Die Pilze in Scheiben schneiden.
◆ In einem großen Topf, in dem die Fische gut Platz haben, 4 EL Olivenöl erhitzen und die Zwiebeln hellblond darin anschwitzen. Sobald sie Farbe angenommen haben, den Knoblauch und etwa drei Viertel der Petersilie hinzufügen. Ein paar Minuten unter Rühren dünsten, mit der Hälfte des Weins ablöschen und die Tomaten zugeben. Salzen, gut umrühren und einige Minuten weiterdünsten. Mit dem Wasser auffüllen und zum Kochen bringen.

◆ Die Fische in den Topf legen, die Temperatur reduzieren und alles mit geschlossenem Deckel etwa 20 Minuten leise köcheln lassen.

◆ Anschließend die Schleien mit einer Schaumkelle aus dem Topf nehmen, Haut und Gräten entfernen und die Fische mit ein wenig Kochflüssigkeit durch ein Sieb passieren. Das Fischpüree beiseite stellen. Die restliche Fischbrühe heiß halten.

◆ Inzwischen in einem anderen Topf das restliche Olivenöl erhitzen, den Reis zugeben und anrösten. Sobald er das Olivenöl aufgenommen hat, Kartoffeln, Karotten und Pilze zugeben, etwas salzen, umrühren, mit dem restlichen Weißwein ablöschen, die Hitze stark reduzieren und weiterrühren.

◆ Sobald die Flüssigkeit verdampft ist, eine Schöpfkelle der heißen Fischbrühe zusetzen. In dieser Weise fortfahren, bis die ganze Brühe verbraucht ist. Wichtig ist, dass der Risotto während der gesamten Kochzeit ständig gerührt wird. Insgesamt braucht der Reis etwa 20 Minuten, bis er gar ist. Am Schluss darf der Risotto nicht zu dünnflüssig, aber auch nicht zu fest sein.

◆ Kurz vor dem Ende der Kochzeit die pürierten Fische unter den Risotto rühren.

◆ Den Topf vom Herd nehmen und den Risotto 1–2 Minuten ruhen lassen.

◆ Den restlichen Knoblauch abziehen und sehr fein hacken. Den Knoblauch und die restliche Petersilie über den Risotto streuen und sofort servieren.

Risotto nero con le seppie alla fiorentina

Schwarzer Risotto mit Tintenfischen auf Florentiner Art

◆ Die Tintenfische unter fließendem Wasser gründlich waschen, dabei Kopf und Tentakel aus dem Körper ziehen und den Sepiaknochen entfernen. Die Tintenblasen beiseite legen. Die Köpfe von den Tentakeln abschneiden und wegwerfen. Die so vorbereiteten Fischkörper in dünne Ringe schneiden, die Tentakel fein hacken.

Für 6 Personen

600 g kleine Tintenfische (Sepien) mit den Tintenblasen
1 Zwiebel
2 Knoblauchzehen
500 g Mangold
5 EL Olivenöl
gut 2 l heißes Wasser
Salz
Pfeffer
600 g Risottoreis, z. B. Arborio
40 g Butter
reichlich geriebener Parmesan

◆ Die Zwiebel und den Knoblauch abziehen und fein würfeln. Den Mangold waschen und in feine Streifen schneiden.

◆ In einem Topf das Olivenöl erhitzen, die Zwiebeln zugeben und hellblond anschwitzen. Sobald sie Farbe angenommen haben, die Tintenfischringe und die gehackten Tentakel sowie den Knoblauch zufügen und ebenfalls Farbe annehmen lassen.

◆ Den Mangold in den Topf geben und mit gut $^1/_4$ l Wasser aufgießen. Salzen, pfeffern und zugedeckt bei kleiner Flamme unter gelegentlichem Umrühren ca. 25 Minuten dünsten.

◆ Anschließend den Reis und die Tinte aus den Blasen zugeben und gut umrühren.

◆ Sobald der Reis die Tinte ganz aufgesogen hat, die Hitze stark reduzieren.

◆ Eine Schöpfkelle heißes Wasser zusetzen, umrühren und die Flüssigkeit fast ganz verdampfen lassen. In dieser Weise fortfahren, bis das ganze Wasser verbraucht ist. Wichtig ist, dass der Risotto während der gesamten Kochzeit ständig gerührt wird. Insgesamt braucht der Reis etwa 20 Minuten, bis er gar ist. Am Schluss darf der Risotto nicht zu dünnflüssig, aber auch nicht zu fest sein. Der Reis sollte bei diesem Rezept – wie man sagt – *all'onda* sein, also in genügend Flüssigkeit schwimmen.

◆ Kurz vor dem Ende der Kochzeit die Butter in den Risotto rühren. Den Topf vom Herd nehmen, den Risotto 1–2 Minuten ruhen lassen und mit dem geriebenen Käse bestreut servieren.

Auch wenn Sie im ersten Moment zögern, weil Sie die Farbe dieses Risottos vielleicht abschreckend finden – Sie sollten es trotzdem probieren. Risotto nero *schmeckt einfach köstlich …*

Risotto col polpo e porcini

Risotto mit Kraken und Steinpilzen

Für 4 Personen

½ kg kleine Kraken
30 g getrocknete Steinpilze
400 g reife Tomaten
1 Zwiebel
4 Knoblauchzehen
2 Karotten
1 Stange Staudensellerie
1 Sträußchen Petersilie
4–6 EL Olivenöl
Salz
Pfeffer
⅛ l trockener Weißwein
400 g Risottoreis, z. B. Arborio
etwa 1 ½ l heißes Wasser
60 g Butter

◆ Nehmen Sie unbedingt kleine Kraken, da sie sehr viel zarter als die großen sind! Die Kraken waschen und – falls das nicht bereits Ihr Fischhändler getan hat – die harten Beißwerkzeuge entfernen. Körper und Fangarme in 3–4 cm große Stücke schneiden.

◆ Inzwischen die getrockneten Pilze etwa 20 Minuten in warmem Wasser einweichen. Anschließend abgießen, dabei die Einweichflüssigkeit auffangen. Die Pilze unter fließendem Wasser gründlich abspülen und in einem Sieb bis zur weiteren Verwendung gut abtropfen lassen.

◆ Das Einweichwasser durch ein Tuch oder ein mit Küchenpapier ausgelegtes Sieb in eine Schüssel gießen, so dass kein Sand mehr darin ist.

◆ Die Tomaten kurz mit heißem Wasser überbrühen, häuten, vierteln und entkernen, dabei die Stielansätze entfernen. Das Fruchtfleisch grob würfeln.

◆ Die Zwiebel abziehen und fein würfeln. Den Knoblauch häuten, fein hacken und die Hälfte beiseite stellen.

◆ Die Karotten putzen, den Sellerie waschen und beides sehr fein würfeln. Die Petersilie waschen, trockenschütteln, die Stängel entfernen und die Blätter fein hacken.

◆ In einem großen Topf das Olivenöl erhitzen und die Zwiebeln hellgelb darin anschwitzen. Sobald sie etwas Farbe angenommen haben, die Hälfte des Knoblauchs, die Karotten und den Sellerie zugeben, kräftig umrühren und einige Minuten schmoren lassen.

◆ Die Krakenstückchen dazugeben, salzen und pfeffern und mit dem Weißwein ablöschen.

◆ Die Tomaten mit den Pilzen zufügen, etwas vom Einweichwasser der Pilze zugeben und alles mit geschlossenem Deckel mindestens 20 Minuten bei mittlerer Hitze köcheln lassen.

◆ Anschließend den Reis in den Topf geben, gut umrühren und die Hitze stark reduzieren. Eine Schöpfkelle heißes Wasser mit dem restlichen Einweichwasser der Pilze zugeben, dabei weiterrühren. Sobald die Flüssigkeit verdampft ist, wieder eine Schöpfkelle Wasser zusetzen. In dieser Weise fortfahren, bis das ganze Wasser verbraucht ist. Wichtig ist, dass der Risotto während der gesamten Kochzeit ständig gerührt wird. Insgesamt braucht der Reis etwa 20 Minuten, bis er gar ist. Am Schluss darf der Risotto nicht zu dünnflüssig, aber auch nicht zu fest sein.

◆ Die Butter in den Risotto rühren. Den Topf vom Herd nehmen und den Risotto 1–2 Minuten ruhen lassen.

◆ Vor dem Servieren mit der Petersilie und dem restlichen Knoblauch bestreuen.

Für dieses Rezept können Sie natürlich statt der Kraken auch polpetti, *achtarmige Tintenfische, oder* seppioline, *zehnarmige Tintenfische, verwenden.*

Risotto bianco di mare

Weißer Risotto mit Meeresfrüchten

◆ Die Tintenfische unter fließendem Wasser gründlich waschen, dabei Kopf und Tentakel aus dem Körper ziehen und den Sepiaknochen entfernen. Die Köpfe von den Tentakeln abschneiden und wegwerfen. Die so vorbereiteten Fischkörper in dünne Ringe schneiden, die Tentakel fein hacken.

Für 4 Personen

2 kg kleine Tintenfische (Sepien)
4 Garnelen
300 g Scampi
Salz
1 Zwiebel
1 Sträußchen Petersilie
50 g Butter
1/8 l Weißwein
400 g Risottoreis, z. B. Arborio
1 1/2 l heißes Wasser
4 EL Sahne
frisch gemahlener Pfeffer

◆ Die Garnelen und die Scampi waschen. In einem Topf 1 1/2 l leicht gesalzenes Wasser zum Kochen bringen. Zuerst die Garnelen hineingeben und bei schwacher Hitze etwa 3 Minuten ziehen lassen. Anschließend die Scampi zufügen und weitere 3 Minuten ziehen lassen. Garnelen und Scampi abgießen, schälen und beiseite stellen.

◆ Inzwischen die Zwiebel abziehen und in feine Ringe schneiden.

◆ Die Petersilie waschen, trockenschütteln, die Stängel entfernen und die Blätter fein hacken.

◆ In einem großen Topf die Butter schmelzen und die Zwiebelringe darin glasig andünsten. Sobald sie Farbe angenommen haben, die Tintenfischringe und die gehackten Tentakel zufügen. Unter Rühren andünsten, salzen und mit dem Wein ablöschen.

◆ Sobald die Flüssigkeit verdampft ist, den Reis in den Topf geben, gut umrühren und die Hitze stark reduzieren.

◆ Eine Schöpfkelle heißes Wasser zugeben, dabei weiterrühren. Sobald die Flüssigkeit verdampft ist, wieder eine Schöpfkelle Wasser zusetzen. In dieser Weise fortfahren, bis das ganze Wasser verbraucht ist. Wichtig ist, dass der Risotto während der gesamten Kochzeit ständig gerührt wird. Insgesamt braucht der Reis etwa 20 Minuten, bis er gar ist. Am Schluss darf der Risotto nicht zu dünnflüssig, aber auch nicht zu fest sein.

◆ Kurz vor dem Ende der Kochzeit die Sahne, die Garnelen und die Scampi in den Risotto rühren. Den Topf vom Herd nehmen, den Risotto 1–2 Minuten ruhen lassen, mit der Petersilie sowie frisch gemahlenem Pfeffer bestreuen und servieren.

Pasta fatto a mano

Grundrezept für hausgemachte Nudeln

Für etwa 350 g frische Nudeln, das entspricht:
2 Portionen als Hauptgang oder
4 Portionen als Zwischengericht

200 g griffiges Weizenmehl oder feiner Hartweizengrieß
2 Eier
1 Prise Salz

◆ Das Mehl auf eine Arbeitsplatte sieben, in die Mitte eine Mulde drücken und die leicht verquirlten Eier sowie das Salz hineingeben. Nach und nach vom Rand her gründlich mit dem Mehl vermischen.

◆ Mit den Handballen kräftig durchkneten, bis ein elastischer Teig entsteht. Er sollte am Schluss nicht zu feucht sein, geben Sie eventuell noch etwas Mehl dazu.

◆ Den fertigen Teig zu einer Kugel formen und mit einem feuchten Küchentuch bedeckt etwas ruhen lassen. Anschließend entweder mit dem Nudelholz dünn ausrollen oder durch eine Nudelmaschine treiben.

◆ Die Teigplatten mit dem Messer oder dem entsprechenden Einsatz der Nudelmaschine in die gewünschte Form schneiden.

◆ Für Tagliatelle den Teig in 5–7 mm breite Streifen schneiden, Pappardelle sind wesentlich breiter, nämlich 25–30 mm.

Grüne Nudeln (Pasta verde) *stellen Sie her, indem Sie die Mehlmenge auf 275–300 g erhöhen und etwa 150 g tiefgekühlten oder 250 g frischen Spinat beimischen.*
Den Spinat blanchieren, abgießen, abtropfen lassen und sehr gut mit den Händen ausdrücken. Anschließend mit einem schweren Messer sehr fein hacken und zusammen mit den Eiern unter das Mehl kneten.

Auf den folgenden Seiten finden Sie die besten Rezepte für Nudelsaucen zu Tagliatelle und Pappardelle.

Tagliatelle con la ricotta

Tagliatelle mit Ricotta

Für 4 Personen

2 EL Butter
200 g frischer Ricotta
Salz
350 g frische Tagliatelle nach dem Rezept auf Seite 103 oder 450 g aus der Packung
evtl. etwas Milch
4 EL geriebener Pecorino
frisch gemahlener Pfeffer

◆ Die Butter schmelzen lassen. In einer Schüssel den Ricotta mit der Butter gut vermischen, salzen und beiseite stellen.

◆ Die Tagliatelle in 2 l Salzwasser garen, abgießen und zurück in den heißen Topf geben. Den Ricotta zufügen und alles gründlich vermischen.

◆ Falls das Ganze zu trocken werden sollte, mit etwas Milch verlängern.

◆ Die heißen Nudeln mit dem geriebenen Pecorino und frisch gemahlenem Pfeffer servieren.

Dieses Gericht ist eine Spezialität aus dem Casentino. Sie können es abwandeln, wenn Sie dem Ricotta etwas in Butter geschwenkten Spinat beimischen. Dazu 500 g frischen Spinat blanchieren, abgießen, abtropfen lassen, gut ausdrücken und grob hacken. Den Spinat in etwas Butter schwenken, abkühlen lassen und mit dem Ricotta vermischen.

Tagliatelle con i funghi pioppini

Tagliatelle mit Pappel-Schüpplingen

Für 4 Personen

350 g frische Tagliatelle nach dem Rezept auf Seite 103 oder 450 g aus der Packung
400 g Pappel-Schüpplinge
1 Hand voll Bergminze oder 1 Sträußchen Petersilie
2 Knoblauchzehen
3 EL Olivenöl
Salz
Pfeffer

◆ Die Tagliatelle in 2 l Salzwasser bissfest garen und in ein Sieb abgießen.
◆ Inzwischen die Pilze mit einem Stück Küchenpapier vorsichtig säubern, unten von den Stielen eine dünne Scheibe abschneiden und wegwerfen. Die Pilze in nicht zu kleine Stücke schneiden.
◆ Minze oder Petersilie waschen, trockenschütteln, die Stängel entfernen und die Blätter fein hacken. Den Knoblauch abziehen.
◆ In einer Pfanne das Olivenöl erhitzen und den Knoblauch durch eine Presse dazudrücken. Sobald er Farbe angenommen hat, die geputzten Pilze zufügen. Salzen und pfeffern und mit den gehackten Kräutern vermischen.
◆ Die abgetropften Tagliatelle in die Pfanne mit den Pilzen geben, alles gut vermischen und heiß servieren.

Der Pappel-Schüppling wächst, wie der Name schon sagt, unter Pappeln oder auf Pappelstümpfen. Er ist ein sehr aromatischer Speisepilz, man kann ihn frisch – am besten zwischen Juni und Oktober – oder getrocknet verwenden und die daraus zubereitete Pilzsauce ist ein echter Geheimtipp für Feinschmecker!

Sie können dieses Rezept variieren, indem Sie eine große Tomate und etwas Chilipulver zufügen. Dazu die Tomate kurz mit heißem Wasser überbrühen, häuten, vierteln und entkernen, dabei die Stielansätze entfernen. Das Fruchtfleisch grob würfeln. Die Tomatenwürfel mit den Pilzen andünsten, mit Chilipulver abschmecken und alles wie oben beschrieben mit den gekochten Nudeln vermischen.

Meiner Meinung nach schmeckt die „weiße“ Variante allerdings feiner …

Tagliatelle con il sugo antico

Tagliatelle mit Sauce auf „antike" Art

Diese Sauce wird in der Gegend von Arezzo zubereitet. Sie passt außer zu Tagliatelle auch sehr gut zu Pappardelle oder zu Cannelloni.

Für 4 Personen

40 g Bauchspeck
1 Zwiebel
1 Hähnchenbrust
Hühnerklein von 1 Huhn
4–5 reife, geschälte Tomaten
200 g gemischte Pilze, z. B. Champignons, Steinpilze, Pappel-Schüpplinge
200 g Rinderhackfleisch
knapp 1/8 l Weißwein
Salz
Pfeffer
350 g frische Tagliatelle nach dem Rezept auf Seite 103 oder 450 g aus der Packung

◆ Den Speck würfeln, die Zwiebel abziehen und fein würfeln.

◆ Die Hähnchenbrust und das Hühnerklein waschen, trockentupfen und klein schneiden.

◆ Die Tomaten kurz mit heißem Wasser überbrühen, häuten, vierteln und entkernen, dabei die Stielansätze entfernen. Das Fruchtfleisch grob würfeln.

◆ Die Pilze mit Küchenpapier vorsichtig säubern, unten von den Stielen eine dünne Scheibe abschneiden und wegwerfen. Die Pilze klein schneiden.

◆ In einer Pfanne den Speck auslassen und die Zwiebeln glasig darin anbraten. Sobald sie Farbe angenommen haben, das gesamte Fleisch dazugeben, kurz anbraten und mit dem Wein ablöschen.

◆ Wenn der Wein verdunstet ist, die Tomatenwürfel und die Pilze zugeben, salzen und pfeffern und zugedeckt ein paar Minuten auf kleiner Flamme dünsten.

◆ Inzwischen die Nudeln in 2 l Salzwasser bissfest garen, abgießen und abgetropft in die Pfanne geben. Alles gut durchmischen und sofort heiß servieren.

Tagliatelle sull'uscetto dell'orto

Tagliatelle „quer durchs Gemüsebeet"

Für 4 Personen

1 Zwiebel
2 reife Tomaten
2 kleine Karotten
1 Stange Staudensellerie
1 kleine Zucchini
1 Hand voll Basilikum
1 Sträußchen Petersilie
1 Tasse ausgepahlte frische Erbsen
Salz
350 g frische Tagliatelle nach dem Rezept auf Seite 103 oder 450 g aus der Packung
3 EL Olivenöl
4 EL frisch geriebener Pecorino

◆ Die Zwiebel abziehen und fein würfeln.

◆ Die Tomaten kurz mit heißem Wasser überbrühen, häuten, vierteln und entkernen, dabei die Stielansätze entfernen. Das Fruchtfleisch grob würfeln.

◆ Die Karotten schälen, den Sellerie und die Zucchini waschen und alles in Würfel schneiden.

◆ Die Kräuter waschen, trockenschütteln, die Stängel entfernen und die Blätter fein hacken.

◆ Die Erbsen und die Karotten in kochendem Salzwasser etwa 5 Minuten blanchieren, abgießen und beiseite stellen.

◆ Die Nudeln in 2 l Salzwasser bissfest garen, abgießen und beiseite stellen.

◆ Inzwischen in einer großen Pfanne das Olivenöl erhitzen und die Zwiebeln darin glasig anschwitzen. Sobald sie Farbe angenommen haben die Gemüsewürfel, die Erbsen und die gehackten Kräuter zufügen. Salzen und mit geschlossenem Deckel alles weich dünsten.

◆ Sobald die Gemüsemischung gar ist, die abgetropften Nudeln in die Pfanne geben, alles gut vermischen und sofort heiß mit dem Pecorino servieren.

Tagliatelle al sugo di coniglio

Tagliatelle mit Kaninchensauce

Für 4 Personen

½ Kaninchen (samt Leber)
1 Zwiebel
1 Knoblauchzehe
1 Sträußchen Petersilie
1 Karotte
1 Stange Staudensellerie
6 EL Olivenöl
1 Zweig Rosmarin
knapp ¼ l Rotwein (am besten Chianti)
550 g geschälte Tomaten aus der Dose
Salz
Pfeffer
evtl. etwas Brühe
350 g frische Tagliatelle nach dem Rezept auf Seite 103 oder 450 g aus der Packung
4 EL frisch geriebener Parmesan

◆ Das Kaninchenfleisch und die Leber waschen, trockentupfen und das Fleisch grob zerteilen. Die Leber fein würfeln und beiseite legen.

◆ Die Zwiebel und den Knoblauch abziehen und fein würfeln.

◆ Die Petersilie waschen, trockenschütteln, die Stängel entfernen und die Blätter fein hacken.

◆ Die Karotte schälen, den Sellerie waschen und beides fein würfeln.

◆ In einem großen Topf 3 EL Olivenöl erhitzen und die Zwiebeln darin glasig dünsten. Sobald sie Farbe angenommen haben, den Knoblauch, das gewürfelte Gemüse, die Petersilie und den Rosmarin zufügen. Unter Rühren andünsten und warm stellen.

◆ Inzwischen in einem anderen Topf das restliche Olivenöl erhitzen und die Kaninchenteile darin von allen Seiten anbraten. Mit dem Wein ablöschen und mit geschlossenem Deckel auf kleiner Flamme 30–40 Minuten köcheln lassen.

◆ Das Fleisch aus dem Topf nehmen, entbeinen und klein hacken.

◆ Die Tomaten abgießen und grob würfeln.

◆ Das Hackfleisch in den Topf mit der Gemüsemischung geben, die Tomaten zufügen, salzen, pfeffern und die Leber zugeben. Alles mit geschlossenem Deckel weitere 30 Minuten dünsten. Falls die Mischung zu trocken wird, eventuell etwas Brühe zusetzen.

◆ Die Nudeln in 2 l Salzwasser bissfest garen, abgießen und abwechselnd mit der heißen Sauce in eine Servierschüssel schichten. Mit dem Käse bestreuen und servieren.

Tagliatelle mozze alla cacciatora

Kurze Tagliatelle nach Jägerart

Dieses ursprünglich bäuerliche Nudelgericht ist typisch für die gesamte Toskana. Es schmeckt herzhaft und die Sauce kann auch in größeren Mengen für ein paar Tage im Voraus zubereitet werden.

Für 4 Personen

3 Knoblauchzehen
350 g vollreife Tomaten
3 EL Olivenöl
einige Blättchen Salbei
1 Zweig Rosmarin
250 g Rinderhackfleisch
1/8 l guter Rotwein (möglichst Chianti)
Salz
Pfeffer
350 g frische Tagliatelle nach dem Rezept auf Seite 103 oder 450 g aus der Packung
reichlich geriebener Parmesan

◆ Den Knoblauch abziehen und mit einem schweren Messer leicht zerdrücken.

◆ Die Tomaten kurz mit heißem Wasser überbrühen, häuten, vierteln und entkernen, dabei die Stielansätze entfernen. Das Fruchtfleisch grob würfeln.

◆ In einer großen Pfanne das Olivenöl erhitzen. Den Knoblauch mit dem Salbei und dem Rosmarin leicht darin anbraten. Sobald der Knoblauch etwas Farbe angenommen hat, das Hackfleisch zufügen und anbraten.

◆ Mit dem Wein ablöschen. Sobald die Flüssigkeit verdampft ist, die Tomaten zugeben. Mit Salz und Pfeffer würzen und auf kleiner Flamme zugedeckt gut 20 Minuten köcheln lassen. Salbei und Rosmarin aus der fertigen Sauce entfernen.

◆ Inzwischen die Tagliatelle auf eine Länge von 3–4 cm schneiden und in reichlich Salzwasser bissfest garen. Abgießen, abtropfen lassen und unter die Hackfleischsauce mischen. Sofort heiß servieren und frisch geriebenen Parmesan dazu reichen.

Tagliatelle al forno ai funghi porcini

Überbackene Tagliatelle mit Steinpilzen

Dieses köstliche Nudelrezept stammt aus der Gegend von Lucca. Dort kommt es häufig auf den Tisch, wenn eine große Personenzahl zu bewirten ist, also zum Beispiel am Sonntag, wenn sich die ganze Familie zum Essen versammelt.
Zu besonderen Anlässen oder zur Trüffelzeit können Sie dünn gehobelte weiße Trüffeln über die überbackenen Nudeln geben – ich bin mir sicher, dass Sie mit diesem Gericht lebhaften Beifall ernten werden.

Für 8–10 Personen

500 g Steinpilze
2 Knoblauchzehen
4 EL Olivenöl
1/8 l Weißwein
Salz
Pfeffer
600 g frische Tagliatelle nach dem Rezept auf Seite 103 oder 800 g aus der Packung

Für die Béchamelsauce:
gut 1/2 l Milch
100 g Butter
70 g Mehl
Salz
Pfeffer
1 Prise Muskat

- Die Pilze mit einem Stück Küchenpapier vorsichtig säubern, unten von den Stielen eine dünne Scheibe abschneiden und wegwerfen. Die Pilze in Scheiben schneiden.
- Den Knoblauch abziehen und fein hacken.
- Den Backofen auf 180 °C vorheizen.
- In einer großen Pfanne das Olivenöl erhitzen und den Knoblauch darin hell anrösten. Sobald er Farbe angenommen hat, die Pilze zufügen und kurz anbraten. Mit dem Wein ablöschen, salzen und pfeffern und die Pilze mit geschlossenem Deckel auf kleiner Flamme ein paar Minuten schmoren lassen, bis sie gar sind.
- Inzwischen die Nudeln in reichlich Salzwasser nicht ganz bissfest garen, abgießen und abtropfen lassen.
- Für die Béchamelsauce die Milch in einem Topf bis knapp vor den Siedepunkt erhitzen.
- Inzwischen in einem anderen Topf bei schwacher Hitze die Butter zerlassen. Sobald sie vollständig geschmolzen ist, das ganze Mehl auf einmal zufügen und mit einem Holzlöffel unter ständigem Rühren ca. 2 Minuten anschwitzen. Dabei unbedingt darauf achten, dass das Mehl nicht bräunt.
- Den Topf vom Herd nehmen und esslöffelweise die heiße Milch unterrühren. Wenn etwa die Hälfte der Milch auf diese Weise

verbraucht ist, die gesamte restliche Milch zugeben und unter ständigem Rühren alles glatt rühren.

Außerdem:
etwas Butter zum Einfetten der Auflaufform
reichlich geriebener Parmesan

◆ Den Topf zurück auf den Herd stellen, die Sauce salzen, pfeffern, mit Muskat würzen und bei weiterhin schwacher Hitze unter ständigem Rühren so lange köcheln lassen, bis eine glatte, dicke Béchamelsauce entstanden ist.

◆ Eine feuerfeste Auflaufform mit etwas Butter fetten und schichtweise Tagliatelle, Pilze und einige Löffel der Béchamelsauce in die Form füllen. Die letzte Schicht sollte aus Nudeln bestehen.

◆ Die restliche Béchamelsauce darüber gießen, dabei darauf achten, dass alle Schichten gut durchtränkt werden. Den Parmesan darüber streuen und die Nudeln im Ofen auf mittlerer Schiene etwa 20 Minuten überbacken, bis sich eine schöne Kruste gebildet hat. Sofort heiß servieren.

Tagliatelle al doppio burro

Tagliatelle mit Butter und Käse

Bei diesem Gericht sollten Sie unbedingt frische Tagliatelle verwenden, sie verbinden sich besser mit dem feinen Buttergeschmack!

Für 2 Personen

100 g Butter
je 2 EL geriebener Pecorino und Parmesan
1 Prise Muskat
150 g hausgemachte Tagliatelle nach dem Rezept auf Seite 103
Salz

◆ Den Backofen auf 180 °C vorheizen.

◆ Etwa zwei Drittel der Butter zerlassen, je 1 EL geriebenen Käse darunter mischen und mit Muskat würzen.

◆ Die Tagliatelle in reichlich Salzwasser bissfest garen, abgießen, abtropfen lassen und mit der Buttersauce gut vermischen.

◆ Eine Auflaufform mit etwas Butter einfetten, die Tagliatelle hineingeben und die restliche Butter in Flöckchen darauf verteilen. Den übrigen Käse darüber streuen und die Nudeln im Ofen etwa 20 Minuten überbacken, bis sie an der Oberfläche goldbraun sind. Sofort servieren.

Tagliatelle di mare a primavera

Tagliatelle mit Meeresfrüchten und Frühlingsgemüse

Dieses herrliche Gericht ist eine Spezialität aus der Küstengegend um Grossetto.
Es schmeckt wunderbar nach Meer und Frühling und ist wirklich ein Genuss.
Sie sollten möglichst frische Tagliatelle verwenden, sie verbinden sich besser mit dem feinen Geschmack der Sauce. Die Zubereitung dieser Spezialität erscheint Ihnen vielleicht ein wenig aufwendig, aber ich versichere Ihnen: Die Mühe lohnt sich!

Für 4 Personen

2 Knoblauchzehen
1 Bund Petersilie
200 g vollreife Tomaten
150 g ausgepahlte, ganz junge, zarte Erbsen
Salz
250 g kleine Tintenfische
150 g Miesmuscheln
150 g Scampi
4–5 EL Olivenöl
350 g hausgemachte Tagliatelle nach dem Rezept auf Seite 103
frisch gemahlener Pfeffer

◆ Den Knoblauch abziehen und fein hacken.

◆ Die Petersilie waschen, trockenschütteln, die Stängel entfernen und die Blätter fein hacken.

◆ Die Tomaten kurz mit heißem Wasser überbrühen, häuten, vierteln und entkernen, dabei die Stielansätze entfernen. Das Fruchtfleisch durch ein Sieb passieren.

◆ Die Erbsen in leicht gesalzenem Wasser ein paar Minuten blanchieren, abgießen und beiseite stellen.

◆ Die Tintenfische unter fließendem Wasser gründlich waschen, dabei Kopf und Tentakel aus dem Körper ziehen, den Sepiaknochen und die Tintenblasen entfernen. Die Köpfe von den Tentakeln abschneiden und wegwerfen.

◆ Die so vorbereiteten Fischkörper in dünne Ringe schneiden, die Tentakel fein hacken.

◆ Die Muscheln unter fließendem Wasser gründlich waschen und abschrubben. Geöffnete oder kaputte Muscheln wegwerfen.

◆ Die Muscheln mit etwas Wasser in einem großen Topf aufsetzen und zugedeckt bei großer Hitze ein paar Minuten kochen. Dabei den Topf hin und wieder schütteln.

◆ Sobald sich alle Muscheln geöffnet haben, abgießen, die Kochflüssigkeit dabei in einer Schüssel auffangen.

◆ Das Muschelfleisch aus den Schalen lösen und beiseite legen.

◆ Die Kochflüssigkeit durch ein Tuch oder ein mit Küchenpapier ausgelegtes Sieb gießen, so dass kein Sand mehr darin ist.

◆ Die Scampi unter fließendem Wasser waschen. In einem Topf 1/2 l schwach gesalzenes Wasser zum Kochen bringen, die Scampi hineingeben und etwa 3 Minuten ziehen lassen. Abgießen, schälen und beiseite stellen.

◆ Das Olivenöl in einer großen Pfanne erhitzen und den Knoblauch mit der Hälfte der Petersilie darin anbraten. Sobald der Knoblauch etwas Farbe angenommen hat, mit dem Muschelsud ablöschen und die Tintenfische zufügen. Kurz andünsten und die passierten Tomaten zugeben. Salzen und mit geschlossenem Deckel auf kleiner Flamme 20 Minuten köcheln lassen.

◆ Anschließend die Erbsen zugeben, weitere 5 Minuten köcheln lassen, danach die Scampi und das ausgelöste Muschelfleisch zufügen. Zum Schluss die restliche Petersilie untermischen.

◆ Inzwischen die Nudeln in reichlich Salzwasser bissfest garen, abgießen, abtropfen lassen und in die Pfanne geben. Alles gut vermischen, mit frisch gemahlenem Pfeffer bestreuen und sofort heiß auf den Tisch bringen.

Tagliatelle al ragù di pesce

Tagliatelle mit Fischragout

Für 4 Personen

500 g gemischtes Fischfilet
4 reife Tomaten
1 Bund Petersilie
1 Zwiebel
2 Knoblauchzehen
2 Karotten
1 Stange Staudensellerie
4 EL Olivenöl
350 g frische Tagliatelle nach dem Rezept auf Seite 103 oder 450 g aus der Packung
Salz
einige Basilikumblätter

◆ Die Fischfilets waschen, trockentupfen und eventuell noch vorhandene Gräten entfernen. Die Filets grob würfeln.

◆ Die Tomaten kurz mit heißem Wasser überbrühen, häuten, vierteln und entkernen, dabei die Stielansätze entfernen. Das Fruchtfleisch grob würfeln.

◆ Die Petersilie waschen, trockenschütteln, die Stängel entfernen und die Blätter fein hacken.

◆ Die Zwiebel schälen und fein würfeln. Den Knoblauch abziehen und hacken.

◆ Die Karotten schälen, den Sellerie waschen und beides in feine Würfel schneiden.

◆ In einer Pfanne das Olivenöl erhitzen und die Zwiebeln hellblond darin andünsten. Sobald sie Farbe angenommen haben, den Knoblauch, die Karotten, den Sellerie und die Petersilie zufügen und kurz anbraten. Die Tomaten hinzugeben, einige Minuten mitdünsten und anschließend den Fisch hinzufügen.

◆ Das Ragout auf kleiner Flamme mit geschlossenem Deckel etwa 12 Minuten dünsten.

◆ Inzwischen die Nudeln in reichlich Salzwasser bissfest garen, abgießen und abgetropft zum Fischragout geben. Alles vorsichtig vermischen, mit gehackten Basilikumblättern bestreuen und sofort heiß servieren.

Zu dieser Sauce passen Tagliatelle oder Pappardelle am besten, aber auch jede andere Nudelsorte ist geeignet.
Wenn Sie dieses Gericht effektvoller präsentieren möchten, geben Sie noch einige ausgelöste Scampi zum Ragout.

Pappardelle alla lepre

Pappardelle mit Hasenragout

Für 6–8 Personen

1 Zwiebel
2 Karotten
1 Stange Staudensellerie
1 Bund Petersilie
2 große reife Tomaten
Schultern und Brust von 1 Hasen mit Herz, Leber und Lunge
4 EL Olivenöl
knapp 1/4 l Rotwein
ca. 1/4 l heiße Milch
1 TL Wacholderbeeren
ein paar Pfefferkörner
Salz
Pfeffer
600 g frische Pappardelle nach dem Rezept auf Seite 103 oder 800 g aus der Packung
4 EL frisch geriebener Parmesan

- Die Zwiebel abziehen und fein hacken. Die Karotten schälen, den Sellerie waschen und beides fein würfeln.
- Die Petersilie waschen, trockenschütteln, die Stängel entfernen und die Blätter fein hacken.
- Die Tomaten kurz mit heißem Wasser überbrühen, häuten, vierteln und entkernen, dabei die Stielansätze entfernen. Das Fruchtfleisch grob würfeln.
- Das Hasenfleisch waschen und trockentupfen. Herz und Lunge klein schneiden, die Leber hacken.
- In einem großen Topf das Olivenöl erhitzen und die Zwiebeln darin glasig andünsten. Sobald sie Farbe angenommen haben, die Karotten, den Sellerie und die Petersilie zufügen und anbraten. Das Hasenfleisch mit den Innereien (ohne die Leber) zugeben, ebenfalls anbraten und mit dem Wein ablöschen.
- Sobald der Wein verdunstet ist, die heiße Milch angießen, nach einigen Minuten die Tomaten zugeben, Wacholderbeeren und Pfefferkörner zufügen, salzen, pfeffern und mit geschlossenem Deckel auf kleiner Flamme eine knappe Stunde schmoren lassen.
- Das Fleisch aus dem Topf nehmen, entbeinen, sehr klein schneiden und zusammen mit der gehackten Leber zurück in den Topf geben. Eventuell noch einmal mit Salz und Pfeffer würzen und ein paar Minuten weiterköcheln lassen.
- Inzwischen die Nudeln in reichlich Salzwasser bissfest garen, abgießen und abtropfen lassen.
- Die Pappardelle abwechselnd mit dem heißen Hasenragout und dem frisch geriebenen Parmesan in eine Servierschüssel schichten und dampfend heiß auf den Tisch stellen.

Pappardelle con l'anatra

Pappardelle mit Entenragout

In der Gegend von Arezzo wird dieses Rezept leicht abgewandelt: Man gibt die Nudeln und das Ragout schichtweise in eine gefettete Auflaufform, bestreut sie mit Butterflöckchen und reichlich geriebenem Parmesan und überbackt das Gericht im vorgeheizten Ofen bei 180 °C so lange, bis die Oberfläche eine goldgelbe Farbe angenommen hat.

Das Rezept für Entenragout kann natürlich variiert und ebenso gut mit dem Fleisch von Federwild wie Fasan, Waldschnepfe oder Wildente zubereitet werden.

Entenragout passt übrigens auch hervorragend zu Pici *(Rezept siehe Seite 118) und ist in dieser Kombination eine Spezialität aus dem Chianatal!*

Für 4 Personen

1/2 kleine Ente mit Herz und Leber
1 Zwiebel
1 Karotte
1 Stange Staudensellerie
1 Sträußchen Petersilie
500 g reife Tomaten oder geschälte Tomaten aus der Dose
4 EL Olivenöl
1/8 l Rotwein
Salz · Pfeffer
1/4 TL Fenchelsamen
350 g frische Pappardelle nach dem Rezept auf Seite 103 oder 450 g aus der Packung
evtl. frisch geriebener Parmesan

◆ Die Ente waschen, trockentupfen und in vier Stücke zerteilen. Das Herz klein schneiden, die Leber würfeln und beiseite stellen.

◆ Die Zwiebel abziehen und fein würfeln. Die Karotte schälen, den Sellerie waschen und beides ebenfalls in Würfel schneiden.

◆ Die Petersilie waschen, trockenschütteln, die Stängel entfernen und die Blätter fein hacken.

◆ Die Tomaten kurz mit heißem Wasser überbrühen, häuten, vierteln und entkernen, dabei die Stielansätze entfernen. Das Fruchtfleisch grob würfeln. Dosentomaten abtropfen lassen und ebenfalls in grobe Würfel schneiden.

◆ In einem Topf das Olivenöl erhitzen und die Zwiebeln darin glasig dünsten. Sobald sie Farbe angenommen haben, die Karotten, den Sellerie und die Petersilie zugeben und kurz anbraten.

◆ Die Entenstücke mit dem Herzen dazugeben, anbraten und mit dem Wein ablöschen. Anschließend die Tomaten zufügen, salzen und pfeffern und bei mittlerer Hitze mit geschlossenem Deckel etwa 1 Stunde köcheln lassen.

◆ Die Ententeile aus dem Topf nehmen und entbeinen. Das Fleisch fein hacken und wieder zurück in den Topf geben. Die gewürfelte Leber und die Fenchelsamen zufügen und alles noch ein paar Minuten köcheln lassen.
◆ Inzwischen die Nudeln in reichlich Salzwasser bissfest garen, abgießen, abtropfen lassen und unter das Entenragout mischen. Sofort heiß auf den Tisch bringen. Wenn Sie möchten, können Sie noch etwas geriebenen Parmesan darüber streuen.

Pici

Handgerollte Spaghetti

Wenn Fremde – ob Ausländer oder Italiener aus einer anderen Region – in das Gebiet von Chiusi, Montepulciano, Pienza und in die Gegend am Monte Amiata kommen, lernen sie Pici *kennen, handgerollte Spaghetti, die in diesen Gegenden sehr beliebt sind.*

Der Name pici *leitet sich von* appicciare *(ankleben) ab und dieses Verb ist in der Tat ganz passend, um diese rustikalen Nudeln zu beschreiben –* Pici *werden nur aus Wasser, Mehl und Salz hergestellt und die Spaghetti haben eine elastische, leicht klebrige Konsistenz. Man könnte meinen, dass ihre Herstellung Sache der jungen Mädchen war und man darin eher ein Spiel als eine richtige Arbeit sah ...*

Ich kenne einige Fremde, die Pici *nicht sonderlich schätzen. Ich persönlich esse sie sehr gern und bin der Ansicht, dass es der Mühe wert ist, sie zu probieren.*

Auf der nächsten Seite finden Sie das Originalrezept:

Für 4 Portionen

400 g griffiges Weizenmehl
Salz
ca. 1/4 l heißes Wasser

Außerdem:
Mehl zum Ausrollen
etwas Olivenöl zum Bestreichen

◆ Das Mehl und eine kräftige Prise Salz in eine große Schüssel geben. In die Mitte eine Mulde drücken und 1–2 EL heißes Wasser hineingeben.

◆ Vom Rand her das Mehl mit dem Wasser vermischen, immer wieder löffelweise Wasser zugeben und alles mit den Händen sehr gut durchkneten, bis ein elastischer Teig entstanden ist.

◆ Den Teig auf einer bemehlten Arbeitsfläche ca. 2 cm dick ausrollen und mit etwas Olivenöl bestreichen. Anschließend 30 Minuten ruhen lassen.

◆ Nach der Ruhezeit den Teig in Streifen schneiden und mit bemehlten Händen zu langen Nudeln rollen. Den Teig dabei immer wieder etwas auseinander ziehen.

◆ Die fertigen *Pici* sollten wie etwas zu dicke, unregelmäßige Spaghetti aussehen. Verzweifeln Sie nicht, wenn Ihnen das auf Anhieb nicht so gut gelingt – mit ein wenig Übung werden Sie es sicher schaffen.

◆ In einem Topf reichlich Salzwasser zum Kochen bringen, die *Pici* hineingeben und in wenigen Minuten bissfest garen. Sie sind eigentlich schon fertig, wenn sie an der Wasseroberfläche schwimmen.

Zu Pici *werden – je nach Gegend – einige ganz besonderen Saucen gegessen, für die ich Ihnen nachfolgend die Rezepte aufgeschrieben habe. Im Chianatal serviert man* Pici *übrigens gern mit Entenragout. Das Rezept dazu finden Sie auf Seite 116. Aber auch ein Fleischragout (Rezept siehe Seite 128) passt ausgezeichnet zu diesen Nudeln. In beiden Fällen werden die* Pici *mit reichlich geriebenem Parmesan bestreut serviert.*

Zunächst jedoch möchte ich Ihnen ein traditionelles Gericht vorstellen, das seine ärmliche Herkunft nicht verleugnen kann, aber auch einiges über die unglaubliche Phantasie verrät, mit der Frauen es früher verstanden haben, aus Pici *und sonst quasi nichts eine wohlschmeckende, sättigende Mahlzeit zuzubereiten.*

Pici con le briciole

Pici mit Semmelbröseln

Für 4 Personen

2 Scheiben altbackenes, trockenes Weißbrot oder eine Tasse Semmelbrösel
2 EL Olivenöl
Salz · Pfeffer
Pici nach dem vorstehenden Rezept

◆ Die Brotscheiben reiben (oder Semmelbrösel verwenden) und in einer Pfanne kurz anrösten. Anschließend mit dem Olivenöl durchtränken, salzen und pfeffern.
◆ Inzwischen die Pici bissfest garen, abgießen, abtropfen lassen und mit den Bröseln gut vermischen. Sofort servieren.

Die etwas luxuriösere Variante dieser einfachen Mahlzeit besteht darin, eine abgezogene, fein gehackte Knoblauchzehe im Olivenöl hellblond anzuschwitzen, 1–2 mit der Gabel zerdrückte Sardellenfilets (aus dem Glas) dazuzugeben und die Brösel mit diesem aromatisierten Öl zu tränken. Probieren Sie es aus, das Ergebnis ist köstlich!

Pici all'aglione

Pici mit Knoblauch-Tomaten-Sauce

Dieses Rezept ist eine Spezialität aus der Gegend um den Monte Amiata. Es ist sehr pikant und schmeckt wirklich köstlich – wenn man gern Knoblauch mag ...

Für 4 Personen

6 große vollreife Tomaten
6 Knoblauchzehen
4–6 EL Olivenöl
Salz
Pfeffer
etwas Chilipulver nach Bedarf
Pici nach dem nebenstehenden Rezept

◆ Die Tomaten kurz mit heißem Wasser überbrühen, häuten, vierteln und entkernen, dabei die Stielansätze entfernen. Das Fruchtfleisch fein würfeln oder besser durch ein Sieb passieren.
◆ Den Knoblauch abziehen und fein hacken.
◆ In einer Pfanne das Olivenöl erhitzen, den Knoblauch darin anschwitzen. Sobald er Farbe angenommen hat, die Tomaten zufügen, umrühren und auf kleiner Flamme 15 Minuten köcheln lassen.

◆ Die Sauce salzen, pfeffern und – wenn Sie es gern pikant mögen – mit etwas Chilipulver würzen.

◆ Inzwischen die Pici in reichlich Salzwasser bissfest garen, abgießen, abtropfen lassen und in die Pfanne zur Knoblauch-Tomaten-Sauce geben. Alles sorgfältig vermischen und sofort heiß servieren.

Pici con le uova di luccio

Pici mit Hechtrogen

Am Lago di Chiusi werden Pici in der Zeit von Februar bis etwa Mai gern mit einer Sauce aus Hechtrogen serviert. Nach Anfang Mai verschwindet diese Spezialität wieder von den Speisekarten, wenn die Hechte, die sich zahlreich im See tummeln, zur Fortpflanzung bereit sind.

Für 4 Personen

1 Zwiebel
3 reife Tomaten
1 Sträußchen Petersilie
3 EL Olivenöl
Salz
Pfeffer nach Geschmack
1/8 l Weißwein
4–6 gehäufte EL Hechtrogen
Pici nach dem Rezept auf Seite 118

◆ Die Zwiebel abziehen und fein würfeln.

◆ Die Tomaten kurz mit heißem Wasser überbrühen, häuten, vierteln und entkernen, dabei die Stielansätze entfernen. Das Fruchtfleisch grob würfeln.

◆ Die Petersilie waschen, trockenschütteln, die Stängel entfernen und die Blätter fein hacken.

◆ In einer Pfanne das Olivenöl erhitzen und die Zwiebeln mit der Petersilie darin anbraten. Sobald die Zwiebeln Farbe angenommen haben, die Tomaten zugeben. Umrühren, salzen, eventuell pfeffern und ein paar Minuten auf kleiner Flamme köcheln lassen.

◆ Mit dem Wein ablöschen und den Rogen zufügen. Eventuell noch einmal mit Salz abschmecken.

◆ In der Zwischenzeit die Pici in reichlich Salzwasser bissfest garen, abgießen, abtropfen lassen und zu der Sauce in die Pfanne geben. Alles gut vermischen und sofort heiß servieren.

Pinci di Montalcino

Pinci aus Montalcino

Pinci sind nichts anderes als die zuvor beschriebenen Pici … Sie haben nur mit der Region ihren Namen geändert. Man nennt sie auch „die Speise des Elends" und die Überlieferung erzählt, dass sie von Verbannten aus Siena nach Montalcino gebracht wurden …

Das klassische Ragout, mit dem man Pinci in Montalcino serviert, hat allerdings mit Elend gar nichts zu tun – ganz im Gegenteil, es handelt sich hierbei eher um ein Sonntagsgericht.

Und so wird es zubereitet:

Für 4 Personen

1 Zwiebel
1 Stange Staudensellerie
etwa 50 g luftgetrockneter Schinken
1 salsiccia oder eine andere Schweinsbratwurst
½ rote Chilischote
1 Hühnerleber
3–4 EL Olivenöl
150 g Rinderhackfleisch
150 g Schältomaten aus der Dose
Salz
Pfeffer
Pici (Pinci) nach dem Rezept auf Seite 118

- ◆ Die Zwiebel abziehen, den Sellerie waschen und beides fein hacken.
- ◆ Den Schinken in feine Würfel schneiden, von der Wurst die Pelle abziehen und das Innere mit einer Gabel zerpflücken.
- ◆ Die Chilischote aufschlitzen und die Kerne entfernen.
- ◆ Die Leber putzen und fein hacken.
- ◆ In einer Pfanne das Olivenöl erhitzen, die Zwiebel- und Schinkenwürfel darin anbraten. Sobald die Zwiebeln Farbe angenommen haben, das Hackfleisch, die Wurststückchen und die Hühnerleber zugeben und ebenfalls anbraten.
- ◆ Nach einigen Minuten den Sellerie und die grob gehackten Tomaten mit der Flüssigkeit aus der Dose zugeben, salzen, pfeffern und die Chilischote zufügen.
- ◆ Die Sauce 10–15 Minuten mit offenem Deckel auf kleiner Flamme köcheln lassen, bis sie etwas eingedickt ist.
- ◆ Inzwischen die Nudeln in reichlich Salzwasser bissfest garen, abgießen, abtropfen lassen und in die Pfanne zur Sauce geben. Alles sehr gründlich vermischen und sofort heiß servieren.

Lunghetti con ragù di fegatini

Handgerollte Eiernudeln mit Kaninchenleber

Für 4 Personen

Für die Lunghetti:
300 g griffiges Weizenmehl
etwas Salz
2–3 Eier
etwas Wasser

Für die Sauce:
1 Zwiebel
2 Knoblauchzehen
1 Karotte
1 Stange Staudensellerie
2 vollreife Tomaten
Leber und Herz von 1 Kaninchen
3 EL Olivenöl
1/8 l Rotwein
Salz · Pfeffer

◆ Das Mehl in eine Rührschüssel geben, in die Mitte eine Mulde drücken und die mit etwas Salz verquirlten Eier hineingeben. Nach und nach vom Rand her das Mehl gründlich untermischen, eventuell etwas Wasser zugeben.
◆ Mit den Handballen alles gründlich durchkneten, bis ein elastischer Teig von mittelfester Konsistenz entstanden ist. Den Teig etwa 30 Minuten ruhen lassen.
◆ Anschließend noch einmal kräftig durchwalken und auf einer bemehlten Arbeitsfläche etwa 2 cm dick ausrollen. Den Teig in kleine Rechtecke von etwa 5 cm Länge schneiden und die Teigstückchen mit bemehlten Händen zu langen, unregelmäßigen Nudeln rollen. Das ist zwar ein bisschen mühselig, dafür haben Sie am Schluss aber handgerollte Lunghetti …
◆ Für die Sauce die Zwiebel und den Knoblauch abziehen und fein hacken. Die Karotte schälen, den Sellerie waschen und beides fein würfeln.
◆ Die Tomaten kurz mit heißem Wasser überbrühen, häuten, vierteln und entkernen, dabei die Stielansätze entfernen. Das Fruchtfleisch durch ein Sieb passieren.
◆ Die Leber und das Herz putzen und fein hacken.
◆ In einer Pfanne das Olivenöl erhitzen und die Zwiebeln hellblond darin anschwitzen. Sobald sie Farbe angenommen haben, den Knoblauch, die Karotten und den Sellerie zufügen und kurz anbraten.
◆ Leber und Herz zugeben, ebenfalls leicht anbraten und mit dem Wein ablöschen. Sobald die Flüssigkeit verdampft ist, die passierten Tomaten unterrühren, salzen, pfeffern und etwa 10 Minuten auf kleiner Flamme mit geschlossenem Deckel köcheln lassen.
◆ Inzwischen die Nudeln in reichlich Salzwasser bissfest garen, abgießen, abtropfen lassen und in die Pfanne geben. Alles gut vermischen und sofort heiß auf den Tisch bringen.

Gnocchi sind vermutlich die ersten „Nudeln", die überhaupt gegessen wurden. Das liegt sicher daran, dass sie sehr simpel herzustellen sind: Einfach Mehl (zum Beispiel Weizen-, Grieß- oder Maismehl) mit gerade so viel Wasser vermischen, dass sich daraus ein Teig herstellen lässt, den man zu kleinen Kugeln geformt in Wasser kochen kann.

Der Name gnocchi *stammt vermutlich von den Langobarden und wurde bereits im Mittelalter erwähnt. Inzwischen hat sich die Rezeptur natürlich verfeinert und neben den aus Mehl hergestellten Gnocchi gibt es seit etwa Ende des 18. Jahrhunderts auch Kartoffelgnocchi. In der Toskana werden Gnocchi oft „grün", also mit Spinat verfeinert, hergestellt oder sie bestehen hauptsächlich aus Ricotta, Eiern und Spinat mit nur wenig Mehl zum Binden (siehe* Gnocchi del Casentino, *Rezept Seite 125). Dazu gibt es entweder nur zerlassene Butter mit frischem Salbei, ein Fleischragout oder eine Tomatensauce (Rezepte siehe Seite 128 beziehungsweise Seite 169).*

Nachstehend finden Sie die Grundrezepte für die verschiedenen Sorten.

Gnocchi di farina

Gnocchi aus Mehl

Für 4 Personen

250 g Weizenmehl
150 g feiner Grieß
3 Eier
Salz
etwas Wasser
frisch geriebener Parmesan

◆ Das Mehl und den Grieß in eine Schüssel geben, in die Mitte eine Mulde drücken, die leicht verquirlten Eier und das Salz zufügen und nach und nach vom Rand her gründlich mit dem Mehl vermischen. Dabei etwas Wasser zusetzen.

◆ Mit den Handballen alles gut durchkneten, bis ein elastischer, glatter Teig entsteht. Er sollte am Schluss nicht zu feucht sein, geben Sie eventuell noch etwas Mehl dazu.

◆ Den Teig kurz ruhen lassen, in mehrere Portionen teilen und aus jedem Teil mit bemehlten Händen eine Rolle von etwa 2 cm Durchmesser formen. Von den Rollen Portionsstücke mit etwa 2 cm Länge abschneiden und zu Kugeln rollen.

◆ In einem Topf reichlich Salzwasser zum Kochen bringen und die Gnocchi hineingeben. Sobald sie an der Wasseroberfläche schwimmen, sind sie fertig – das dauert nur ein paar Minuten ...
◆ Die Gnocchi mit einer Sauce Ihrer Wahl mischen und mit geriebenem Parmesan auf den Tisch bringen.

Wenn Sie grüne Gnocchi herstellen möchten, geben Sie etwas gekochten, gehackten und sehr gut ausgedrückten Spinat unter den Teig. Dann müssen Sie allerdings die Mehlmenge etwas erhöhen, damit der Teig nicht zu feucht wird.

Gnocchi di patate

Gnocchi aus Kartoffeln

Für 4 Personen

600 g mehlig kochende Kartoffeln
200 g Kartoffelmehl oder Weizenmehl
1 Ei · Salz

◆ Die Kartoffeln gründlich waschen und in der Schale kochen. Noch heiß abpellen und sehr gut ausdampfen lassen. Falls Ihr Backofen gerade an ist, stellen Sie die gepellten Kartoffeln für ein paar Minuten zum Ausdampfen hinein.
◆ Die erkalteten Kartoffeln in einer Schüssel zu Brei zerstampfen und mit dem Mehl, dem Ei und etwas Salz gründlich verkneten. Meiner Meinung nach erzielt man übrigens mit Kartoffelmehl ein besseres Ergebnis! Am Schluss sollte ein elastischer Teig entstanden sein. Falls er zu feucht ist, noch etwas Mehl unterkneten.
◆ Die weitere Verarbeitung des Teigs erfolgt wie im vorstehenden Rezept beschrieben.

Gnocchi del Casentino

Gnocchi aus dem Casentino

Für 4 Personen

500 g Spinat
Salz
2 Eier
350 g Ricotta
1 Prise Muskat
Pfeffer
etwa 2 EL Mehl
4 EL geriebener Parmesan
gut 1 l Fleischbrühe
(Rezept siehe Seite 83)

◆ Den Spinat gründlich waschen, verlesen, dabei die groben Stängel entfernen und die Blätter in reichlich schwach gesalzenem Wasser 2–3 Minuten kochen.
◆ Den Spinat abtropfen lassen, gut mit den Händen ausdrücken und sehr fein hacken – am besten mit der Küchenmaschine.
◆ Den abgekühlten Spinat in einer großen Schüssel mit den Eiern und dem Ricotta vermischen. Mit Muskat, Pfeffer und Salz würzen und nach und nach das Mehl sowie den Parmesan zugeben.
◆ Alles zu einem glatten, nicht zu festen Teig verkneten.
◆ Die weitere Verarbeitung des Teigs erfolgt wie auf Seite 123 beschrieben, die Gnocchi allerdings etwas größer formen.
◆ Zum Kochen für diese Gnocchi wird kein Wasser, sondern eine gute Fleischbrühe verwendet. Die Brühe zum Kochen bringen und die Gnocchi hineingeben. Die Temperatur zurückschalten und die Gnocchi 5–6 Minuten in der Brühe ziehen lassen.
◆ Die fertigen Gnocchi in der heißen Brühe servieren.

Alternativ können Sie die Gnocchi auch aus der Brühe nehmen, auf vorgewärmte Teller verteilen und mit zerlassener Butter und reichlich frisch geriebenem Parmesan bestreut servieren. Guten Appetit!

Ravioli e tortelli con ricotta e spinaci

Hausgemachte Teigtaschen mit Ricotta-Spinat-Füllung

Für 6–8 Personen

Für den Nudelteig:
600 g griffiges Mehl
5 kleine Eier
Salz · 1 EL Wasser

Für die Füllung:
1 kg Spinat
Salz
400 g Ricotta
200 g Parmesan
oder 50 g Pecorino und
150 g Parmesan
2 Eier · Muskat
Pfeffer

◆ Das Mehl auf eine Arbeitsplatte sieben, in die Mitte eine Mulde drücken, die leicht verquirlten Eier, das Salz und das Wasser hineingeben und nach und nach vom Rand her gründlich mit dem Mehl vermischen.

◆ Mit den Handballen kräftig durchkneten, bis ein elastischer Teig entsteht. Er sollte am Schluss nicht zu feucht sein, sonst müssen Sie eventuell noch etwas Mehl dazugeben.

◆ Den fertigen Teig zu einer Kugel formen und mit einem feuchten Küchentuch bedeckt 20–30 Minuten ruhen lassen.

◆ Inzwischen für die Füllung den Spinat gründlich waschen, verlesen und die harten Stängel entfernen. Die Blätter in reichlich Salzwasser etwa 3 Minuten blanchieren, abgießen, abtropfen lassen und mit den Händen gut ausdrücken. Mit einem schweren Messer sehr fein hacken.

◆ In einer Schüssel den Käse mit den Eiern, einer Prise Muskat sowie Salz und Pfeffer verrühren. Den erkalteten Spinat zugeben und alles zu einer homogenen Masse vermischen.

◆ Den Nudelteig halbieren, beide Teile sehr dünn ausrollen und mit einem Messer oder Teigrädchen in etwa 4 cm breite Streifen schneiden.

◆ Im Abstand von 4 cm mit einem Teelöffel je ein Häufchen der Füllung auf einen Nudelstreifen setzen, einen zweiten Teigstreifen darüber legen und zwischen den Häufchen mit dem Teigrädchen in Quadrate schneiden. Die Ränder leicht andrücken und die Ravioli vor dem Kochen (siehe nachfolgendes Rezept) auf einem bemehlten Küchentuch kurz antrocknen lassen.

Statt Spinat können Sie auch Mangold, Borretsch oder Brennnessel verwenden. Wenn Sie den Teig nicht in Quadrate schneiden, sondern mit einem kleinen Glas rund ausstechen, heißen die gefüllten Teigtaschen Tortelli.

Ravioli al burro e salvia

Ravioli in Butter und Salbei

Klassisch werden die mit Ricotta und Spinat gefüllten Ravioli in einer Sauce aus Butter und Salbei und mit reichlich geriebenem Parmesan bestreut serviert.
Besonders fein schmecken die Teigtaschen allerdings, wenn Sie sie nur mit flüssiger Butter begießen und eine ordentliche Portion fein gehobelte weiße Trüffelspäne darüber geben. Dann allerdings auf jeden Fall den Parmesan weglassen, er würde den feinen Trüffelgeschmack überdecken!

Für 6–8 Personen

Salz
hausgemachte Ravioli nach vorstehendem Rezept
60–80 g Butter
1 Hand voll Salbeiblätter
reichlich frisch geriebener Parmesan
evtl. frisch gemahlener Pfeffer

◆ Reichlich Salzwasser in einem großen Topf zum Kochen bringen, die Ravioli in das sprudelnde Wasser geben, die Temperatur etwas zurückschalten und die Nudeln etwa 4 Minuten ziehen lassen.
◆ Inzwischen in einem Pfännchen auf kleiner Flamme die Butter zerlassen und den Salbei hineingeben. Aufpassen, dass die Butter nicht braun wird!
◆ Die Ravioli mit einem Schaumlöffel aus dem Wasser nehmen und auf einem Sieb etwas abtropfen lassen. In eine große vorgewärmte Servierschüssel geben und mit der zerlassenen Butter begießen.
◆ Sofort mit reichlich geriebenem Parmesan und eventuell frisch gemahlenem Pfeffer auf den Tisch bringen.

Ravioli al ragù

Ravioli mit Fleischragout

Für 6–8 Personen

1 Zwiebel
1 Knoblauchzehe
1 Stange Staudensellerie
1–2 Karotten
150 g luftgetrockneter Schinken oder durchwachsener Speck
1 salsiccia oder eine andere Schweinsbratwurst
350 g reife Tomaten
4 EL Olivenöl
300 g Kalbshackfleisch
Salz · Pfeffer
hausgemachte Ravioli nach dem Rezept auf Seite 126
reichlich frisch geriebener Parmesan

◆ Die Zwiebel und den Knoblauch abziehen und fein hacken. Den Sellerie waschen, die Karotten schälen und beides fein würfeln.

◆ Den Schinken oder Speck ebenfalls fein würfeln.

◆ Die Wurst häuten und das Innere mit einer Gabel zerkleinern.

◆ Die Tomaten kurz mit heißem Wasser überbrühen, häuten, vierteln und entkernen, dabei die Stielansätze entfernen. Das Fruchtfleisch grob würfeln.

◆ In einer großen Pfanne das Olivenöl erhitzen und die Zwiebeln mit dem Speck darin anbraten. Sobald die Zwiebeln Farbe angenommen haben, den Knoblauch mit den Sellerie- und Karottenwürfeln zufügen und kurz mitbraten.

◆ Das Hackfleisch und die Wurststückchen zufügen, ebenfalls kurz anbraten und die Tomaten dazugeben. Salzen und pfeffern und auf kleiner Flamme mit geschlossenem Deckel mindestens 1 Stunde köcheln lassen.

◆ Inzwischen reichlich Salzwasser in einem großen Topf zum Kochen bringen, die Ravioli in das sprudelnde Wasser geben, die Temperatur etwas zurückschalten und die Nudeln etwa 4 Minuten ziehen lassen.

◆ Die Ravioli mit einem Schaumlöffel aus dem Wasser nehmen, in einem Sieb etwas abtropfen lassen, in eine große vorgewärmte Servierschüssel geben und das fertige Ragout darüber gießen. Vorsichtig durchmischen und sofort mit reichlich geriebenem Parmesan bestreut servieren.

Das Ragout können Sie noch verfeinern, indem Sie 30 g getrocknete Steinpilze dazugeben. Die Pilze 30 Minuten in lauwarmem Wasser einweichen, gut abspülen, abtropfen lassen und mit den Händen ausdrücken. Anschließend klein hacken und zusammen mit dem Fleisch in die Pfanne geben. Die weitere Zubereitung erfolgt dann wie oben beschrieben.

Tortelli di patate

Teigtaschen mit Kartoffelfüllung

Dies ist eine Spezialität, die in der Nähe von Florenz, in Mugello, beheimatet ist. Sie wird traditionell am Tag des heiligen Laurentius, am 10. August, zubereitet.

Der Teig wird nach dem auf Seite 126 beschriebenen Rezept vorbereitet und mit einer Füllung aus gekochten Kartoffeln und Parmesan zu Tortelli verarbeitet.

Die gekochten Teigtaschen werden entweder mit zerlassener Butter und reichlich geriebenem Parmesan angerichtet oder mit einer Gemüsesauce, die auch als Sugo finto, *Falsches Ragout (Rezept siehe folgende Seite), bezeichnet wird, serviert.*

Für 6–8 Personen

Für die Füllung:
1 kg mehlig kochende Kartoffeln
80 g Butter
Salz · Pfeffer
Muskat
100 g geriebener Parmesan

hausgemachte Tortelli nach dem Rezept auf Seite 126

◆ Die Kartoffeln gründlich waschen und in der Schale weich kochen. Sobald sie gar sind, abpellen und mit der Butter zu Püree verarbeiten.

◆ Das Püree mit Salz, Pfeffer und einer guten Prise Muskat würzen und den geriebenen Käse untermischen.

◆ Die Teigtaschen mit dieser Füllung wie auf Seite 126 beschrieben fertig stellen und vor dem Kochen auf einem bemehlten Tuch ein wenig antrocknen lassen.

◆ Inzwischen reichlich Salzwasser in einem großen Topf zum Kochen bringen, die Teigtaschen in das sprudelnde Wasser geben, die Temperatur etwas zurückschalten und die Tortelli etwa 4 Minuten ziehen lassen.

◆ Die Teigtaschen mit einem Schaumlöffel aus dem Wasser nehmen, in einem Sieb etwas abtropfen lassen und in eine große vorgewärmte Servierschüssel geben.

Sugo finto

Falsches Ragout

Für 6–8 Personen

2 Zwiebeln
2 Knoblauchzehen
2 Stangen Staudensellerie
3 Karotten
1 Sträußchen Petersilie
1 Sträußchen Basilikum
500 g vollreife Tomaten
4 EL Olivenöl
Salz
Pfeffer oder 1 Prise Chilipulver

◆ Die Zwiebeln und den Knoblauch häuten und fein hacken.
◆ Den Sellerie waschen, die Karotten schälen und beides fein würfeln.
◆ Petersilie und Basilikum waschen, trockenschütteln, die Stängel entfernen und die Blätter fein hacken.
◆ Die Tomaten kurz mit heißem Wasser überbrühen, häuten, vierteln und entkernen, dabei die Stielansätze entfernen. Das Fruchtfleisch grob würfeln.
◆ In einer großen Pfanne das Olivenöl erhitzen und die Zwiebeln darin anschwitzen. Sobald sie Farbe angenommen haben, den Knoblauch, die Sellerie- und Karottenwürfel zufügen und ebenfalls kurz andünsten.
◆ Die Tomaten in die Pfanne geben, salzen und pfeffern oder mit Chilipulver würzen und auf kleiner Flamme ohne Deckel 20–25 Minuten köcheln lassen. Zum Schluss die gehackten Kräuter zufügen.

Dieses Ragout passt nicht nur vorzüglich zu Tortelli di patate *(Rezept siehe vorhergehende Seite). Es schmeckt auch zu anderen Nudeln sehr gut.*
Im Frühjahr kann man zusätzlich noch eine Hand voll frische, ausgepahlte Erbsen zufügen. Sie verleihen der Gemüsesauce einen leicht süßlichen Geschmack.

Crespelle alla fiorentina

Crêpes auf Florentiner Art

Für 4 Personen

Für die Crêpes:
4 Eier
100 g griffiges Weizenmehl
Salz
knapp 1/4 l Milch
30 g flüssige Butter

Für die Füllung:
300 g Spinat
2 Eier
200 g Ricotta
2 EL geriebener Parmesan
1 Prise Muskat
Salz · Pfeffer

Für die Béchamelsauce:
gut 1/4 l Milch
50 g Butter
35 g Mehl
Salz · Pfeffer
1 Prise Muskat

Außerdem:
Butter für die Crêpes und die Form
reichlich geriebener Parmesan
evtl. etwas Tomatensauce

◆ Bereiten Sie zuerst den Teig für die Crêpes zu: Die Eier verquirlen und mit Mehl und Salz gründlich mischen, anschließend die Milch und zum Schluss die geschmolzene Butter unterrühren. Alles zu einem glatten, leichten Teig verrühren, dem Sie etwa 30 Minuten Ruhe gönnen sollten.

◆ Inzwischen für die Füllung den Spinat gründlich waschen, verlesen, dabei die groben Stängel entfernen und die Blätter in reichlich schwach gesalzenem Wasser 2–3 Minuten kochen.

◆ Den Spinat abtropfen lassen, gut mit den Händen ausdrücken und sehr fein hacken.

◆ Den abgekühlten Spinat in einer Schüssel mit den Eiern, dem Ricotta, dem Parmesan, Muskat, Salz und Pfeffer zu einer homogenen Masse verarbeiten.

◆ Den Backofen auf 180 °C vorheizen.

◆ Für die Béchamelsauce die Milch in einem Topf bis knapp vor den Siedepunkt erhitzen.

◆ Inzwischen in einem anderen Topf bei schwacher Hitze die Butter zerlassen. Sobald sie vollständig geschmolzen ist, das ganze Mehl auf einmal zufügen und mit einem Holzlöffel unter ständigem Rühren ca. 2 Minuten anschwitzen. Dabei unbedingt darauf achten, dass das Mehl nicht bräunt.

◆ Den Topf vom Herd nehmen und esslöffelweise die heiße Milch unterrühren. Wenn etwa die Hälfte der Milch auf diese Weise verbraucht ist, die gesamte restliche Milch zugeben und unter ständigem Rühren alles glatt rühren.

◆ Den Topf zurück auf den Herd stellen, die Sauce salzen, pfeffern, mit Muskat würzen und bei weiterhin schwacher Hitze unter ständigem Rühren so lange köcheln lassen, bis eine glatte, dicke Béchamelsauce entstanden ist.

◆ Jetzt können Sie die *Crespelle* backen: In einer mittelgroßen Pfanne etwas Butter zerlassen und ein wenig Teig hineingeben. Sofort die Pfanne hin und her drehen, damit sich der Teig gleichmäßig verteilt, und hauchdünne Crêpes backen. Die *Crespelle* nach kurzer Zeit einmal wenden, fertig backen und zum Abkühlen auf einen Teller legen.

◆ Die fertigen Crêpes mit der Ricotta-Spinat-Füllung bestreichen, aufrollen und nebeneinander in eine ausreichend große, mit Butter eingefettete Auflaufform setzen.

◆ Die Béchamelsauce darüber gießen, mit reichlich Parmesan bestreuen und im Ofen etwa 20 Minuten überbacken.

◆ Wenn Sie möchten, können Sie die Crêpes vor dem Überbacken noch mit je einem Klecks Tomatensauce garnieren.

Früher wurden in der Toskana keine Spaghetti gegessen, sie waren lange Zeit sogar ausgesprochen unbeliebt. Im Lauf der Zeit haben sie aber auch hier die Küche erobert und inzwischen gibt es einige Spaghettigerichte, die durchaus typisch für diese Region sind und durch spezielle Saucen einen „toskanischen" Geschmack erhalten …

Im Chiantigebiet kommt beispielsweise dieses einfache Gericht sehr häufig auf den Tisch, wenn es das ganz frisch gepresste Olivenöl gibt:

Spaghetti agliati con l'olio di frantoio

Knoblauch-Spaghetti mit frisch gepresstem Öl

Für 4 Personen

400 g Spaghetti
Salz
2–3 Knoblauchzehen
reichlich Olivenöl extra vergine
evtl. frisch geriebener Pecorino

◆ Die Spaghetti in reichlich Salzwasser bissfest garen und abgießen.

◆ Inzwischen den Knoblauch abziehen und eine Servierschüssel kräftig mit den Zehen einreiben.

◆ Die gekochten Spaghetti in die Schüssel geben, mit reichlich frischem Olivenöl beträufeln und sofort servieren.

◆ Nach Bedarf reichen Sie dazu frisch geriebenen Pecorino.

Spaghetti al pecorino

Spaghetti mit Pecorino

Für 4 Personen

400 g Spaghetti
Salz
5–6 EL geriebener, möglichst pikanter Pecorino
5 EL Olivenöl extra vergine
frisch gemahlener Pfeffer

◆ Die Spaghetti in reichlich Salzwasser bissfest garen und abgießen, dabei 2–3 EL vom Kochwasser zurückbehalten.

◆ Inzwischen in einer vorgewärmten Servierschüssel den Schafskäse mit Öl und Pfeffer gut verrühren. Die Spaghetti mit dem Kochwasser in die Schüssel geben, alles gut vermischen und sofort servieren.

Dieses Gericht habe ich in der Gegend von Lucca zum ersten Mal gegessen und obwohl es so simpel ist, fand ich es ganz köstlich.
Wenn Sie eine Hand voll gehackte Basilikumblättchen mit dem Öl und dem Pecorino vermischen, ergibt sich eine Variante dieses Rezeptes: Spaghetti in salsa verde, *Spaghetti in grüner Sauce.*

Spaghetti con le arselle

Spaghetti mit Archenmuscheln

Für 4 Personen

1 kg Archenmuscheln
1 großer Bund Petersilie
2–3 Knoblauchzehen
1 kleine Zwiebel
4–5 EL Olivenöl
1/8 l Weißwein
Salz
Pfeffer
400 g Spaghetti

◆ Die Muscheln unter fließendem Wasser so lange gründlich waschen und abschrubben, bis kein Sand mehr zu sehen ist. Geöffnete oder kaputte Muscheln wegwerfen.

◆ Die Petersilie waschen, trockenschütteln, die Stängel entfernen und die Blätter fein hacken.

◆ Den Knoblauch und die Zwiebel abziehen und fein würfeln.

◆ In einem großen Topf das Olivenöl erhitzen und die Zwiebelwürfel darin anschwitzen. Sobald sie Farbe angenommen haben, Knoblauch und Petersilie zugeben und ebenfalls kurz andünsten.

◆ Die Muscheln in den Topf geben und zugedeckt bei mittlerer Hitze ein paar Minuten dünsten. Den Topf dabei immer wieder etwas schütteln.

◆ Sobald sich die Muscheln geöffnet haben, den Weißwein angießen, salzen und pfeffern und die Flüssigkeit etwas einkochen lassen.

◆ Inzwischen die Nudeln in reichlich Salzwasser bissfest garen, abgießen, abtropfen lassen und in eine vorgewärmte Servierschüssel geben.

◆ Die Muscheln mit der verbliebenen Kochflüssigkeit darüber verteilen.

Dieses Spaghettigericht ist in den sandigen Küstengebieten der Toskana eine Spezialität, da es hier besonders viele Archenmuscheln gibt.

Nach der gleichen Methode können Sie Spaghetti vongole, *Spaghetti mit Venusmuscheln, zubereiten. Venusmuscheln sind fleischiger als Archenmuscheln und leben auf steinigem Meeresgrund, Sie werden also keinen oder nur wenig Sand daran finden.*

Um Livorno kommen Venusmuscheln besonders häufig vor. Hier werden Spaghetti vongole *mit Tomaten zubereitet: 2–3 reife Tomaten mit heißem Wasser überbrühen, häuten, vierteln, die Stielansätze entfernen, das Fruchtfleisch fein würfeln und ein paar Minuten mit Zwiebeln, Knoblauch und Petersilie dünsten, bevor Sie die Muscheln in den Topf geben.*

Spaghetti alle anguille

Spaghetti mit Aal

Für 4 Personen

350 g Aal
200 g reife Tomaten
1 Knoblauchzehe
1 kleine Zwiebel
1 Sträußchen Petersilie
4 EL Olivenöl
Salz
Pfeffer
400 g Spaghetti

◆ Den Aal häuten, Kopf und Schwanz sowie die Mittelgräte entfernen. Den geputzten Aal in etwa 4 cm lange Stücke schneiden.

◆ Die Tomaten kurz mit heißem Wasser überbrühen, häuten, vierteln und entkernen, dabei die Stielansätze entfernen. Das Fruchtfleisch grob würfeln.

◆ Knoblauch und Zwiebel abziehen und fein hacken.

◆ Die Petersilie waschen, trockenschütteln, die Stängel entfernen und die Blätter fein hacken.

◆ In einer Pfanne das Öl erhitzen und die Zwiebeln darin hellblond anschwitzen. Sobald sie Farbe angenommen haben, den Knoblauch und die Petersilie zufügen und kurz anbraten.

◆ Den Aal in die Pfanne geben, kurz anbraten und die Tomaten zufügen. Salzen und pfeffern und alles mit geschlossenem Deckel etwa 30 Minuten schmoren lassen.

◆ Inzwischen die Spaghetti in reichlich Salzwasser bissfest garen, abgießen und abgetropft in die Pfanne geben. Alles gründlich vermischen und sofort heiß servieren.

Diese einfache, aber sehr leckere Sauce passt auch ganz hervorragend zur Maccheroni oder Rigatoni!

Penne alla fiesolana

Penne auf Fiesolaner Art

Für 4 Personen

1 Sträußchen Petersilie
50–60 g roher Schinken
gut 1/4 l Milch
50 g Butter
35 g Mehl
Salz · Pfeffer
1 Prise Muskat
2 EL Olivenöl
400 g Penne rigate
reichlich geriebener Parmesan

◆ Die Petersilie waschen, trockenschütteln, die Stängel entfernen und die Blätter fein hacken.

◆ Den Schinken in feine Würfel schneiden.

◆ Die Milch in einem Topf bis knapp vor den Siedepunkt erhitzen.

◆ Inzwischen in einem anderen Topf bei schwacher Hitze die Butter zerlassen. Sobald sie vollständig geschmolzen ist, das ganze Mehl auf einmal zufügen und mit einem Holzlöffel unter ständigem Rühren ca. 2 Minuten anschwitzen. Dabei unbedingt darauf achten, dass das Mehl nicht bräunt.

◆ Den Topf vom Herd nehmen und esslöffelweise die heiße Milch unterrühren. Wenn etwa die Hälfte der Milch auf diese Weise verbraucht ist, die gesamte restliche Milch zugeben und unter ständigem Rühren alles glatt rühren.

◆ Den Topf zurück auf den Herd stellen, die Sauce salzen, pfeffern, mit Muskat würzen und bei weiterhin schwacher Hitze unter ständigem Rühren so lange köcheln lassen, bis eine glatte, dicke Béchamelsauce entstanden ist.

◆ Den Schinken in einer Pfanne im Olivenöl leicht anbraten und unter die Sauce mischen.

◆ Inzwischen die Nudeln in reichlich Salzwasser bissfest garen, abgießen, abtropfen lassen und in eine Servierschüssel geben. Die heiße Béchamelsauce darüber gießen, alles schnell vermischen und sofort mit Petersilie und Parmesan bestreut servieren.

Penne alle olive nere

Penne mit schwarzen Oliven

Für 4 Personen

40 g getrocknete Pilze
200 g reife Tomaten
50 g roher Schinken
200 g schwarze Oliven
(möglichst eine milde Sorte)
3 EL Olivenöl
Salz
Pfeffer
400 g Penne
reichlich geriebener Parmesan

◆ Die getrockneten Pilze etwa 20 Minuten in warmem Wasser einweichen. Anschließend abgießen, unter fließendem Wasser gut abspülen und die Pilze in einem Sieb bis zur weiteren Verwendung abtropfen lassen.

◆ Die Tomaten kurz mit heißem Wasser überbrühen, häuten, vierteln und entkernen, dabei die Stielansätze entfernen. Das Fruchtfleisch grob würfeln.

◆ Den Schinken fein würfeln.

◆ Die Oliven halbieren, entsteinen und anschließend grob hacken.

◆ In einer großen Pfanne das Olivenöl erhitzen, den Schinken, die abgetropften und ausgedrückten Pilze mit den Oliven darin anbraten und nach einigen Minuten die Tomaten zugeben. Salzen und pfeffern.

◆ Bei geringer Hitze und mit geschlossenem Deckel etwa 20 Minuten köcheln lassen.

◆ Inzwischen die Penne in reichlich Salzwasser bissfest garen, abgießen und abtropfen lassen.

◆ Die Nudeln in die Pfanne geben und gut mit der Sauce vermischen. Sofort heiß mit dem geriebenen Parmesan bestreut servieren.

Penne gialle

Gelbe Penne

Für 4 Personen

2 Zwiebeln
1 Karotte
ca. 50 g Bauchspeck
500 g gelbe Paprikaschoten, mild und fleischig
½ Bund Petersilie
4 EL Olivenöl
Salz· Pfeffer
350 g Penne
reichlich geriebener Pecorino

◆ Die Zwiebeln abziehen und fein hacken. Die Karotte schälen und fein würfeln.

◆ Den Speck fein würfeln.

◆ Die Paprikaschoten waschen, vierteln, die Kerne und die inneren Zwischenhäutchen entfernen, die Viertel mit einem Sparschäler abziehen und in nicht zu große Würfel schneiden.

◆ Die Petersilie waschen, trockenschütteln, die Stängel entfernen und die Blätter fein hacken.

◆ In einer großen Pfanne das Olivenöl erhitzen und den Speck mit den Zwiebeln und den Karotten kurz darin anrösten. Sobald die Zwiebeln etwas Farbe angenommen haben, die Paprikawürfel zugeben, salzen, pfeffern und mit geschlossenem Deckel auf kleiner Flamme etwa 15 Minuten schmoren lassen. Dabei immer wieder umrühren. Die Paprikaschoten müssen am Schluss weich, dürfen aber nicht matschig sein.

◆ Kurz vor dem Ende der Garzeit die gehackte Petersilie unterrühren.

◆ Inzwischen die Nudeln in reichlich Salzwasser bissfest garen, abgießen, abtropfen lassen und unter die Paprikaschoten mischen. Sofort mit dem geriebenen Pecorino auf den Tisch bringen.

Verdure e contorni
Gemüse und Beilagen

Asparagi alla fiorentina

Spargel auf Florentiner Art

Spargel auf Florentiner Art ist eigentlich keine Beilage, sondern eher ein leichtes Gemüsegericht, das besonders im Frühjahr, wenn der erste frische Spargel auf den Markt kommt, gern gegessen wird.

Für 4 Personen

1 1/2 kg grüner Spargel
120 g Butter
Salz
frisch gemahlener Pfeffer
60 g Parmesan
4 Eier

◆ Den Spargel in reichlich Salzwasser je nach Dicke 12–16 Minuten bissfest garen, abgießen und die hellen, harten Enden abschneiden.

◆ In einer Pfanne ca. 70 g Butter erhitzen, den Spargel unter Wenden einige Minuten darin dünsten und auf einer vorgewärmten Platte anrichten. Salzen, pfeffern und mit der Hälfte des geriebenen Parmesan bestreuen.

◆ In der Spargelpfanne die restliche Butter erhitzen, die Eier hineinschlagen, Spiegeleier braten und leicht salzen.

◆ Die Spiegeleier auf den Spargel gleiten lassen, alles mit dem restlichen Parmesan bestreuen und sofort servieren.

Bietole all'agro

Mangold mit Zitronensaft

Für 4 Personen

600 g Mangold
Salz
Saft von 1 Zitrone
Olivenöl extra vergine

◆ Den Mangold sorgfältig waschen. Die Stängel abschneiden und in etwa 2 cm lange Stücke schneiden. Die Blätter grob zerschneiden.

◆ In einem Topf reichlich Salzwasser zum Kochen bringen, zuerst die Mangoldstängel ins kochende Wasser geben, nach 10 Minuten die Blätter zufügen und weitere 6–7 Minuten kochen lassen.

◆ Den Mangold abgießen, gut ausdrücken und auf eine Servierplatte geben. Mit dem Zitronensaft und reichlich Olivenöl beträufeln und sofort servieren.

Auf dieselbe Weise kann man auch Spinat (Spinaci all'agro) *zubereiten. In diesem Fall allerdings werden die harten Stiele nicht verwendet.*

Carciofi fritti

Frittierte Artischocken

Für 4 Personen

8 kleine Artischocken
Saft von 1–2 Zitronen
Salz
4 Eier
Öl zum Frittieren
weißes Mehl

Außerdem:
1 Zitrone

◆ Die Artischocken vorbereiten: Dazu die äußeren harten Blätter entfernen und wegwerfen. Von den zarteren Blättern die harten Spitzen abschneiden und ebenfalls wegwerfen. Den Stiel auf ca. 2 cm Länge kürzen und großzügig abschälen. Die so vorbereiteten Artischocken halbieren und die Hälften in Achtel schneiden. Sofort in Zitronenwasser legen, damit sie sich nicht verfärben.
◆ Wenn alle Artischocken auf diese Weise vorbereitet sind, in einem Topf Salzwasser zum Kochen bringen und die Artischocken etwa 5 Minuten blanchieren. Anschließend gut abtropfen lassen.
◆ Inzwischen die Eier mit etwas Salz verquirlen.
◆ In einer Pfanne mit hohem Rand reichlich Öl zum Frittieren erhitzen.
◆ Die Artischocken in Mehl wenden, durch die verquirlten Eier ziehen und im heißen Öl ausbacken. Sobald sie goldgelb und knusprig sind, mit einer Schaumkelle aus der Pfanne nehmen, auf Küchenpapier etwas abtropfen lassen, salzen und auf einer Platte mit Zitronenachteln garniert anrichten. Sofort heiß servieren.

Wenn ich Artischocken mache, bereite ich immer gleich eine größere Menge vor, damit noch einige für eine Frittata con carciofi *übrig bleiben.*
Dazu Eier mit Salz und etwas Pfeffer verquirlen, die vorgegarten Artischockenachtel damit übergießen und eine Frittata (Rezept siehe Seite 51) zubereiten.

Carciofi al forno

Gebackene Artischocken

Für 4 Personen

8 kleine Artischocken
Saft von 1–2 Zitronen
Salz
1 Sträußchen Petersilie, Thymian oder Bergminze
2 Knoblauchzehen
1 Scheibe durchwachsener Speck
Pfeffer
6 EL Olivenöl

◆ Die Artischocken wie im vorhergehenden Rezept putzen, aber nicht zerschneiden, sondern nur die Stiele ganz entfernen. Die Artischocken sofort einige Minuten in Zitronenwasser legen.
◆ Die vorbereiteten Artischocken aus dem Zitronenwasser nehmen, 5 Minuten in Salzwasser blanchieren und abtropfen lassen.
◆ Die Petersilie (oder die anderen Kräuter) waschen, trockenschütteln, die Blätter von den Stängeln zupfen und fein hacken.
◆ Den Knoblauch abziehen und ebenfalls fein hacken.
◆ Den Speck fein würfeln.
◆ Den Backofen auf 180 °C vorheizen.
◆ Knoblauch, Kräuter und Speck mit etwas Salz und Pfeffer gut vermischen.
◆ Die Artischocken in der Mitte leicht auseinander drücken und die Würzmischung in die Vertiefung drücken.
◆ Die Artischocken aufrecht in eine feuerfeste Form stellen. Die Form muss genau so groß sein, dass die Artischocken nebeneinander Platz haben. Das Olivenöl und etwa 1/8 l Wasser angießen und die Artischocken für 35–40 Minuten in den Backofen schieben. Sie sind gar, wenn sie sich beim Einstechen mit einer Gabel weich anfühlen.
◆ Zum Servieren die Artischocken aus der Form nehmen, auf eine vorgewärmte Platte legen und mit dem Schmorfond überziehen.

Cardi cotti tre volte

Karden, dreifach gekocht

Karden sind ein typisches Wintergemüse, über das ich Ihnen schon im Suppen-Kapitel (siehe Seite 86) etwas erzählt habe. Wenn Sie Karden auf die hier beschriebene Art zubereiten, können Sie sie nicht nur als Beilage, sondern auch als Zwischengericht oder anstelle einer Fleischmahlzeit servieren, dann sollten Sie die Zutatenmenge allerdings um die Hälfte erhöhen.

Für 4 Personen

500–600 g Karden
1 Zitrone
Salz
4 EL Mehl
Öl zum Frittieren
½ Zwiebel
1 Sträußchen Basilikum
4 EL Olivenöl
500 g Tomaten
Pfeffer

◆ Die Karden putzen, das heißt die Blätter von den Stielen entfernen und mit einem Messer die Haut und die Fasern von den Stielen abschaben. Die vorbereiteten Stängel sofort mit Zitronensaft einreiben, damit sie nicht anlaufen, und in 3–4 cm lange Stücke schneiden.

◆ Die vorbereiteten Karden in reichlich Salzwasser 45 Minuten garen, abgießen, abtropfen lassen und in Mehl wenden.

◆ In einer großen Pfanne mit hohem Rand das Öl zum Frittieren erhitzen, die Karden nach und nach im siedenden Öl knusprig ausbacken und auf Küchenpapier etwas abtropfen lassen.

◆ Inzwischen die Zwiebel abziehen und würfeln. Das Basilikum waschen, trockenschütteln und die Blätter abzupfen.

◆ Die Tomaten kurz mit heißem Wasser überbrühen, häuten, vierteln und entkernen. Die Stielansätze entfernen und das Fruchtfleisch grob würfeln.

◆ In einem Topf das Olivenöl erhitzen und die Zwiebeln darin glasig anschwitzen. Sobald sie Farbe angenommen haben, die Tomaten zufügen, salzen, pfeffern und 15 Minuten auf kleiner Flamme mit geschlossenem Deckel köcheln lassen.

◆ Die frittierten Karden in die Sauce geben und alles weitere 10 Minuten köcheln lassen. Kurz vor dem Ende der Garzeit die Basilikumblättchen zufügen und die Karden ohne Deckel noch ein paar Minuten dünsten, bis die Sauce etwas eingekocht ist.

Cavolo strascicato

Blumenkohl aus der Pfanne

Für 4 Personen

1 großer Blumenkohl
Salz
etwas Essig
2–3 Knoblauchzehen
1 salsiccia oder eine andere Schweinsbratwurst
100 g schwarze Oliven
300 g geschälte Tomaten aus der Dose
8 EL Olivenöl
1 Zweiglein Thymian
Pfeffer

◆ Den Blumenkohl putzen, das heißt die Blätter entfernen und den Strunk kreuzweise einschneiden.

◆ In einem Topf reichlich Salzwasser mit einem Schuss Essig zum Kochen bringen, den Blumenkohl in das siedende Wasser geben und etwa 15 Minuten ohne Deckel garen. Anschließend mit einer Schaumkelle aus dem Wasser heben und in kleine Röschen zerteilen.

◆ Inzwischen den Knoblauch abziehen und fein hacken. Die Wurst häuten und die Füllung mit einer Gabel zerkleinern. Die Oliven entsteinen, die Tomaten grob würfeln.

◆ In einer Pfanne das Olivenöl erhitzen und den Knoblauch mit der zerkleinerten Wurstfüllung und dem Thymianzweig darin anrösten. Sobald der Knoblauch etwas Farbe angenommen hat, die Blumenkohlröschen zufügen, salzen, pfeffern und einige Minuten unter Rühren kurz anrösten.

◆ Die Tomaten hinzugeben und alles auf kleiner Flamme ohne Deckel 15 Minuten köcheln lassen.

◆ Etwa 5 Minuten vor dem Servieren die Oliven zugeben.

Ceci di magro alla pisana

Kichererbsen auf Pisaner Art

Für 4 Personen

400 g getrocknete Kichererbsen
1 TL Natron
Salz
1 Zwiebel
3 Knoblauchzehen
2 in Salz eingelegte Sardellenfilets
2–3 reife Tomaten
350 g Mangold
4 EL Olivenöl
Pfeffer

◆ Die Kichererbsen über Nacht in reichlich Wasser einweichen. Natron und Salz mit ins Einweichwasser geben, damit die Kichererbsen auch außen weich werden.
◆ Die Zwiebel und den Knoblauch abziehen und fein hacken.
◆ Die Sardellenfilets mit einer Gabel zerdrücken.
◆ Die Tomaten kurz mit heißem Wasser überbrühen, häuten, vierteln und entkernen, dabei die Stielansätze entfernen. Das Fruchtfleisch grob würfeln.
◆ Den Mangold waschen, die harten Stängel entfernen und die Blätter grob hacken.
◆ In einem Topf das Olivenöl erhitzen und die Zwiebeln darin anschwitzen. Sobald sie Farbe angenommen haben, den Knoblauch und die Sardellenfilets zufügen und kurz anbraten.
◆ Sobald sich alles gut vermischt hat, die abgetropften Kichererbsen zugeben, etwas Wasser angießen, so dass alles knapp bedeckt ist und auf kleiner Flamme im geschlossenen Topf 50 Minuten köcheln lassen.
◆ Anschließend die Tomaten und den Mangold zugeben, mit Salz und Pfeffer würzen und weitere 25 Minuten köcheln lassen. Am Schluss sollten die Kichererbsen ganz weich, aber nicht zerkocht sein.

Auf diese Art zubereitete Kichererbsen schmecken nicht nur als Beilage zu Fleisch oder Fisch, sie sind auch lecker auf geröstetem Brot als Crostini *(Rezepte siehe Kapitel Vorspeisen ab Seite 34). Hier noch eine andere Möglichkeit, Kichererbsen als Beilage zuzubereiten: Die eingeweichten Kichererbsen in Salzwasser etwa 50 Minuten kochen, abgießen, mit Olivenöl extra vergine beträufeln und mit frischem Bohnenkraut, Thymian oder Bergminze würzen.*

Ceci in cacciucco

Kichererbsen mit Tomaten

Dieses Rezept stammt aus dem Hinterland von Livorno. Dort wurde früher die klassische Fischsuppe (Cacciucco, *Rezept siehe Seite 204) mit Kichererbsen abgewandelt, weil die Leute zu arm waren, um auch nur minderwertigen Fisch kaufen zu können. Damals galt* Ceci in cacciucco *als vollwertige Mahlzeit, heutzutage werden Kichererbsen mit Tomaten als Beilage zu Fisch oder Fleisch gegessen.*

Für 4 Personen

- *800 g getrocknete Kichererbsen*
- *1 TL Natron*
- *Salz*
- *500 g reife Tomaten*
- *3 Knoblauchzehen*
- *1 Chilischote*
- *½ Sträußchen Petersilie*
- *3–4 EL Olivenöl*
- *Pfeffer*
- *2 EL Olivenöl extra vergine*

◆ Die Kichererbsen über Nacht einweichen, so wie im vorstehenden Rezept beschrieben.

◆ Am nächsten Tag die Kichererbsen in Salzwasser gar kochen, das dauert 35–40 Minuten. Sie sollten weich sein, aber nicht zerfallen.

◆ Inzwischen die Tomaten kurz mit heißem Wasser überbrühen, häuten, vierteln und entkernen, dabei die Stielansätze entfernen. Das Fruchtfleisch grob würfeln.

◆ Den Knoblauch abziehen und fein hacken. Die Chilischote aufschneiden, die Kerne entfernen und die Schote grob würfeln.

◆ Die Petersilie waschen, trockenschütteln, die Stängel entfernen und die Blätter fein hacken.

◆ In einem Topf das Olivenöl erhitzen und den Knoblauch sowie die Chilischote darin anbraten. Sobald der Knoblauch etwas Farbe angenommen hat, die Tomaten zufügen, salzen, pfeffern und ca. 15 Minuten auf kleiner Flamme im geschlossenen Topf köcheln lassen.

◆ Die Kichererbsen mit ein wenig Kochflüssigkeit zugeben und alles auf kleiner Flamme weitere 15 Minuten köcheln lassen.

◆ Vor dem Anrichten die gehackte Petersilie und das frisch gepresste Olivenöl einrühren.

Cime di rape saltate in padella

Sautierter Stängelkohl

Cime di rape *ist ein ausgesprochenes Wintergemüse; es wird zwischen Dezember und März überall in der Toskana angeboten. Der Geschmack erinnert stark an Brokkoli, verwendet werden nur die zarten Blätter und die Röschen.*
Für das nachfolgende Rezept kann auch Mangold (Bietola saltato) *oder Spinat* (Spinaci saltato) *verwendet werden, allerdings sollten Sie dann eine halbe Chilischote, entkernt und in feine Streifen geschnitten, mit dem Knoblauch anbraten.*

Für 4 Personen

600 g Stängelkohl
Salz
2–3 Knoblauchzehen
3 EL Olivenöl

◆ Den Stängelkohl waschen und die harte Teile entfernen. Die zarten Blätter und Röschen in ganz wenig Salzwasser etwa 5 Minuten kochen und abgießen.
◆ Inzwischen den Knoblauch abziehen und in Scheiben schneiden.
◆ In einer Pfanne das Olivenöl erhitzen und den Knoblauch kurz darin anbraten. Sobald er etwas Farbe angenommen hat, den gut abgetropften Stängelkohl zufügen, unter vorsichtigem Umrühren einige Minuten im heißen Öl erhitzen und sofort servieren.

Cipolle al forno

Im Backofen geschmorte Zwiebeln

Geschmorte Zwiebeln sind eine köstliche Beilage zu gekochtem Fleisch! Sie sind so beliebt, dass Sie getrost auch ein paar mehr als hier angegeben zubereiten können.

Für 4 Personen

4 sehr große rote Zwiebeln
Salz
1 Bund Petersilie
Pfeffer
4–5 EL Olivenöl
1–2 EL Weinessig

◆ Die äußere Zwiebelschale abziehen.
◆ In einem Topf schwach gesalzenes Wasser zum Kochen bringen und die Zwiebeln etwa 10 Minuten blanchieren.
◆ Anschließend abgießen, die Zwiebeln halbieren und mit der Schnittfläche nach unten in eine feuerfeste Form legen.
◆ Den Backofen auf 150 °C vorheizen.
◆ Die Petersilie waschen, trockenschütteln, die Stängel entfernen und die Blätter fein hacken.
◆ Die Zwiebeln mit der gehackten Petersilie, Salz und Pfeffer bestreuen, mit Olivenöl beträufeln und im Ofen etwa 45 Minuten schmoren lassen, bis sie ganz weich sind.
◆ Zum Servieren die Zwiebeln aus der Form nehmen und auf eine vorgewärmte Platte legen. Mit dem Schmorfond überziehen, mit etwas Weinessig beträufeln und sofort heiß auf den Tisch bringen.

Erbe e verdure miste ripassate

Gemischtes sautiertes Grüngemüse

Bei dieser köstlichen Beilage, die besonders gut zu gegrilltem und gebratenem Fleisch passt, kommt es auf die Mischung an: Sie muss zwischen milden und eher bitteren Gemüsesorten ausgewogen sein.

Früher durchstreifte man die Wiesen und Felder, um all die wohlschmeckenden Kräuter und wilden Grüngemüse zu sammeln. Natürlich weiß ich, dass dieses Vergnügen Stadtbewohnern verwehrt ist, daher beschränke ich mich darauf, hier ein Rezept mit solchen Gemüsesorten vorzustellen, die problemlos auf jedem Markt erhältlich sind.

Für 6 Personen

1 kg gemischtes Grüngemüse: Mangold oder Spinat, Endivie, Wirsing, Stängelkohl, etwas Löwenzahn
Salz
3 Knoblauchzehen
½ Chilischote
6–7 EL Olivenöl

◆ Das Gemüse vorbereiten: Den Mangold oder Spinat verlesen, die harten Stängel entfernen und die Blätter gut waschen. Die Endivie waschen, vom Wirsing die harten Strünke entfernen. Den Stängelkohl waschen und die harten Teile abschneiden. Den Löwenzahn waschen und die Stängel entfernen.

◆ Die verschiedenen Gemüsesorten in reichlich Salzwasser nacheinander blanchieren: Mangold oder Spinat, Endivie und Löwenzahn 6–8 Minuten, den Stängelkohl ca. 10 Minuten, den Wirsing 15–20 Minuten.

◆ Das blanchierte Gemüse gut abtropfen lassen und grob hacken.

◆ Inzwischen den Knoblauch abziehen und fein hacken. Die Chilischote aufschneiden, die Kerne entfernen und die Schote in nicht zu feine Streifen schneiden.

◆ Das Olivenöl in einer Pfanne erhitzen. Den Knoblauch und die Chilischote darin anbraten. Sobald der Knoblauch etwas Farbe angenommen hat, das gehackte Gemüse in die Pfanne geben. Mit Salz würzen, gut umrühren und alles etwa 12 Minuten garen. Sofort heiß servieren.

Fagioli all'olio

Weiße Bohnen in Öl

Auch wenn dieses Rezept das Einfachste auf der Welt zu sein scheint, so muss man doch ein paar Kniffe kennen, um ein wirklich optimales Ergebnis zu erzielen ...
Das Geheimnis besteht darin, dass das Wasser nur unmerklich köcheln darf; die Bohnen dürfen sich im Topf nahezu nicht bewegen. Wenn sie zu heftig gekocht werden, haben Sie am Ende einen traurigen Brei, der nichts mit diesem köstlichen Gericht gemein hat! Perfekt werden die Bohnen, wenn sie in einem feuerfesten Tontopf gekocht werden und während des Kochens nicht mit Metall in Berührung kommen.

Früher wurden die Bohnen in einer Flasche (fagioli nel fiasco), *in der nur noch glimmenden Glut des Herdes zubereitet: Dazu wurden die Bohnen mit reichlich Olivenöl, einigen Salbeiblättchen, etwas Salz, reichlich Pfeffer und gerade so viel Wasser, dass die Bohnen gut bedeckt waren, in eine bauchige Flasche gefüllt. Die gut verschlossene Flasche wurde am Abend in die verlöschende Glut gestellt und am Morgen waren die Bohnen dann fertig.*

Eine andere Methode bestand darin, die Bohnen über Nacht im Backofen zu garen, nachdem das Brot gebacken war.

Für 4 Personen

1 kg frische weiße Bohnen,
möglichst cannellini *oder*
400 g getrocknete weiße Bohnen
4 Knoblauchzehen
1 Zweiglein Salbei
4 EL Olivenöl
Salz
frisch gemahlener Pfeffer
2 EL Olivenöl extra vergine

- Die frischen Bohnen auspahlen. Falls Sie getrocknete Bohnen verwenden, müssen Sie diese über Nacht in reichlich Wasser einweichen, vor der Weiterverwendung abspülen und abtropfen lassen.
- Die Knoblauchzehen abziehen und halbieren.
- Bohnen, Knoblauch, Salbei, Olivenöl und Salz in einen feuerfesten Tontopf geben und mit gerade so viel lauwarmem Wasser auffüllen, dass alles gut bedeckt ist.
- Auf kleinster Stufe langsam erhitzen, niemals wallend kochen lassen, sondern während der Garzeit die Hitze auf ein Minimum reduzieren.

◆ Auf diese Weise die Bohnen ganz langsam mit geschlossenem Deckel garen – das dauert gut 1 Stunde, vielleicht sogar etwas länger. Probieren Sie zwischendurch, ob die Bohnen schon gar sind, aber benutzen Sie einen Holzkochlöffel, um eine Probe zu entnehmen, und rühren Sie die Bohnen keinesfalls um!

◆ Zum Servieren den Salbeizweig entfernen und die Bohnen mit reichlich frisch gemahlenem Pfeffer und etwas frischem Olivenöl beträufeln.

Fagioli all'uccelletto

Weiße Bohnen mit Tomaten

Diese Bohnen sind eine perfekte Beilage zu Trippa *(Rezept siehe Seite 288) oder gegrillten* salsicce *(Schweinsbratwürste).*

◆ Die Bohnen nach der Anleitung im vorhergehenden Rezept kochen, allerdings nur in Wasser und 4 EL Olivenöl.

Für 4 Personen

1 kg frische Bohnen (cannellini) *oder 400 g getrocknete weiße Bohnen*
9–10 EL Olivenöl
3–4 Knoblauchzehen
400 g reife Tomaten
1 Salbeizweiglein
Salz
frisch gemahlener Pfeffer

◆ Inzwischen den Knoblauch abziehen (das traditionelle Rezept schreibt vor, den Knoblauch nicht zu schälen ...), die Tomaten kurz mit heißem Wasser überbrühen, häuten, vierteln und entkernen, dabei die Stielansätze entfernen. Das Fruchtfleisch pürieren.

◆ In einem feuerfesten Tontopf das restliche Olivenöl erhitzen und den Knoblauch mit dem Salbeizweig darin anbraten. Sobald der Knoblauch etwas Farbe angenommen hat, die gut abgetropften, noch lauwarmen Bohnen zugeben, einige Minuten andünsten und anschließend das Tomatenpüree zufügen.

◆ Mit einem Holzkochlöffel umrühren, salzen, pfeffern und auf kleiner Flamme mit geschlossenem Deckel 30 Minuten köcheln lassen.

◆ Die Bohnen sind fertig, wenn sie weich sind, aber noch etwas Biss haben. Vor dem Servieren den Salbeizweig entfernen.

Fagiolini in umido

Geschmorte grüne Bühnen

Eine Beilage, die besonders im Sommer, wenn die ersten Bohnen geerntet und frisch auf dem Markt angeboten werden, beliebt ist. Wichtig ist, dass die Bohnen nicht vorher mit Wasser gekocht, sondern in der Tomatensauce gegart werden.

Für 4 Personen

800 g zarte grüne, fadenlose Brechbohnen
½ Zwiebel
1 kleine Karotte
2–3 Knoblauchzehen
500 g reife Tomaten
6 EL Olivenöl
Salz
Pfeffer
evtl. etwas Brühe
einige Basilikumblätter

◆ Die Bohnen waschen und die Enden knapp abschneiden.

◆ Die Zwiebel häuten und in hauchdünne Scheiben schneiden. Die Karotte schälen und ebenfalls in sehr dünne Scheiben schneiden. Den Knoblauch abziehen.

◆ Die Tomaten kurz mit heißem Wasser überbrühen, häuten, vierteln und entkernen, dabei die Stielansätze entfernen. Das Fruchtfleisch grob würfeln.

◆ In einem Topf (möglichst einem feuerfesten Tontopf) das Olivenöl erhitzen. Die Zwiebel- und Karottenscheiben sowie den Knoblauch zufügen und anbraten. Sobald das Gemüse Farbe annimmt, den Knoblauch entfernen und die Tomaten mit den Bohnen in den Topf geben.

◆ Salzen, pfeffern und auf kleiner Flamme mit geschlossenem Deckel etwa 30 Minuten köcheln lassen. Normalerweise sollte das an den Bohnen haftende Wasser ausreichend für Flüssigkeit sorgen, falls nicht, können Sie notfalls noch ein wenig Brühe angießen.

◆ Inzwischen das Basilikum waschen, trockenschütteln und die Blätter klein zupfen.

◆ Am Ende der Kochzeit sollten die Bohnen weich sein und die gesamte Flüssigkeit aufgesogen haben.

◆ Die Bohnen mit Basilikum bestreuen und sofort servieren.

Funghi porcini fritti

Frittierte Steinpilze

Ich frittiere nur die Pilzhüte, die Stiele verwende ich anderweitig, zum Beispiel zum Verfeinern von Ragouts. Wenn Sie möchten, können Sie aber auch die ganzen Pilze frittieren.

Für 4 Personen

650 g mittelgroße Steinpilze
etwas Mehl
Öl zum Frittieren
Salz
Pfeffer
1 Zitrone

◆ Die Hüte der Pilze mit einem Stück Küchenpapier vorsichtig säubern, größere Hüte vierteln, kleine ganz lassen. Die Pilzhüte mit Mehl bestäuben.
◆ In einem Topf das Öl erhitzen und die Pilze nach und nach im siedenden Öl frittieren.
◆ Vor dem Servieren mit Salz und Pfeffer bestreuen und mit Zitronenspalten auf einer vorgewärmten Platte anrichten.

Funghi porcini o ovoli in tegame

Geschmorte Steinpilze oder Kaiserlinge

Für 6 Personen

1 kg Steinpilze oder Kaiserlinge
2–3 Knoblauchzehen
1 Zweiglein Bergminze oder etwas Petersilie
300 g reife Tomaten
8 EL Olivenöl
Salz
Pfeffer, wahlweise Chilipulver

◆ Die Pilze mit einem Stück Küchenpapier vorsichtig säubern, unten von den Stielen eine dünne Scheibe abschneiden und wegwerfen. Die Pilze in Scheiben schneiden.

◆ Den Knoblauch abziehen und in Scheiben schneiden. Die Minze oder Petersilie waschen, trockenschütteln, die Blätter von den Stielen zupfen, einige Blättchen zum Garnieren beiseite legen und den Rest fein hacken.

◆ Die Tomaten kurz mit heißem Wasser überbrühen, häuten, vierteln und entkernen, dabei die Stielansätze entfernen. Das Fruchtfleisch grob würfeln.

◆ In einem Topf (möglichst einem feuerfesten Tontopf) das Olivenöl erhitzen und den Knoblauch mit der Minze oder Petersilie darin anbraten.

◆ Sobald der Knoblauch etwas Farbe angenommen hat, die Pilze zufügen, salzen, pfeffern – wenn Sie es gern scharf mögen, nehmen Sie stattdessen eine Prise Chilipulver – und etwa 5 Minuten schmoren lassen.

◆ Die Tomaten zufügen und alles auf kleiner Flamme mit geschlossenem Deckel etwa 15 Minuten ohne weitere Flüssigkeitszugabe schmoren lassen.

◆ Zum Servieren die Pilze auf einer vorgewärmten Platte anrichten und mit den übrigen Minze- oder Petersilienblättchen garnieren.

Natürlich können Sie auch andere Pilze auf diese Art zubereiten, am besten schmecken aber Steinpilze oder Kaiserlinge.

Insalata di verdure

Gemüsesalat

Dieser Salat macht zwar etwas Mühe und ist zeitaufwendig, aber er passt hervorragend als Beilage zu einem Braten. Er muss unbedingt frisch gegessen werden und darf auf keinen Fall längere Zeit im Voraus zubereitet sein.
Lassen Sie sich also nicht vom Aufwand abschrecken und probieren Sie den Gemüsesalat: Er ist einfach köstlich!

Für 6 Personen

8–10 Stangen grüner Spargel
4 Karotten
200 g fadenfreie grüne Bohnen
3 kleine Zucchini
4 kleine Artischocken
Saft von 1 Zitrone
Salz
3 fest kochende Kartoffeln
etwa 1 cm Sardellenpaste aus der Tube
5–6 EL Olivenöl extra vergine
3 EL Weinessig
Pfeffer

◆ Den Spargel waschen und die Spitzen abschneiden. Den Rest eventuell für etwas anderes verwenden.
◆ Die Karotten schälen. Die Bohnen waschen und die Spitzen knapp abschneiden. Die Zucchini gründlich waschen.
◆ Von den Artischocken die äußeren harten Blätter entfernen und wegwerfen. Von den zarteren Blättern die harten Spitzen abschneiden und ebenfalls wegwerfen. Den Stiel auf ca. 2 cm Länge kürzen und großzügig abschälen. Die vorbereiteten Artischocken sofort in Zitronenwasser legen, damit sie sich nicht verfärben.
◆ Die Artischocken in reichlich Salzwasser 30–40 Minuten kochen, aus dem Wasser nehmen und umgedreht in ein Sieb legen, damit sie gut abtropfen können.
◆ Inzwischen die Kartoffeln waschen, in reichlich Wasser gar kochen und abpellen.
◆ Die Karotten, die Bohnen und die Spargelspitzen getrennt in Salzwasser bissfest garen und abtropfen lassen.

◆ Die Zucchini in kochendem Salzwasser 6 Minuten blanchieren und abtropfen lassen.

◆ Das gekochte Gemüse in mundgerechte Stücke schneiden: Die Artischocken halbieren und die Hälften in Achtel schneiden. Die Karotten und Zucchini in etwa 6 mm dicke Scheiben schneiden, dabei die Enden entfernen und wegwerfen. Die Kartoffeln grob würfeln und die Bohnen halbieren. Die Spargelspitzen bleiben ganz.

◆ Die Sardellenpaste mit 2 EL Olivenöl glatt rühren.

◆ Das Gemüse in eine Salatschüssel geben und mit Essig, Salz, Pfeffer, dem restlichen Olivenöl und der Sardellenpaste gut vermischen. Abschmecken und sofort servieren.

Melanzana insaporite

Auberginen mit Käsekruste

Im Arnotal bekam ich überbackenen Auberginen einmal auf einem Bauernhof vorgesetzt – und ich muss sagen, dass sie mir sehr gut geschmeckt haben!

Da dieses Gericht ziemlich üppig ist, können Sie es statt als Beilage auch als kleine Hauptmahlzeit mit einem gemischten Salat servieren.

Wenn Sie Auberginen als Beilage lieber etwas weniger gehaltvoll mögen, dann servieren Sie sie nur gegrillt, mit etwas Salz und frischem Thymian gewürzt und mit ein wenig Olivenöl extra vergine beträufelt.

Aber zurück zu den überbackenen Auberginen:

Für 4 Personen

4–6 schöne große Auberginen
Salz
1 Tasse Mehl
8 EL Olivenöl
500 g reife Tomaten
1–2 Knoblauchzehen
1 großer Bund Basilikum
Pfeffer
2 Eier
6 EL frisch geriebener Parmesan
etwas Butter für die Form

◆ Die Auberginen waschen, mit Küchenpapier trockentupfen und in Scheiben schneiden. Die Scheiben mit etwas Salz bestreuen und 30 Minuten stehen lassen, damit sie ihren leicht bitteren Geschmack verlieren.

◆ Anschließend unter fließendem Wasser abwaschen, die Scheiben sorgfältig trockentupfen und in Mehl wenden.

◆ In einer Pfanne 6 EL Olivenöl erhitzen und die Auberginenscheiben von beiden Seiten goldgelb darin braten. Aus der Pfanne nehmen und auf Küchenpapier abtropfen lassen.

◆ Inzwischen die Tomaten kurz mit heißem Wasser überbrühen, häuten, vierteln und entkernen, dabei die Stielansätze entfernen. Das Fruchtfleisch pürieren.

◆ Den Knoblauch abziehen und sehr fein hacken.

◆ Das Basilikum waschen, trockenschütteln, die Blättchen von den Stängeln abziehen und klein zupfen.

◆ In einem Topf das restliche Olivenöl erhitzen und den Knoblauch darin anbraten. Sobald er Farbe angenommen hat, Tomatenpüree und Basilikum zugeben, salzen, pfeffern und auf kleiner Flamme mit geschlossenem Deckel 15 Minuten köcheln lassen.

◆ Die Eier gut verquirlen und zusammen mit 3 EL Parmesan in die Tomatensauce rühren.

◆ Den Backofen auf 200 °C vorheizen.

◆ Eine feuerfeste Form mit etwas Butter einfetten, die gebratenen Auberginenscheiben hineinlegen, mit der Sauce begießen und mit dem restlichen Parmesan bestreuen.

◆ Im Ofen überbacken, bis sich eine knusprige Käsekruste gebildet hat. Sofort servieren.

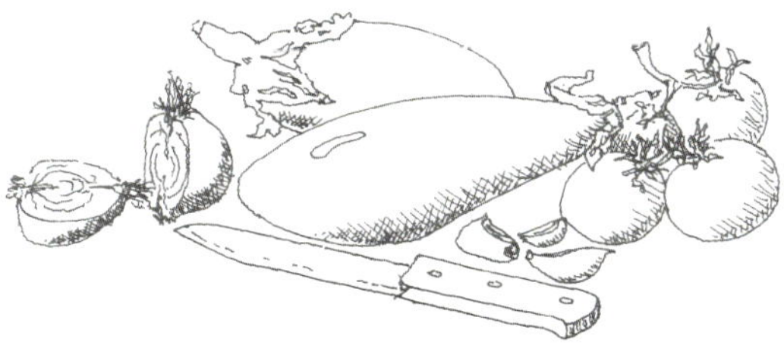

Patate al rosmarino

Kartoffeln mit Rosmarin

Diese köstlichen Kartoffeln sind eine klassisch toskanische Beilage zu Braten oder gegrilltem Fleisch.
Ich kann Ihnen nur raten, immer eine großzügige Menge davon vorzubereiten – sie sind so lecker, dass man meint, sie reichen nie …

Für 6 Personen

1 kg fest kochende Kartoffeln
1 Knoblauchzehe
6–8 EL Olivenöl
einige Zweiglein Rosmarin
Salz
Pfeffer

◆ Den Backofen auf 200 °C vorheizen.
◆ Die Kartoffeln schälen und je nach Größe vierteln oder halbieren.
◆ Den Knoblauch abziehen und in Scheiben schneiden.
◆ Die Kartoffeln mit dem Olivenöl, dem Knoblauch und dem Rosmarin in eine feuerfeste Auflaufform geben, salzen und pfeffern und auf dem Herd leicht anrösten. Anschließend in den Ofen schieben und etwa 45 Minuten braten.
◆ Wenn die Kartoffeln gar sind und eine schöne goldbraune Farbe haben, sofort heiß servieren.

Patate all'ortolana

Kartoffeln nach Gärtnerinnenart

Für 6 Personen

1 kg fest kochende Kartoffeln
2 Knoblauchzehen
1 mittelgroße Zwiebel
3–4 reife Tomaten
1 Sträußchen Salbei
5 EL Olivenöl
Salz · Pfeffer

◆ Die Kartoffeln schälen und in Salzwasser 12–15 Minuten kochen. Sie dürfen nicht zu weich werden. Anschließend abgießen und grob würfeln.

◆ Den Knoblauch und die Zwiebel abziehen und fein hacken.

◆ Die Tomaten kurz mit heißem Wasser überbrühen, häuten, vierteln und entkernen, dabei die Stielansätze entfernen. Das Fruchtfleisch pürieren.

◆ Den Salbei waschen, trockentupfen und die Blättchen von den Stängeln zupfen. Kleine Blättchen ganz lassen, die größeren etwas zerpflücken.

◆ In einer Pfanne das Olivenöl erhitzen, die Zwiebeln mit dem Salbei darin anbraten. Sobald die Zwiebeln Farbe angenommen haben, den Knoblauch zugeben und kurz anbraten.

◆ Die Kartoffelwürfel und das Tomatenpüree zufügen, salzen, pfeffern und alles auf kleiner Flamme mit geschlossenem Deckel etwa 10 Minuten schmoren lassen.

Patate alla fattoressa

Kartoffeln nach Gutshofart

Auf den großen Gutshöfen waren die Frauen der Gutsverwalter verantwortlich für die Küche und hatten die Schlüsselgewalt über die Speisekammer.
Häufig waren sie fantastische Köchinnen und viele ländliche Gerichte sind das Ergebnis ihrer Phantasie und Kreativität.

Für 6 Personen

500 g reife Tomaten
2–3 salsicce oder andere Schweinsbratwürste
1 kg fest kochende Kartoffeln
5–6 EL Olivenöl
Salz
Pfeffer oder
1 Prise Chilipulver

◆ Die Tomaten kurz mit heißem Wasser überbrühen, häuten, vierteln und entkernen, dabei die Stielansätze entfernen. Das Fruchtfleisch fein würfeln.
◆ Die Bratwürste häuten und die Füllung zerpflücken.
◆ Die Kartoffeln schälen und in Scheiben schneiden.
◆ In einer großen Pfanne das Olivenöl erhitzen, die Wurststückchen kurz darin anbraten und anschließend die Tomaten zugeben. Salzen, pfeffern oder mit Chilipulver würzen und das Ganze ein paar Minuten dünsten.
◆ Die Kartoffeln mit ein wenig Wasser zugeben und alles bei mittlerer Hitze mit geschlossenem Deckel etwa 30 Minuten garen.
◆ Falls Sie bereits gekochte Kartoffeln verwenden, erhitzen Sie diese nur 6–7 Minuten in der Tomatensauce. In diesem Fall brauchen Sie kein Wasser zugeben.

Patate stufate con rigatino o pancetta

Mit Speck geschmorte Kartoffeln

Für 6 Personen

1 kg fest kochende Kartoffeln
100 g luftgetrockneter Speck oder durchwachsener Bauchspeck
1 Zwiebel
3–4 EL Olivenöl
einige Salbeiblätter
1/8 l Brühe
Salz
Pfeffer
1/2 Bund Petersilie

◆ Die Kartoffeln schälen und grob würfeln.

◆ Den Speck fein würfeln.

◆ Die Zwiebel abziehen und in dünne Scheiben schneiden.

◆ In einer großen Pfanne das Olivenöl erhitzen und die Zwiebelscheiben mit Speck und Salbei darin anbraten. Sobald die Zwiebeln etwas Farbe angenommen haben, die Kartoffelwürfel zufügen und kurz anbraten.

◆ Die Brühe angießen, mit Salz und Pfeffer würzen und alles auf kleiner Flamme mit geschlossenem Deckel 25–30 Minuten schmoren lassen. Dabei aufpassen, dass immer genügend Flüssigkeit in der Pfanne ist, eventuell noch etwas Brühe nachgießen.

◆ Inzwischen die Petersilie waschen, trockenschütteln, die Stängel entfernen und die Blätter fein hacken.

◆ Sobald die Kartoffeln gar sind, mit der Petersilie bestreuen und sofort heiß auf den Tisch bringen.

Pinzimonio

Rohkost mit Olivenöl-Dip

Rohkost schmeckt gut als Vorspeise, ist aber auch ein erfrischender Zwischengang vor einem schweren Braten.
Am besten eignen sich dafür Karotten, Staudensellerie, Fenchel, Paprikaschoten, Gurken, zarte Artischocken oder Frühlingszwiebeln. Das Gemüse wird in den Olivenöl-Dip getunkt und mit den Fingern gegessen.

Für 4 Personen

4–6 kleine Karotten
2 kleine Fenchel
8 kleine Stangen Staudensellerie
1 rote Paprikaschote
4 Frühlingszwiebeln
2 kleine Salatgurken
reichlich Olivenöl extra vergine
Salz
frisch gemahlener Pfeffer

- Die Karotten schälen und längs in Viertel schneiden.
- Vom Fenchel die äußeren Blätter entfernen, unten eine dünne Scheibe abschneiden und die Knollen in Achtel schneiden.
- Den Staudensellerie waschen, trockentupfen und jede Stange quer halbieren.
- Die Paprikaschote waschen, trockentupfen und halbieren. Die Kerne und die weißen Zwischenwände entfernen und die Hälften in 3–4 cm breite Streifen schneiden.
- Von den Frühlingszwiebeln die äußere Haut abziehen, den grünen Teil auf die Hälfte kürzen und die Wurzeln abschneiden.
- Die Salatgurken waschen, quer halbieren und die Hälften längs in Viertel schneiden.
- Das vorbereitete Gemüse auf vier Tellern anrichten.
- Reichlich Olivenöl mit Salz und Pfeffer verrühren, in vier Schälchen füllen und zusammen mit dem Gemüse servieren.

Piselli alla fiorentina

Erbsen auf Florentiner Art

Ein wirklich exquisites Rezept, das natürlich auch mit tiefgekühlten Erbsen zubereitet werden kann: Allerdings sollten Sie die Erbsen nicht vorher auftauen, sondern gefroren in den Topf geben.

Für 6 Personen

1 frischer junger Frühlingsknoblauch
alternativ: 3 Knoblauchzehen
1 Sträußchen Petersilie
80 g luftgetrockneter Speck, in sehr feine Scheiben geschnitten
800 g ausgepahlte junge Erbsen
Salz
8 EL Olivenöl
evtl. etwas Zucker

◆ Vom frischen Knoblauch nur die äußere Haut abziehen und den Knoblauch vierteln. Falls Sie keinen frischen Knoblauch bekommen, verwenden Sie Knoblauchzehen: Diese abziehen und ganz lassen.

◆ Die Petersilie waschen und trockenschütteln, aber nicht zerkleinern.

◆ Die Speckscheiben in schmale Streifen schneiden.

◆ Die Erbsen mit dem Knoblauch, der Petersilie, etwas Salz, dem Olivenöl und eventuell 1/2 TL Zucker in einen Topf geben und mit so viel Wasser aufgießen, dass die Erbsen gerade bedeckt sind.

◆ Bei mittlerer Hitze langsam zum Kochen bringen und ohne Deckel etwa 10 Minuten dünsten.

◆ Den Topf vom Herd nehmen, die Speckstreifen untermischen und vor dem Servieren 1–2 Minuten warm werden lassen.

Piselli alla monteaperti

Erbsen auf Monteaperti Art

Für 4–5 Personen

½ kleine Zwiebel
100 g Schinken
1 Sträußchen Petersilie
2 EL Olivenöl
600 g ausgepahlte junge Erbsen
knapp ⅛ l Weißwein
Salz · Pfeffer

◆ Die Zwiebel abziehen und fein würfeln. Den Schinken ebenfalls in feine Würfel schneiden.

◆ Die Petersilie waschen, trockenschütteln, die Stängel entfernen und die Blätter fein hacken.

◆ In einem Topf das Olivenöl erhitzen und die Zwiebeln mit dem Schinken und der Petersilie darin anbraten. Sobald die Zwiebeln etwas Farbe angenommen haben, die Erbsen zufügen.

◆ Mit dem Wein ablöschen, salzen und pfeffern und die Erbsen bei mittlerer Hitze zugedeckt 10–12 Minuten dünsten. Immer wieder umrühren und kontrollieren, ob genügend Flüssigkeit im Topf ist, eventuell noch etwas Wein oder Wasser angießen.

◆ Wenn die Erbsen gar sind, sofort heiß servieren – ein echter Genuss!

Piselli piccante

Pikante Erbsen in Weißwein

Für 6 Personen

1 große Zwiebel
½ Chilischote
3 EL Olivenöl
600 g ausgepahlte frische Erbsen
Salz · ½ TL Zucker
1 Tasse Weißwein

◆ Die Zwiebel abziehen und fein würfeln.

◆ Die Kerne aus der Chilischote entfernen.

◆ Das Olivenöl in einem Topf erhitzen und die Zwiebeln hellblond darin anschwitzen. Sobald sie Farbe angenommen haben, die Erbsen zufügen.

◆ Mit Salz und Zucker würzen. Die Chilischote untermischen, den Wein angießen und die Erbsen im geschlossenen Topf 8–10 Minuten dünsten.

Polenta

Maisbrei

Die Polenta *stammt ursprünglich nicht aus der Toskana, sondern kommt eigentlich aus Norditalien. Im Lauf der Zeit hat sie jedoch auch die toskanische Küche erobert und gilt hier als geschätzte Beilage zu gebratenem und geschmortem Fleisch. Mit weiteren Zutaten ergibt Meisbrei durchaus eine vollständige Mahlzeit, die oft anstelle von Nudeln oder Fleisch gegessen wird.*

Zunächst aber das Grundrezept für eine dicke, weiche Polenta, *wie sie als Beilage beliebt ist:*

Für 4 Personen

1 1/2 l Wasser
Salz
250 g gelbes Maismehl

- In einem großen Topf das Wasser mit etwas Salz zum Kochen bringen.
- Die Temperatur auf mittlere Hitze zurückschalten und das Maismehl in dünnem Strahl durch die Hände in das siedende Wasser rieseln lassen, dabei ununterbrochen mit einem Schneebesen kräftig rühren.
- Sobald das ganze Maismehl im Wasser ist, mit einem Holzlöffel kräftig rühren, dabei immer wieder den Maisbrei vom Topfboden und von den Wänden abkratzen.
- Unter ständigem Rühren die *Polenta* in etwa 40 Minuten fertig kochen.
- Die *Polenta* sollte eine weiche Konsistenz haben, keinesfalls darf sie zu flüssig sein ...

Polenta alla boscaiola

Polenta mit Pilzen und Tomaten

Für 4 Personen

Für die Sauce:
20 g getrocknete Pilze
1 Zwiebel
6 vollreife Tomaten
2 salsicce oder andere Schweinsbratwürste
100 g Schweinegrieben (ausgebratene Speckwürfel)
1 Glas Weißwein
Salz

Polenta nach dem Grundrezept auf Seite 167

Außerdem:
4 EL frisch geriebener Pecorino

Bereiten Sie zuerst die Sauce zu:

◆ Die getrockneten Pilze etwa 20 Minuten in warmem Wasser einweichen. Anschließend abgießen, unter fließendem Wasser gut abspülen und die Pilze auf einem Sieb bis zur weiteren Verwendung abtropfen lassen.

◆ Die Zwiebel abziehen und sehr fein hacken.

◆ Die Tomaten kurz mit heißem Wasser überbrühen, häuten, vierteln und entkernen, dabei die Stielansätze entfernen. Das Fruchtfleisch sehr fein würfeln oder pürieren.

◆ Die Bratwürste häuten und die Füllung zerpflücken.

◆ In einem Topf die Zwiebeln mit den Grieben anbraten. Sobald sie Farbe angenommen haben, die Wurstfüllung und die gut abgetropften Pilze zugeben, kurz anbraten und mit dem Weißwein ablöschen.

◆ Die Tomaten zufügen, salzen und alles auf kleinster Flamme gut 30 Minuten köcheln lassen.

◆ Inzwischen die Polenta nach dem Grundrezept zubereiten.

◆ Die fertige Polenta auf vier Suppenteller verteilen, mit der Sauce übergießen und mit geriebenem Pecorino bestreut sofort servieren.

Polenta alla maremmana

Polenta auf Maremma Art

Für 4 Personen

Für die Tomatensauce:
6 vollreife Tomaten
1 Knoblauchzehe
½ kleine Zwiebel
4 EL Olivenöl
Salz

Für die Polenta:
100 g magerer durchwachsener Speck
Polenta nach dem Grundrezept auf Seite 167
80 g Butter
8 EL frisch geriebener Parmesan oder Pecorino

◆ Für die Sauce die Tomaten kurz mit heißem Wasser überbrühen, häuten, vierteln und entkernen, dabei die Stielansätze entfernen. Das Fruchtfleisch sehr fein würfeln oder pürieren.
◆ Den Knoblauch und Zwiebel abziehen und sehr fein hacken.
◆ In einem Topf das Olivenöl erhitzen, die Zwiebeln hell darin anschwitzen, Knoblauch und Tomaten zufügen, salzen und alles auf kleinster Flamme ohne Deckel 40 Minuten köcheln lassen.
◆ Inzwischen für die Polenta den Speck in feine Würfel schneiden.
◆ Die Polenta nach dem Grundrezept zubereiten.
◆ Inzwischen in einer kleinen Pfanne die Speckwürfel in der Butter anbraten und nach 20 Minuten in die Polenta rühren. Die Polenta unter ständigem Rühren in weiteren 20 Minuten fertig kochen. Kurz vor dem Ende der Garzeit 4 EL geriebenen Käse untermischen.
◆ Verteilen Sie die fertige Polenta auf vier Suppenteller, geben Sie jeweils etwas Tomatensauce darüber und servieren Sie das Gericht sofort mit dem restlichen Käse bestreut.

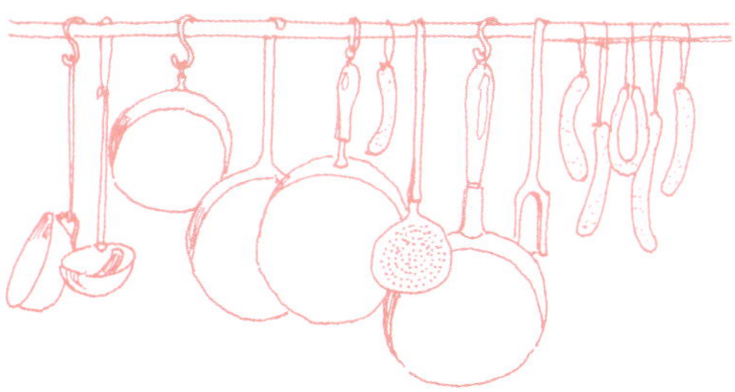

Pomodori al forno

Tomaten aus dem Backofen

Für 4 Personen

4 große, reife, wohlgeformte Tomaten
Salz
1 TL getrockneter Oregano
etwas Olivenöl
einige Basilikumblättchen

◆ Den Backofen auf 180 °C vorheizen.
◆ Die Tomaten waschen und halbieren, dabei die Stielansätze entfernen. Die Schnittflächen mit Salz und Oregano bestreuen und mit etwas Olivenöl beträufeln.
◆ Eine Auflaufform, in die die Tomaten gerade hineinpassen, mit Olivenöl einfetten. Die Tomaten mit der Schnittfläche nach oben in die Form setzen und im Ofen 50–60 Minuten garen. Die Tomaten dürfen an den Rändern ruhig etwas schwarz geworden sein.
◆ Mit einem Pfannenmesser aus der Form nehmen und auf einer Platte anrichten. Das Öl aus der Form nicht mitverwenden. Die Tomaten vor dem Servieren mit einigen Basilikumblättchen bestreuen.

Pomodori in insalata con basilico

Tomatensalat mit Basilikum

Für 4 Personen

4–5 große vollreife Tomaten
1 Sträußchen Basilikum
Salz
Olivenöl extra vergine

◆ Die Tomaten waschen, die Stielansätze entfernen und das Fruchtfleisch in kleine Stücke schneiden.
◆ Das Basilikum abspülen, trockentupfen, die Blättchen abziehen und eventuell etwas klein zupfen.
◆ Die Tomaten kräftig salzen, mit dem Basilikum in eine Salatschüssel geben und mit reichlich Olivenöl mischen.
◆ Vor dem Servieren gut 10 Minuten durchziehen lassen.

Als Variante empfehle ich: 1 Knoblauchzehe abziehen und auf dem Boden der Salatschüssel zerdrücken. Den Salat wie oben beschrieben zubereiten und ein paar schwarze Oliven zufügen.

Pomodori ripiene al forno

Gefüllte Tomaten aus dem Backofen

Für 4 Personen

4 große, reife, wohlgeformte Tomaten
1 Sträußchen Petersilie
3 Knoblauchzehen
2–3 in Salz eingelegte Sardellen
100 g Thunfisch ohne Öl aus der Dose
30 g Kapern aus dem Glas
1 EL Olivenöl
Salz

Außerdem:
etwas Olivenöl für die Form

◆ Den Backofen auf 200 °C vorheizen.
◆ Die Tomaten waschen, halbieren und die Stielansätze herausschneiden. Die Kerne mit einem Teelöffel entfernen und die Tomatenhälften mit der Schnittfläche nach unten auf ein Küchenbrett legen, damit die restliche Flüssigkeit herausläuft.
◆ Die Petersilie waschen, trockenschütteln, die Blätter von den Stängeln zupfen und fein hacken.
◆ Den Knoblauch abziehen und sehr fein hacken.
◆ Die Sardellen abspülen und mit einer Gabel zerdrücken.
◆ Den Thunfisch abtropfen lassen und fein zerpflücken.
◆ Die Kapern abtropfen lassen und fein hacken.
◆ Petersilie, Knoblauch, Sardellen, Thunfisch, Kapern und Olivenöl in einer Schüssel gut miteinander vermischen, leicht salzen und die Tomatenhälften damit füllen.
◆ Eine feuerfeste Form, in die die Tomaten gerade hineinpassen, mit etwas Olivenöl einfetten, die Tomatenhälften hineinsetzen und im Backofen gut 30 Minuten garen.

Die Tomaten schmecken sowohl frisch aus dem Ofen als auch lauwarm. Sie sind ein leckeres Zwischengericht oder für zwei Personen eine kleine Sommermahlzeit.

Sedani ripieni alla pratese

Gefüllter Staudensellerie

Für 4 Personen

8 schöne große Stangen Staudensellerie
Salz
1 kleine Zwiebel
150 g Hühnerleber
50 g Butter
250 g mageres Rinderhackfleisch
3 Eier
50 g geriebener Parmesan
etwas Mehl · 4–5 EL Olivenöl
1 Dose Schältomaten (250 g)
knapp 1/4 l Brühe
Pfeffer

◆ Den Sellerie waschen, die Blätter entfernen und eventuell die harten Fasern abziehen.

◆ Die vorbereiteten Stangen in Salzwasser einige Minuten blanchieren. Abgießen und die lauwarmen Stangen in 8–10 cm lange Stücke schneiden.

◆ Die Zwiebel abziehen und fein hacken.

◆ Die Leber waschen, trockentupfen und fein würfeln.

◆ In einer Pfanne die Butter erhitzen und die Zwiebeln darin hellblond anschwitzen. Sobald sie Farbe angenommen haben, die Leber und das Hackfleisch zufügen und alles ein paar Minuten schmoren lassen.

◆ Die Pfanne vom Herd nehmen und 1 Ei sowie den Parmesan unter das Fleisch mischen.

◆ Die Hälfte der Selleriestücke auf eine große Platte legen, mit der Fleischmasse bedecken und jeweils ein weiteres Stück Sellerie wie einen Deckel darauf legen.

◆ Die gefüllten Selleriestücke mit Küchengarn zusammenbinden, damit die Füllung nicht herauslaufen kann.

◆ Die restlichen Eier mit etwas Salz verquirlen. Die gefüllten Selleriestücke mit Mehl bestäuben und in den Eiern wenden.

◆ In einer Pfanne das Olivenöl erhitzen und die panierten Selleriestücke ringsherum darin anbraten.

◆ Inzwischen die Tomaten abtropfen lassen und fein hacken. Mit der Brühe in einer Schüssel vermischen, salzen und pfeffern.

◆ Die angebratenen Selleriestücke nebeneinander in eine große Pfanne legen, die Tomatensauce darüber geben und alles auf kleiner Flamme so lange schmoren lassen, bis etwa die Hälfte der Flüssigkeit verdunstet ist. Den Sellerie dabei einmal wenden.

◆ Vor dem Servieren das Küchengarn entfernen und den Sellerie mit der verbliebenen Sauce sofort heiß auf den Tisch bringen.

Sformato di spinaci

Spinatauflauf

Für 6 Personen

1 kg frischer Spinat
Salz

Für die Béchamelsauce:
knapp ½ l Milch
75 g Butter
5 EL Mehl
Salz · 1 kräftige Prise Muskat

Außerdem:
etwas Butter für die Form
3 Eier
80 g geriebener Parmesan

◆ Den Spinat verlesen, die Stängel entfernen und die Blätter waschen.

◆ In einem Topf wenig Salzwasser zum Kochen bringen, den nassen Spinat hineingeben und in etwa 5 Minuten zusammenfallen lassen. Abgießen, im Mixer pürieren und beiseite stellen.

◆ Für die Béchamelsauce die Milch in einem Topf bis knapp vor den Siedepunkt erhitzen.

◆ Inzwischen in einem anderen Topf bei schwacher Hitze die Butter zerlassen. Sobald sie vollständig geschmolzen ist, das ganze Mehl auf einmal zufügen und mit einem Holzlöffel unter ständigem Rühren ca. 2 Minuten anschwitzen. Dabei unbedingt darauf achten, dass das Mehl nicht bräunt.

◆ Den Topf vom Herd nehmen und esslöffelweise die heiße Milch unterrühren. Wenn die Hälfte der Milch verbraucht ist, die gesamte restliche Milch zugeben und alles rasch glatt rühren.

◆ Den Topf zurück auf den Herd stellen, die Sauce mit Salz und Muskat würzen und bei schwacher Hitze unter ständigem Rühren so lange köcheln lassen, bis eine glatte, dicke Béchamelsauce entstanden ist.

◆ Den Backofen auf 180 °C vorheizen.

◆ Eine Auflaufform mit Butter einfetten.

◆ Die Eier trennen. Das Eigelb mit dem Spinat, der abgekühlten Béchamelsauce und dem Käse gründlich vermischen.

◆ Das Eiweiß zu Schnee schlagen, vorsichtig unter die Spinatmasse heben und alles in die Auflaufform füllen.

◆ Die Form in den Ofen schieben und den Auflauf etwa 1 Stunde backen, es sollte sich an der Oberfläche eine leichte Kruste bilden.

◆ Den Auflauf aus dem Ofen nehmen und einige Minuten ruhen lassen. Anschließend aus der Form stürzen – am besten geht das, wenn Sie die Form umdrehen und für einige Minuten ein feuchtes Tuch darauf legen.

◆ Zum Servieren den Auflauf in Portionsstücke teilen.

Tortino di carciofi

Artischocken-Eierkuchen

Tortini *(Eierkuchen) haben eine gewissen Ähnlichkeit mit* Frittate *(Rezept siehe Seite 51), allerdings werden die Geschmackszutaten zuerst angebraten und dann erst mit den Eiern übergossen.*
Sie werden nicht in der Pfanne, sondern im Ofen gebacken. Eierkuchen sind ziemlich üppig und eignen sich deshalb auch gut als Zwischengericht.

Für 4 Personen

6 zarte junge Artischocken
Saft von 1 Zitrone
1 Sträußchen Petersilie
1 Knoblauchzehe
etwas Mehl
8 EL Olivenöl
Salz
5 Eier
frisch gemahlener Pfeffer

◆ Von den Artischocken die äußeren harten Blätter entfernen und wegwerfen. Von den zarteren Blättern nur die harten Spitzen abschneiden und ebenfalls wegwerfen. Den Stiel auf ca. 2 cm Länge kürzen und großzügig abschälen. Die so vorbereiteten Artischocken längs in etwa 5 mm dicke Scheiben schneiden und sofort für einige Minuten in Zitronenwasser legen, damit sie sich nicht verfärben.
◆ Den Backofen auf 180 °C vorheizen.
◆ Die Petersilie waschen, trockenschütteln, die Stängel entfernen und die Blätter fein hacken.
◆ Den Knoblauch abziehen und grob hacken.
◆ Die Artischockenscheiben aus dem Zitronenwasser nehmen, etwas abtropfen lassen und in Mehl wenden.
◆ In einer Pfanne das Olivenöl erhitzen, den Knoblauch mit den Artischockenscheiben darin anbraten und bei mittlerer Hitze etwa 15 Minuten dünsten. Anschließend salzen und mit der gehackten Petersilie bestreuen.
◆ Die Artischocken in eine Auflaufform geben. Die Eier mit etwas Salz verquirlen und über die Artischocken gießen.
◆ Die Form für etwa 10 Minuten in den Backofen schieben und die Eier stocken lassen.
◆ Vor dem Servieren mit frisch gemahlenem Pfeffer bestreuen.

Tortino di zucchini

Zucchini-Eierkuchen

Für 4 Personen

200 g Risottoreis, z. B. Arborio
Salz
600 g Zucchini
1 Zwiebel
6–8 EL Olivenöl
4 Eier
Pfeffer
2 EL frisch geriebener Parmesan oder Grana
1 TL getrockneter Oregano

Außerdem:
Butter für die Form
1 EL Semmelbrösel

◆ Den Reis in Salzwasser 12 Minuten kochen, abgießen und beiseite stellen.
◆ Die Zucchini waschen, trockentupfen und in sehr dünne Scheiben schneiden. Die Enden dabei entfernen.
◆ Die Zwiebel abziehen und sehr fein hacken.
◆ Den Backofen auf 180 °C vorheizen.
◆ In einer Pfanne das Olivenöl erhitzen, die Zwiebeln und die Zucchini darin anbraten. Sobald die Zwiebeln Farbe angenommen haben, den vorgekochten Reis einrühren, 10 Minuten mitdünsten und anschließend die Pfanne vom Herd nehmen.
◆ Die Eier mit Salz, Pfeffer, Käse und Oregano verquirlen und mit dem abgekühlten Pfanneninhalt vermischen.
◆ Eine Auflaufform mit etwas Butter einfetten und mit den Semmelbröseln ausstreuen. Die Eimischung hineingeben und die Form für etwa 10 Minuten in den Ofen schieben.
◆ Der Eierkuchen darf nicht braun werden – er ist fertig, wenn die Eier gerade gestockt sind.

Verdure fritte

Frittiertes Gemüse

Frittiertes Gemüse ist sowohl als Beilage als auch als leichte Zwischenmahlzeit sehr beliebt.

Für 2 Personen

2 kleine zarte Artischocken
Saft von 1 Zitrone
2 grüne Tomaten
2 kleine Zucchini

Für den Teig:
150 g Mehl
2 Eier
Salz
Pfeffer
1 Prise Muskat
3 EL Olivenöl
1 EL Weißwein

Außerdem:
reichlich Öl zum Ausbacken
Salz
1 Zitrone

◆ Von den Artischocken die äußeren harten Blätter entfernen und wegwerfen. Von den zarteren Blättern nur die harten Spitzen abschneiden und ebenfalls wegwerfen. Den Stiel abschneiden. Die so vorbereiteten Artischocken halbieren, die Hälften in Achtel schneiden und sofort in Zitronenwasser legen, damit sie sich nicht verfärben.

◆ Die Tomaten waschen und in etwa 5 mm dicke Scheiben schneiden, dabei die Stielansätze entfernen. Die Kerne vorsichtig entfernen, die Scheiben aber ganz lassen.

◆ Die Zucchini waschen, in etwa 5 cm lange Stücke und diese in Stifte von ca. 5 mm Dicke schneiden.

◆ Für den Teig das Mehl in einer großen Schüssel mit den Eiern, Salz, Pfeffer, Muskat und dem Olivenöl gut verrühren. Dabei darauf achten, dass sich keine Klümpchen bilden. Anschließend 1 EL Wasser und den Wein unterrühren. Der Teig soll am Schluss ziemlich flüssig sein, eventuell etwas mehr Wein oder Wasser zugeben.

◆ In einem großen Topf reichlich Öl zum Ausbacken erhitzen.

◆ Die vorbereiteten Gemüsestücke nach und nach einzeln durch den Backteig ziehen und sofort im siedenden Öl goldgelb und knusprig ausbacken.

◆ Die frittierten Gemüsestücke auf Küchenpapier abtropfen lassen und warm halten, bis das ganze Gemüse verarbeitet ist.

◆ Anschließend auf einer vorgewärmten Platte anrichten, mit Salz bestreuen und mit Zitronenachteln garniert servieren.

Zucchini al funghetto

In Olivenöl gebratene Zucchini

Für 6 Personen

4–5 getrocknete Pilze
300 g reife Tomaten
1 kleine Zwiebel
1 Knoblauchzehe
6 mittelgroße Zucchini
einige Blättchen Bergminze oder eine andere Minzesorte
5 EL Olivenöl
Salz

◆ Die getrockneten Pilze etwa 20 Minuten in warmem Wasser einweichen. Anschließend abgießen, unter fließendem Wasser gut abspülen und die Pilze in einem Sieb bis zur weiteren Verwendung gut abtropfen lassen.

◆ Die Tomaten kurz mit heißem Wasser überbrühen, häuten, vierteln und entkernen, dabei die Stielansätze entfernen. Das Fruchtfleisch fein würfeln.

◆ Die Zwiebel und den Knoblauch abziehen und fein hacken.

◆ Die Zucchini waschen und in 3–4 mm dicke Scheiben schneiden, die Enden dabei entfernen.

◆ Die Minze abspülen, trockenschütteln und fein hacken.

◆ In einem Topf das Olivenöl erhitzen und die Zwiebeln darin hell anschwitzen. Sobald sie Farbe angenommen haben, den Knoblauch zufügen und ebenfalls kurz anbraten.

◆ Die Zucchinischeiben zufügen und unter ständigem Wenden anbraten. Sobald alle Flüssigkeit verdampft ist, die Pilze und die Tomaten zugeben, salzen und alles unter gelegentlichem Umrühren ohne Deckel 10 Minuten schmoren lassen. Am Schluss sollte keine Flüssigkeit mehr im Topf sein.

◆ Die Zucchini auf einer vorgewärmten Platte anrichten und mit den Minzeblättchen bestreut servieren.

Zucchini ripieni

Gefüllte Zucchini

Für dieses Rezept brauchen Sie entweder runde, etwa apfelgroße Zucchini oder Sie verwenden die längliche Sorte; dann sollten die Zucchini aber mindestens einen Durchmesser von 3 1/2–4 cm haben.

Gefüllte Zucchini können als kleines Zwischengericht, als Vorspeise oder als Einzelgericht bei einem leichten Abendessen serviert werden.

Abweichend vom nachstehenden Rezept können Sie die Zucchini auch mit Thunfisch, Sardellen und Kapern füllen, wie im Rezept Pomodori ripiene al forno *(Gefüllte Tomaten aus dem Backofen) auf Seite 171 beschrieben.*

Für 4 Personen

1 Semmel oder
1 dicke Scheibe Weißbrot
etwas heiße Milch
300 g Rinderhackfleisch oder
300 g gekochtes Rindfleisch oder
300 g Bratenreste
2–3 Eier
Salz · Pfeffer · Muskat
4 dicke Zucchini

Außerdem:
etwas Olivenöl für die Form
3 EL geriebener Parmesan

◆ Den Backofen auf 200 °C vorheizen.

◆ Die Semmel oder das Brot in der Milch 10 Minuten einweichen und anschließend gut ausdrücken.

◆ Wenn Sie gekochtes Fleisch oder Bratenreste verwenden, diese fein hacken.

◆ Das Fleisch, die Eier und das ausgedrückte Brot gut vermischen und mit Salz, Pfeffer sowie einer Prise Muskat würzen.

◆ Die Zucchini waschen, trockentupfen, der Länge nach halbieren und mit einem Teelöffel die Hälften aushöhlen. Dabei einen Rand von 6–7 mm stehen lassen. Das Fruchtfleisch eventuell für ein anderes Gericht verwenden.

◆ Die Zucchinihälften mit der Fleischmasse füllen.

◆ Eine feuerfeste Form mit etwas Olivenöl einfetten, die gefüllten Zucchini in die Form setzen, mit Parmesan bestreuen und im Ofen 30–40 Minuten überbacken.

◆ Sofort heiß servieren.

Pesci e frutti di mare
Fisch und Meeresfrüchte

Baccalà

Klippfisch oder Stockfisch

An den Anfang dieses Kapitels habe ich die Gerichte mit baccalà *(Klippfisch oder Stockfisch) gestellt, die in der Toskana sehr beliebt sind und hervorragend und in vielen Variationen zubereitet werden.*

Als Klippfisch wird luftgetrockneter Magerfisch (Dorsch oder Kabeljau) bezeichnet, der mit Salz konserviert wurde. Am besten ist die aus Labrador kommende Sorte, sie ist besonders weich. Klippfisch wird entweder im Ganzen, das heißt mit Haut und Gräten oder als Filet angeboten.

Vor der Zubereitung muss der Fisch mindestens 24 Stunden gewässert werden (bei mir sind es zwei Tage!). Sie sollten das Wasser während dieser Zeit möglichst oft wechseln. Falls Sie kein Filet bekommen, müssen Sie nach dem Wässern noch Haut und Gräten entfernen. Vor der Weiterverarbeitung wird der Fisch in Portionsstücke zerteilt.

Da Klippfische trotz ausreichender Wässerung immer noch etwas salzig sind, können Sie auf zusätzliches Salz bei der Zubereitung der nachfolgenden Rezepte verzichten.

Baccalà alla fiorentina

Klippfisch auf Florentiner Art

Für 4–5 Personen

600 g Klippfisch
2 Stangen Lauch
3 Knoblauchzehen
600 g geschälte Tomaten aus der Dose
8 EL Olivenöl
Pfeffer
1 Sträußchen Basilikum
1 EL Mehl

◆ Den Klippfisch gut wässern und küchenfertig vorbereiten, wie nebenstehend beschrieben.

◆ Den Lauch waschen, die dunkelgrünen Teile entfernen, den Rest in dünne Ringe schneiden.

◆ Den Knoblauch abziehen und fein hacken.

◆ Die Tomaten mit dem Saft aus der Dose pürieren.

◆ In einem Topf 4 EL Olivenöl erhitzen, den Lauch hellblond darin anschwitzen, den Knoblauch und die Tomaten zugeben und alles 12–15 Minuten köcheln lassen, bis der Lauch ganz weich ist. Mit Pfeffer abschmecken und die Sauce warm halten.

◆ Inzwischen das Basilikum waschen, trockenschütteln, die Stängel entfernen und die Blätter grob hacken.

◆ Die Fischstücke mit etwas Mehl bestäuben. In einer Pfanne das restliche Olivenöl erhitzen und den Fisch langsam darin anbraten. Sobald er eine schöne goldgelbe Farbe angenommen hat, aus der Pfanne nehmen und auf Küchenpapier kurz abtropfen lassen.

◆ Die Fischstücke in die Sauce legen und ein paar Minuten ziehen lassen.

◆ Zum Anrichten den Fisch mit dem Basilikum bestreuen und sofort heiß servieren.

Baccalà fritto alla viareggiana

Gebackener Klippfisch auf Viaregginer Art

Für 4–5 Personen

600 g Klippfisch
1/4 l Weißwein
4–5 Pfefferkörner
200 g Mehl
1 Tasse Bier oder Wasser

Außerdem:
reichlich Olivenöl zum Frittieren

◆ Den Klippfisch wässern und küchenfertig vorbereiten wie auf Seite 180 beschrieben – aber noch nicht zerteilen.

◆ In einem Topf so viel Wasser zum Kochen bringen, dass der Fisch gut bedeckt ist. Den Klippfisch in den Topf legen und etwa 10 Minuten leise köcheln lassen, bis er etwas weicher geworden ist. Anschließend herausnehmen und das Wasser abgießen.

◆ Den Weißwein mit den Pfefferkörnern in einem Topf erhitzen, den Fisch hineinlegen und 15 Minuten auf kleinster Flamme mit geschlossenem Deckel ziehen lassen.

◆ Inzwischen Mehl und Bier (oder Wasser) in einer Schüssel klümpchenfrei zu einem Teig verrühren.

◆ In einer hohen Pfanne das Olivenöl erhitzen.

◆ Den Fisch in kleine Stücke zerteilen und diese einzeln durch den Teig ziehen.

◆ Die Fischstücke im siedenden Öl ausbacken, bis sie goldgelb und knusprig sind.

◆ Kurz auf Küchenpapier abtropfen lassen und heiß auf den Tisch bringen.

Baccalà al rosmarino con le patate

Klippfisch mit Rosmarin und Kartoffeln

Dieses Gericht bekam ich zum ersten Mal im Haus einer Freundin vorgesetzt, die in Pian Castagnaio, einem Dorf in der Nähe des Monte Amiata, wohnt. Ich fand es so köstlich, dass ich Ihnen das Rezept auf keinen Fall vorenthalten möchte!

Für 4 Personen

500–600 g Klippfisch
4–5 schöne Kartoffeln
4 Knoblauchzehen
8 EL Olivenöl
einige Zweiglein Rosmarin
Pfeffer

- Den Backofen auf 180 °C vorheizen.
- Den Klippfisch gut wässern und küchenfertig vorbereiten, wie auf Seite 180 beschrieben.
- Die Kartoffeln schälen und in Scheiben schneiden.
- Den Knoblauch abziehen und fein hacken.
- Die Hälfte des Olivenöls in eine Auflaufform gießen. Als erste Schicht die Kartoffeln mit etwas Rosmarin und Knoblauch hineingeben, darüber den Fisch verteilen, wieder etwas Rosmarin und den restlichen Knoblauch darauf geben, alles mit dem verbliebenen Olivenöl beträufeln und pfeffern.
- Die Form in den Backofen schieben und den Fisch 30–40 Minuten garen.
- Das Gericht in der Auflaufform servieren.

Baccalà bollito co' ceci

Gekochter Klippfisch mit Kichererbsen

Für 4 Personen

500 g Klippfisch
350 g getrocknete Kichererbsen
1 TL Natron
Salz
500 g Tomaten
1 Karotte
1 Stange Staudensellerie
2 Frühlingszwiebeln
1 Bund Schnittlauch
3 EL Olivenöl
Pfeffer

◆ Den Klippfisch wässern und küchenfertig vorbereiten wie auf Seite 180 beschrieben.

◆ Die Kichererbsen ebenfalls über Nacht in reichlich Wasser einweichen, das Natron und 1 TL Salz mit ins Einweichwasser geben, damit die Kichererbsen außen nicht hart bleiben.

◆ Am nächsten Tag die Kichererbsen in Salzwasser gar kochen, das dauert 35–40 Minuten. Sie sollten weich sein, aber nicht zerfallen.

◆ Inzwischen die Tomaten kurz mit heißem Wasser überbrühen, häuten, vierteln und entkernen, dabei die Stielansätze entfernen. Das Fruchtfleisch grob würfeln.

◆ Die Karotte schälen, den Sellerie waschen und beides in feine Würfel schneiden. Die Zwiebeln putzen, den dunkelgrünen Teil dabei entfernen und den Rest in dünne Ringe schneiden.

◆ Den Schnittlauch waschen, trockenschütteln und in feine Röllchen schneiden.

◆ In einem Topf das Olivenöl erhitzen. Karotten- und Selleriewürfel sowie die Zwiebelringe darin anbraten. Sobald die Zwiebeln Farbe angenommen haben, die Tomaten dazugeben, ein paar Minuten köcheln lassen, mit etwas Wasser aufgießen und den Fisch in die Sauce legen. Mit Pfeffer würzen. Alles auf kleiner Flamme mit geschlossenem Deckel ca. 15 Minuten köcheln lassen.

◆ Die Kichererbsen abgießen und auf einer vorgewärmten Servierplatte verteilen. Den Fisch mit der Sauce darüber geben und mit Schnittlauch bestreut servieren.

Baccalà marinato

Marinierter Klippfisch

Dieses Gericht macht zwar wenig Arbeit, erfordert aber eine gewisse Planung: Zunächst braucht der Fisch mindestens 24 Stunden zum Wässern. Anschließend sollte der gebratene Fisch vor dem Servieren 12–16 Stunden in der Marinade ziehen ... das Ergebnis ist allerdings köstlich!

Zu diesem Rezept gibt es einige Variationen. In der Gegend von Carrara zum Beispiel kommen noch ein paar reife Tomaten mit in die Marinade. Dazu werden die Tomaten gehäutet, fein gehackt und mit den Kräutern und Gewürzen in der Pfanne angeschmort. Anschließend mit Essig ablöschen, salzen, pfeffern und etwa 10 Minuten köcheln lassen.

Für 4 Personen

500 g Klippfisch
1 Chilischote
2 Knoblauchzehen
1 Zweig Rosmarin
etwas Mehl
4–5 EL Olivenöl
gut 1/8 l Weißweinessig
Salz · Pfeffer

◆ Den Klippfisch gut wässern und küchenfertig vorbereiten, wie auf Seite 180 beschrieben.

◆ Die Chilischote aufschneiden, die Kerne entfernen und die Schote sehr fein hacken. Den Knoblauch abziehen und ebenfalls fein hacken. Die Rosmarinnadeln abstreifen und hacken.

◆ Die Fischstücke leicht mit Mehl bestäuben.

◆ In einer Pfanne das Olivenöl erhitzen, die Fischstücke darin goldgelb braten, aus der Pfanne nehmen und auf Küchenpapier etwas abtropfen lassen.

◆ Den Knoblauch mit der Chilischote und dem Rosmarin im verbliebenen Öl in der Pfanne anbraten. Sobald der Knoblauch etwas Farbe angenommen hat, mit dem Essig ablöschen. Schwach salzen, pfeffern und alles etwa 5 Minuten köcheln lassen.

◆ Die Fischstücke auf eine Servierplatte legen, mit der Essigmarinade übergießen und zugedeckt an einem kühlen Ort stehen lassen. Erst am nächsten Tag servieren.

Cieche e anguille

Glasaale und Aale

Glasaale und Aale gehören in der toskanischen Küche zu den traditionellen Speisen. Sie werden auf verschiedenste Weise zubereitet.

Glasaale (cieche, *im Dialekt auch* cee *genannt) sind sehr junge, noch ganz durchsichtige kleine Aale, die früher hauptsächlich in der Gegend von Livorno, Pisa und Viareggio zwischen Februar und April gefangen wurden. Seit 1984 ist ihr Fang in der Toskana eigentlich verboten ... Glasaale, die auf den Märkten angeboten werden, kommen daher meist aus Frankreich oder Spanien. Wenn Sie die Gelegenheit dazu haben, sollten Sie sie unbedingt probieren: Sie sind ein echter Leckerbissen für Feinschmecker!*

Cieche fritte

Frittierte Glasaale

Für 4 Personen

2 Knoblauchzehen
einige Salbeiblättchen
400 g Glasaale
Mehl zum Bestäuben
reichlich Öl zum Frittieren
Salz · 2 Zitronen

◆ Den Knoblauch abziehen und zusammen mit dem Salbei fein hacken.
◆ Die Glasaale in reichlich Wasser waschen, abtropfen lassen und mit etwas Mehl bestäuben.
◆ In einer hohen Pfanne das Öl erhitzen. Knoblauch und Salbei darin anrösten. Sobald der Knoblauch Farbe angenommen hat, die Glasaale in das heiße Öl geben und einige Minuten frittieren, bis sie schön knusprig sind.
◆ Die Fischchen aus dem Öl nehmen, auf einer vorgewärmten Platte, die mit etwas Küchenpapier ausgelegt ist, anrichten, salzen und mit Zitronenvierteln servieren.

Cieche alla viareggiana

Glasaale auf Viaregginer Art

Für 4 Personen

400 g Glasaale
3 Knoblauchzehen
1 Zwiebel
einige Salbeiblätter
½ Chilischote
10 EL Olivenöl
⅛ l Weißwein
Salz

◆ Die Glasaale in reichlich Wasser waschen und gut abtropfen lassen.

◆ Den Knoblauch und die Zwiebel abziehen und fein würfeln. Die Salbeiblättchen fein hacken.

◆ Die Chilischote aufschlitzen, die Kerne entfernen und die Schote fein hacken.

◆ In einem Topf das Olivenöl erhitzen und die Zwiebeln darin hellblond anschwitzen. Anschließend Knoblauch, Chilischote und Salbei zufügen. Sobald der Knoblauch etwas Farbe angenommen hat, die Glasaale dazugeben und sofort einen Deckel auflegen, damit nichts aus dem Topf spritzt.

◆ Nach einigen Minuten mit dem Wein ablöschen, salzen und alles auf lebhafter Flamme zugedeckt etwa 5 Minuten köcheln lassen, bis die Sauce leicht cremig ist.

◆ Sofort heiß servieren.

Puristen bereiten die Glasaale übrigens nur mit Olivenöl, Salz und Salbei, ohne Wein und Chilischote zu. Probieren Sie aus, was Ihnen am besten schmeckt!
In der Gegend von Pisa werden die Glasaale auf die gleiche Art zubereitet, allerdings verwendet man dort mehr Knoblauch (6–7 Zehen) und gibt kurz vor dem Servieren eine ordentliche Portion frisch geriebenen Parmesan über die Fischchen. Serviert werden sie erst, wenn der Käse im Topf eine feine Kruste gebildet hat.

Cieche in umido

Geschmorte Glasaale

Für 4 Personen

400 g Glasaale
3 Knoblauchzehen
½ Zwiebel
einige Salbeiblätter
4 kleine Tomaten
1 Sträußchen Petersilie
10 EL Olivenöl
Salz
etwas Chilipulver

◆ Die Glasaale in reichlich Wasser waschen und gut abtropfen lassen.

◆ Den Knoblauch und die Zwiebel abziehen und fein würfeln. Die Salbeiblättchen fein hacken.

◆ Die Tomaten kurz mit heißem Wasser überbrühen, häuten, vierteln und entkernen, dabei die Stielansätze entfernen. Das Fruchtfleisch grob würfeln.

◆ Die Petersilie waschen, trockenschütteln, die Stängel entfernen und die Blätter fein hacken.

◆ In einem Topf das Olivenöl erhitzen und die Zwiebeln darin hellblond anschwitzen. Anschließend Knoblauch, Salbei und Petersilie zufügen. Sobald der Knoblauch etwas Farbe angenommen hat, die Glasaale dazugeben und sofort einen Deckel auflegen, damit nichts aus dem Topf spritzt.

◆ Nach einigen Minuten die Tomatenwürfel zugeben, salzen und mit Chilipulver würzen. Alles auf lebhafter Flamme zugedeckt etwa 10 Minuten köcheln lassen, bis die Sauce etwas eingedickt ist.

◆ Sofort heiß servieren.

Im Gegensatz zu Glasaalen sind ausgewachsene Aale ziemlich fett, dafür aber von sehr feinem Geschmack. Sie werden gekocht, gebacken, frittiert oder gegrillt serviert.

Falls Sie keinen küchenfertigen Aal bekommen, müssen Sie ihn erst noch putzen und ihm – jedenfalls für die meisten Rezepte – die Haut abziehen. Das ist sehr einfach: Schneiden Sie die Haut unter dem Kopf ringsherum mit einem scharfen Messer ein. Halten Sie den Kopf mit der linken Hand fest und knicken Sie ihn leicht zur Seite. Nun fassen Sie mit einem Tuch die Haut am Einschnitt an und ziehen sie in einem Stück Richtung Schwanz. Anschließend schlitzen Sie den Aal auf der Bauchseite mit dem Messer auf und nehmen ihn aus. Zum Schluss schneiden Sie den Kopf ab.

Anguilla alla griglia

Gegrillter Aal

Für 4 Personen

600 g Aal
einige Zweige Rosmarin
oder einige Lorbeerblätter
etwas Olivenöl
Salz
Pfeffer
1 Zitrone

◆ Im Holzkohlengrill eine schöne Glut erzeugen.

◆ Den Aal waschen, Kopf und Schwanz entfernen, aber nicht häuten! Den Fisch gut trockentupfen und in 5–6 cm lange Stücke schneiden. In jedes Stück ein Rosmarinzweiglein oder ein Lorbeerblatt stecken. Die Aalstücke mit etwas Olivenöl einpinseln, salzen und pfeffern und auf den Grillrost legen.

◆ Von jeder Seite 6–8 Minuten grillen, dabei aufpassen, dass die Aalstücke nicht mit der Glut in Berührung kommen und verbrennen. Wenn der Fisch gar ist, sofort mit Zitronenspalten garniert auf einer Platte anrichten und servieren.

Sie können den Aal natürlich ebenso mit dem Elektrogrill zubereiten – er schmeckt dann auch gut, allerdings fehlt ihm das spezielle Grillaroma.

Als Beilage wird zu gegrilltem Aal gern eine Rohkostplatte mit Olivenöl-Dip (Pinzimonio, *Rezept siehe Seite 164) gegessen.*

Anguilla fritte

Frittierter Aal

Für 4 Personen

600–800 g Aal
2 Eier
Salz
Pfeffer
reichlich Öl zum Frittieren
etwas Mehl
2 Zitronen

◆ Den Aal wie auf Seite 189 beschrieben küchenfertig herrichten und in etwa 5 cm lange Stücke zerteilen.
◆ Die Eier mit Salz und Pfeffer verquirlen.
◆ In einem hohen Topf das Olivenöl erhitzen.
◆ Die Aalstücke in Mehl wenden, einzeln durch die verquirlten Eier ziehen und im siedenden Öl 8–10 Minuten frittieren, bis sie schön gleichmäßig goldbraun und knusprig sind.
◆ Die frittierten Aalstücke auf einer Platte, die mit etwas Küchenkrepp ausgelegt ist, anrichten. Mit Zitronenspalten garnieren und sofort servieren.

Anguilla alla fiorentina

Aal auf Florentiner Art

Für 4 Personen

1 kg Aal
knapp 1/8 l trockener Weißwein
4 EL Olivenöl
Salz
Pfeffer
2 Knoblauchzehen
6 Salbeiblätter
100 g Paniermehl
Saft von 1 Zitrone

◆ Den Aal wie auf Seite 189 beschrieben küchenfertig herrichten und in 4–5 cm lange Stücke zerteilen.
◆ Aus dem Wein, 2 EL Olivenöl, Salz und Pfeffer eine Marinade rühren und die Aalstückchen 1–2 Stunden darin ziehen lassen.
◆ Den Knoblauch abziehen und zusammen mit dem Salbei fein hacken.
◆ Den Backofen auf 180 °C vorheizen.
◆ Die Aalstücke aus der Marinade nehmen, etwas abtropfen lassen und im Paniermehl wenden.
◆ In einer feuerfesten Form das restliche Olivenöl erhitzen und den Knoblauch mit dem Salbei darin anbraten. Sobald der Knob-

lauch etwas Farbe angenommen hat, die panierten Aalstückchen zugeben und bei kräftiger Hitze anbraten. Mit der Marinade ablöschen, die Form in den Ofen schieben und den Aal 30–40 Minuten garen.

◆ Den Fisch vor dem Servieren mit dem Zitronensaft beträufeln und sofort heiß auf den Tisch bringen.

Anguilla in umido

Geschmorter Aal

Für 4 Personen

800 g Aal
3 Knoblauchzehen
1 Sträußchen Petersilie
1 getrocknete Chilischote
500 g vollreife Tomaten
Mehl
8 EL Olivenöl
1/8 l Weißwein
Salz · Pfeffer

◆ Den Aal wie auf Seite 189 beschrieben küchenfertig herrichten und in 4–5 cm lange Stücke zerteilen.

◆ Den Knoblauch abziehen und fein hacken.

◆ Die Petersilie waschen, trockenschütteln, die Stängel entfernen und die Blätter fein hacken.

◆ Die Chilischote mit einem Messer zerstoßen.

◆ Die Tomaten kurz mit heißem Wasser überbrühen, häuten, vierteln und entkernen, dabei die Stielansätze entfernen. Das Fruchtfleisch grob würfeln.

◆ Die Aalstücke in etwas Mehl wenden.

◆ In einem Topf das Olivenöl erhitzen, Knoblauch und Chilischote darin anbraten. Sobald der Knoblauch etwas Farbe angenommen hat, die Aalstücke zugeben und von allen Seiten anbraten.

◆ Mit dem Wein ablöschen, die Tomaten zugeben, salzen und pfeffern und alles auf kleiner Flamme mit geschlossenem Deckel 15–20 Minuten schmoren lassen.

◆ Vor dem Servieren mit der gehackten Petersilie bestreuen und sofort heiß auf den Tisch bringen.

Frittura mista di pesciolini

Gemischte Platte mit gebackenen Fischchen

In der Toskana gehören frittierte kleine Fische zu den beliebtesten Fischgerichten. In vielen Restaurants werden jedoch unter diesem Namen leider nur frittierte Garnelen und Tintenfische serviert …
Eine echte Frittura mista *besteht aber immer aus verschiedenen Fischchen und nur wenigen Garnelen und Tintenfischringen.*

◆ Den Backofen auf 70 °C vorheizen.

Für 6 Personen

1 kg sehr kleine gemischte Fische, z. B. Meerbarben, Seezungen, Seehechte und Weißfische
Mehl zum Wenden
einige kleine küchenfertige Tintenfische
einige kleine geschälte Garnelen
reichlich Öl zum Frittieren
Salz
1–2 Zitronen

◆ Die Fischchen ausnehmen, waschen und trockentupfen, Köpfe und Schwänze nicht entfernen. Die geputzten Fische in etwas Mehl wenden.

◆ Die Tintenfischchen in etwa 5 mm dicke Ringe schneiden.

◆ Die Garnelen und die Tintenfischringe ebenfalls in etwas Mehl wenden.

◆ In einem hohen Topf das Öl erhitzen und die Fischchen, Garnelen und Tintenfischringe portionsweise in wenigen Minuten goldgelb frittieren.

◆ Die fertigen Fischchen und Meeresfrüchte salzen und auf einer Platte, die mit Küchenpapier ausgelegt ist, im Backofen warm halten, bis auch der Rest frittiert ist.

◆ Sobald die letzte Portion aus dem Öl kommt, alles sofort heiß mit Zitronenspalten garniert servieren.

Bianchetti in tortino

Glasfischchen-Eierkuchen

Glasfischchen sind ganz junge, winzige Sardellen oder Sardinen, die häufig auf den Märkten der Toskana angeboten werden.
Am besten schmecken sie, wenn man sie auf die folgende Art zubereitet:

Für 4 Personen

300 g Glasfischchen
1 Sträußchen Petersilie
5 Eier
Salz · Pfeffer
2 EL frisch geriebener Parmesan
Saft von 1/2 Zitrone
3 EL Milch
1 kleine Zwiebel
3 EL Olivenöl

◆ Die Glasfischchen waschen und abtropfen lassen.
◆ Die Petersilie waschen, trockenschütteln, die Stängel entfernen und die Blätter fein hacken.
◆ In einer Schüssel die Eier verquirlen. Salz, Pfeffer, Parmesan, Petersilie, Zitronensaft und Milch unterrühren.
◆ Die Fischchen in die Eimischung legen und etwa 30 Minuten darin ziehen lassen.
◆ Inzwischen die Zwiebel abziehen und fein hacken.
◆ In einer Pfanne das Olivenöl erhitzen und die Zwiebeln darin glasig anschwitzen. Sobald sie etwas Farbe angenommen haben, die Fischchen mit der Eimischung hinzufügen. Die Hitze reduzieren, damit der Eierkuchen nicht anbrennt.
◆ Wenn die Eier fast vollständig gestockt sind, den Eierkuchen mit Hilfe des Deckels vorsichtig wenden und auf der anderen Seite kurz fertig backen. Aber passen Sie auf, dass er nicht zu dunkel wird!
◆ Den Eierkuchen auf eine Servierplatte gleiten lassen, in Tortenstücke zerteilen und sofort servieren.

Scampi in guazzetto

Geschmorte Scampi

Für 4 Personen

12 große Scampi
3 Knoblauchzehen
1 Sträußchen Petersilie
1 getrocknete Chilischote
8 EL Olivenöl
gut 1/8 l Weißwein
Salz

- Die Scampi waschen, trockentupfen und die Scampischale am Rücken mit einer Küchenschere aufschneiden, aber nicht entfernen.
- Den Knoblauch abziehen und in dünne Scheiben schneiden.
- Die Petersilie waschen, trockenschütteln, die Stängel entfernen und die Blätter fein hacken. Ein wenig davon beiseite stellen.
- Die Chilischote mit einem Messer zerstoßen.
- In einer Pfanne das Olivenöl erhitzen, den Knoblauch mit der Petersilie und der Chilischote darin anbraten. Sobald der Knoblauch etwas Farbe angenommen hat, die Scampi zufügen und auf mittlerer Hitze von allen Seiten anbraten.
- Mit dem Weißwein begießen und salzen. Die Scampi unter gelegentlichem Wenden schmoren lassen, bis etwa die Hälfte der Flüssigkeit verdunstet ist.
- Die Scampi auf einer vorgewärmten Platte anrichten, den Schmorfond darüber gießen, mit der restlichen Petersilie bestreuen und sofort servieren.

Sardine fritte

Frittierte Sardinen

Für 6 Personen

12 frische Sardinen
2 Eier
Saft von 2 Zitronen
Salz · Pfeffer
etwas Mehl
Öl zum Frittieren
1 Zitrone

◆ Die Sardinen an der Bauchseite aufschneiden, aufklappen, ausnehmen, Gräten, Kopf und Schwanz entfernen und anschließend die Fische unter fließendem Wasser gründlich waschen.
◆ Die Eier mit Zitronensaft, Salz und Pfeffer verquirlen. Die Fische durch die Eier ziehen und anschließend in etwas Mehl wenden.
◆ In einem hohen Topf das Öl erhitzen und die Sardinen im siedenden Öl in 5–6 Minuten goldgelb ausbacken.
◆ Die Fische auf einer Platte, die mit Küchenpapier ausgelegt ist, anrichten und mit Zitronenspalten garnieren.

Sardine rifatte

Frittierte Sardinen in Tomatensauce

Für diese Variante werden die Sardinen wie im vorstehenden Rezept frittiert. Anschließend lässt man sie in einer würzigen Tomatensauce einige Minuten ziehen.

Für 4 Personen

4–5 reife Tomaten
2 Knoblauchzehen
1 Sträußchen Petersilie
1 Hand voll Basilikumblätter
1 Hand voll Katzenminze oder eine andere Minzesorte
6 EL Olivenöl · Salz · Pfeffer
12 frittierte Sardinen

◆ Die Tomaten kurz überbrühen, häuten, vierteln und dabei die Stielansätze entfernen. Das Fruchtfleisch grob würfeln.
◆ Den Knoblauch abziehen und fein hacken. Die Kräuter waschen, trockenschütteln, die Blätter abzupfen und fein hacken.
◆ In einem Topf das Olivenöl erhitzen und den Knoblauch darin hell anschwitzen. Sobald er Farbe angenommen hat, die Tomaten zufügen, salzen, pfeffern und etwa 10 Minuten auf kleiner Flamme zugedeckt köcheln lassen.
◆ Die gehackten Kräuter und die frittierten Sardellen zufügen und 3–4 Minuten in der Sauce ziehen lassen.

Sardine alla campagnola

Sardinen auf ländliche Art

Ein köstliches Gericht, das ich sehr häufig in Marciana Marina gegessen habe!

◆ Die Sardinen an der Bauchseite aufschneiden, aufklappen, ausnehmen, Gräten, Kopf und Schwanz entfernen und anschließend die Fische unter fließendem Wasser gründlich waschen.

Für 6 Personen

12 frische Sardinen
etwas Mehl
4 Knoblauchzehen
1 kleine getrocknete Chilischote
1 Sträußchen Petersilie
1 Hand voll Basilikumblätter
3 Tomaten
4 EL Olivenöl
knapp 1/8 l Weißwein
Salz· Pfeffer

◆ Die geputzten Fische in etwas Mehl wenden.

◆ Den Knoblauch abziehen und fein hacken. Die Chilischote mit einem Messer zerstoßen.

◆ Die Petersilie waschen, trockenschütteln, die Stängel entfernen und die Blätter fein hacken. Das Basilikum ebenfalls fein hacken.

◆ Die Tomaten kurz mit heißem Wasser überbrühen, häuten, vierteln und entkernen, dabei die Stielansätze entfernen. Das Fruchtfleisch fein würfeln.

◆ In einer großen Pfanne das Olivenöl erhitzen. Drei gehackte Knoblauchzehen mit der Chilischote und der Petersilie darin anbraten. Sobald der Knoblauch etwas Farbe angenommen hat, die Fische in die Pfanne geben und 5–6 Minuten braten.

◆ Mit dem Wein ablöschen, die Tomaten, das Basilikum und den restlichen Knoblauch zufügen. Mit Salz und Pfeffer abschmecken und alles noch einmal 5 Minuten auf kleiner Flamme köcheln lassen.

Spigola all'imperiale

Wolfsbarsch auf kaiserliche Art

Auf Elba bereitet man den Wolfsbarsch noch heute so zu, wie Napoleon ihn während seines unfreiwilligen Aufenthalts auf der Insel gerne gegessen hat. Der Kaiser brachte das Rezept dafür aus Frankreich mit.

Für 2 Personen

1 Wolfsbarsch von etwa 400 g
1/8 l würziger Weißweinessig
2–3 Knoblauchzehen
1 Zwiebel
2–3 Lorbeerblätter
Salz

Für die Knoblauchmayonnaise:
2 Eigelb (Zimmertemperatur)
1 Prise Salz
1/4 l Öl
2 EL Zitronensaft
3 Knoblauchzehen

- Den Fisch schuppen, ausnehmen und die Flossen entfernen. Anschließend unter fließendem Wasser gründlich waschen, trockentupfen und mit dem Weinessig beträufelt etwa 2 Stunden kühl stellen.
- Inzwischen den Knoblauch und die Zwiebel abziehen. Die Zwiebel halbieren, den Knoblauch ganz lassen.
- In einem Fischtopf oder einem anderen Topf von ausreichender Größe Wasser mit dem Knoblauch, den Zwiebelhälften, den Lorbeerblättern und etwas Salz zum Kochen bringen. Sobald das Wasser kocht, die Temperatur zurückschalten, den Fisch zufügen und bei geringster Hitze etwa 15 Minuten ziehen lassen. Der Fisch sollte gut mit Flüssigkeit bedeckt sein, falls nötig noch etwas Wasser angießen.
- Inzwischen die Mayonnaise zubereiten: Das Eigelb (es muss unbedingt Zimmertemperatur haben!) mit dem Salz schaumig schlagen. Nach und nach tropfenweise das Öl unter ständigem Schlagen mit einem Schneebesen untermischen. Mit dem Zitronensaft abschmecken.
- Den Knoblauch häuten, sehr fein hacken und in die Mayonnaise rühren.
- Den Fisch aus dem Sud nehmen und auf einer vorgewärmten Platte anrichten. Mit der Knoblauchmayonnaise servieren.

Spigola al cartoccio

Wolfsbarsch in Alufolie

Für 2 Personen

1 Wolfsbarsch von etwa 400 g
Salz
Pfeffer
Saft von 1/2 Zitrone
1 EL Olivenöl

Für die Zitronensauce:
Saft von 1 Zitrone
3 EL Olivenöl extra vergine
Salz
Pfeffer
1/2 Knoblauchzehe
1/2 Sträußchen Petersilie

◆ Den Backofen auf 180 °C vorheizen.

◆ Den Fisch schuppen, ausnehmen, die Flossen entfernen und den Wolfsbarsch anschließend unter fließendem Wasser gründlich waschen. Mit Küchenpapier trockentupfen.

◆ Den geputzen Fisch salzen und pfeffern und mit dem Zitronensaft beträufeln.

◆ Ein ausreichend großes Stück Alufolie mit dem Olivenöl einpinseln und den Fisch darin locker einwickeln. Die Enden der Folie fest zusammendrücken.

◆ Den Wolfsbarsch in eine feuerfesten Form legen, in den Backofen schieben und 20–25 Minuten garen.

◆ Inzwischen die Sauce zubereiten: Den Zitronensaft mit dem Olivenöl und etwas Salz und Pfeffer verrühren.

◆ Den Knoblauch abziehen und sehr fein hacken. Die Petersilie waschen, trockenschütteln, die Blätter von den Stängeln zupfen und fein hacken. Beides unter die Zitronen-Öl-Sauce mischen.

◆ Den fertigen Fisch aus der Alufolie nehmen und auf einer vorgewärmten Servierplatte anrichten. Die Zitronensauce getrennt dazu servieren.

Orate al cartoccio

Goldbrassen in Alufolie

◆ Die Fische schuppen, ausnehmen, die Flossen entfernen und die Goldbrassen anschließend unter fließendem Wasser gründlich waschen.

◆ Die Petersilie waschen, trockenschütteln, die Stängel entfernen und die Blätter fein hacken.

Für 4 Personen

4 nicht zu große Goldbrassen
1 Sträußchen Petersilie
3–4 Knoblauchzehen
1/2 kleine Zwiebel
Saft von 1 1/2 Zitronen
4 EL Olivenöl
Salz
Pfeffer

Für die Kapernsauce:
40 g Butter
30 g Mehl
knapp 1/4 l heiße Brühe
Salz
Pfeffer
1 Prise Muskat
4 EL kleine Kapern, in Essig eingelegt

◆ Den Knoblauch und die Zwiebel abziehen und fein hacken.

◆ Aus Zitronensaft, 3 EL Öl, Knoblauch, Zwiebeln, Petersilie, Salz und Pfeffer eine Marinade rühren und die geputzten Fische 2 Stunden darin ziehen lassen.

◆ Den Backofen auf 180 °C vorheizen.

◆ Die Fische aus der Marinade nehmen und etwas trockentupfen.

◆ Vier ausreichend große Stücke Alufolie mit dem restlichen Olivenöl einpinseln, die Goldbrassen außen salzen und pfeffern, in die Bauchhöhle etwas Marinade geben und die Fische einzeln locker in die Folie einwickeln. Die Enden der Folie fest zusammendrücken.

◆ Die Fischpäckchen in eine feuerfeste Form legen und im Ofen 20 Minuten garen.

◆ Inzwischen die Kapernsauce zubereiten: In einem Topf bei schwacher Hitze die Butter zerlassen. Sobald sie vollständig geschmolzen ist, das ganze Mehl auf einmal zufügen und mit einem Holzlöffel unter ständigem Rühren ca. 2 Minuten anschwitzen. Dabei unbedingt darauf achten, dass das Mehl nicht bräunt.

◆ Den Topf vom Herd nehmen und esslöffelweise die heiße Brühe unterrühren. Wenn etwa die Hälfte der Brühe verbraucht ist, die gesamte restliche Brühe zugeben und alles glatt rühren.

◆ Den Topf zurück auf den Herd stellen, die Sauce salzen, pfeffern, mit Muskat würzen und bei weiterhin schwacher Hitze unter ständigem Rühren so lange köcheln lassen, bis eine glatte, dicke Sauce entstanden ist.

◆ Die Kapern abtropfen lassen und in die Sauce geben.

◆ Die Fische aus der Alufolie nehmen und auf einer vorgewärmten Platte anrichten. Die Kapernsauce getrennt dazu reichen.

Polpo alla piombinese

Kraken auf Piombineser Art

In Piombino sieht man häufig Straßenverkäufer, die gesottene Kraken aus großen Kesseln anbieten. Dazu gibt es ein Stück Brot und ein gutes Glas Weißwein, zum Beispiel einen Bianco d'Elba *oder einen* Procanico.

Kaufen Sie zum Kochen unbedingt kleine Kraken – sie sind sehr viel zarter als die großen!

Für 4 Personen

- *ca. 1 kg küchenfertige kleine Kraken*
- *1 Zwiebel*
- *1 Stange Staudensellerie*
- *1 Karotte*
- *1 Chilischote*
- *4–5 Tomaten*
- *8 EL Olivenöl*
- *Salz*
- *Pfeffer*
- *4 Scheiben Weißbrot*

◆ Die Kraken waschen und – falls das nicht bereits Ihr Fischhändler getan hat – die harten Beißwerkzeuge entfernen. Körper und Fangarme in 5–6 cm große Stücke schneiden.

◆ Die Zwiebel abziehen und vierteln. Den Sellerie waschen, die Karotte schälen und beides in 5 mm dicke Scheiben schneiden.

◆ Die Chilischote aufschneiden, die Kerne entfernen und die Schote in dünne Streifen schneiden.

◆ Die Tomaten kurz mit heißem Wasser überbrühen, häuten, vierteln und entkernen, dabei die Stielansätze entfernen. Das Fruchtfleisch grob würfeln.

◆ In einem Topf das Olivenöl erhitzen, Zwiebeln, Sellerie, Karotten und Chilistreifen darin anrösten. Sobald die Zwiebeln etwas Farbe angenommen haben, die Tomaten und die Krakenstücke zufügen. Salzen, pfeffern und mit so viel Wasser auffüllen, dass die Krakenstücke gut mit Flüssigkeit bedeckt sind.

◆ Mit geschlossenem Deckel auf kleiner Flamme gut 1 Stunde köcheln lassen. Zwischendurch immer wieder kontrollieren, ob noch genügend Flüssigkeit im Topf ist, eventuell noch etwas Wasser angießen.

◆ Sobald die Krakenstückchen weich sind, den Topf vom Herd nehmen und das Gericht vor dem Servieren etwa 10 Minuten ruhen lassen.

◆ Die Krakenstückchen mit ein wenig Kochflüssigkeit auf den Brotscheiben anrichten.

Polpo marinato

Marinierte Kraken

Für 4 Personen

ca. 1 kg küchenfertige kleine Kraken
1 Stange Staudensellerie
1 Karotte
3 Lorbeerblätter
6–7 Pfefferkörner
1/8 l Weißwein

Für die Marinade:
1 Sträußchen Petersilie
1 Zitrone
5 EL Olivenöl extra vergine
1/8 l Weinessig
Salz
Pfeffer

◆ Die Kraken waschen und – falls das nicht bereits Ihr Fischhändler getan hat – die harten Beißwerkzeuge entfernen.
◆ Den Sellerie waschen, die Karotte schälen und beides grob zerschneiden.
◆ Die Kraken mit dem Gemüse, den Lorbeerblättern, den Pfefferkörnern, dem Weißwein und so viel kaltem Wasser, dass die Kraken gut bedeckt ist, in einem Topf zum Kochen bringen.
◆ Sobald das Wasser kocht, die Temperatur zurückschalten und die Kraken auf kleiner Flamme mit geschlossenem Deckel 1–1 1/2 Stunden köcheln lassen.
◆ Anschließend den Topf vom Herd nehmen und die Kraken im Kochwasser abkühlen lassen.
◆ Aus dem Topf nehmen, in 3–4 cm große Stücke zerschneiden und in eine Servierschüssel geben.
◆ Für die Marinade die Petersilie waschen, trockenschütteln, die Stängel entfernen und die Blätter fein hacken.
◆ Die Zitrone dünn abschälen und die Schale in feine Streifen schneiden. Die Frucht auspressen.
◆ Aus Olivenöl, Zitronensaft, Weinessig, Salz und Pfeffer eine Marinade rühren. Die Petersilie und die Zitronenschalenstreifen hineingeben und die Kraken damit übergießen.
◆ Alles gut durchmischen und vor dem Servieren 1–2 Stunden durchziehen lassen.

Polpo con fagioli

Kraken mit Bohnen

Aus Marina di Pisa stammt dieses köstliche, nahrhafte Gericht, das ich Ihnen hier vorstelle.
Als Beilage empfehle ich Ihnen höchstens einen einfachen Salat, weil kaum anzunehmen ist, dass Ihre Gäste der Versuchung widerstehen können, von den Kraken mehr als einmal zu nehmen ...

Für 4 Personen

350 g getrocknete weiße Bohnen
Salz
ca. 1 kg küchenfertige kleine Kraken
50 g Bauchspeck
1/2 kleine Zwiebel
1 Knoblauchzehe
1 getrocknete Chilischote
4–5 Tomaten
6 EL Olivenöl
Pfeffer
1/4 l Weißwein
1/4 l Brühe

◆ Die Bohnen am Vortag in reichlich Wasser einweichen.

◆ Am nächsten Tag die Bohnen abgießen, abspülen und zusammen mit 1 1/2 l Wasser und etwas Salz in einen Topf geben. Zugedeckt 1 1/2–2 Stunden leise köcheln lassen.

◆ Inzwischen die Kraken waschen und – falls das nicht bereits Ihr Fischhändler getan hat – die harten Beißwerkzeuge entfernen. Körper und Fangarme in 5–6 cm große Stücke schneiden.

◆ Den Speck fein würfeln. Die Zwiebel und den Knoblauch abziehen und ebenfalls in feine Würfel schneiden. Die Chilischote mit einem Messer zerstoßen.

◆ Die Tomaten kurz mit heißem Wasser überbrühen, häuten, vierteln und entkernen, dabei die Stielansätze entfernen. Das Fruchtfleisch fein würfeln.

◆ In einem Topf das Olivenöl erhitzen, den Speck und die Zwiebeln darin goldgelb anbraten. Sobald die Zwiebeln etwas Farbe angenommen haben, den Knoblauch und die Chilischote zufügen. Kurz anbraten, die Tomaten und die Krakenstückchen dazugeben.

◆ Salzen, pfeffern und alles auf kleiner Flamme mit geschlossenem Deckel ca. 1 Stunde köcheln lassen. Dabei nach und nach den Wein und die Brühe zugeben.

◆ Wenn die Krakenstückchen weich sind, die abgetropften Bohnen zugeben, umrühren und alles noch 10–15 Minuten weiterköcheln lassen.

◆ Das Gericht heiß servieren.

Seppie con i carciofi

Tintenfische mit Artischocken

Angeblich hat Napoleon dieses Gericht am Tage seiner Ankunft auf Elba gegessen und es fortan zu seinen Lieblingsgerichten gezählt.

Nun, wie dem auch sei – es schmeckt wirklich köstlich und Sie sollten es unbedingt probieren!

Für 4–5 Personen

6–8 kleine Artischocken
Saft von 1 Zitrone
1 kg nicht zu große Tintenfische mit den Tintenblasen
4 Knoblauchzehen
2 Sträußchen Petersilie
2–3 in Salz eingelegte Sardellenfilets aus dem Glas
6 EL Olivenöl
gut $\frac{1}{4}$ l Weißwein
Salz
Pfeffer

◆ Die Artischocken vorbereiten: Dazu die äußeren harten Blätter entfernen und wegwerfen. Von den zarteren Blättern die harten Spitzen abschneiden und ebenfalls wegwerfen. Den Stiel auf ca. 2 cm Länge kürzen und großzügig abschälen. Die so vorbereiteten Artischocken in Achtel schneiden. Sofort in Zitronenwasser legen, damit sie sich nicht verfärben.

◆ Die Tintenfische unter fließendem Wasser gründlich waschen, dabei Kopf und Tentakel aus dem Körper ziehen und den Sepiaknochen entfernen. Die Tintenblasen beiseite legen. Die Köpfe von den Tentakeln abschneiden und wegwerfen. Die so vorbereiteten Fischkörper in dünne Ringe schneiden, die Tentakel fein hacken.

◆ Den Knoblauch abziehen und fein würfeln.

◆ Die Petersilie waschen, trockenschütteln, die Stängel entfernen und die Blätter fein hacken.

◆ Die Sardellenfilets abspülen und ebenfalls fein hacken.

◆ In einem Topf das Olivenöl erhitzen. Die Hälfte des Knoblauchs und der Petersilie sowie die gehackten Sardellenfilets darin anbraten. Sobald der Knoblauch Farbe angenommen hat, die Tintenfischringe und -tentakel dazugeben und leicht anbraten.

◆ Mit dem Wein ablöschen, leicht salzen, mit Pfeffer würzen und auf kleiner Flamme mit geschlossenem Deckel 30 Minuten köcheln lassen.

◆ Während der Kochzeit darauf achten, dass genügend Flüssigkeit im Topf ist, eventuell etwas Wasser angießen.

◆ Die abgetropften Artischockenachtel und die Tinte der Sepien zugeben und weitere 20 Minuten köcheln lassen.

◆ Vor dem Servieren das Gericht mit dem restlichen Knoblauch und der übrigen Petersilie bestreuen und sofort heiß servieren.

Cacciucco livornese

Livorneser Fischsuppe

Um die Entstehung dieser Fischsuppe ranken sich allerlei Geschichten. Die Livorneser meinen, dass die torrigiani *(Leuchtturmwächter) den* Cacciucco *erfunden hätten.*

Sie bekamen seinerzeit nur eine bestimmte Menge Olivenöl zugeteilt, mit dem sie eine Zeit lang auskommen mussten. Da lag es nahe, dass die Leuchtturmwächter versuchten, ihren Fisch mit möglichst wenig Öl zuzubereiten und so kamen sie auf die Idee, den Fisch mit Gemüse und Knoblauch in Wasser zu kochen – und schon war die Fischsuppe erfunden ...

Später, gegen Ende des 16. Jahrhunderts, kamen aus der Neuen Welt zwei bis dahin unbekannte Nachtschattengewächse nach Europa: die Tomate und die Paprikaschote. Die Livorneser gehörten zu den Ersten, die diese beiden Neuankömmlinge anbauten und in der Küche verwendeten. Auf diese Weise kamen zum Cacciucco *noch die letzten Zutaten hinzu.*

Die Livorneser Fischsuppe galt früher eher als Armeleuteessen, weil dafür nur die sonst nicht so begehrten und unverkäuflichen Fische verwendet wurden.

Heute ist das anders und Sie werden sehen: Dieses Gericht ist durchaus delikat und alles andere als eine Notlösung! Genau genommen entspricht es der Bouillabaisse und man munkelt, dass die Franzosen das Rezept dafür übernommen haben ...

Und so wird's gemacht:

Für 6 Personen

2 kg Tintenfische und gemischter Fisch, z. B. Drachenkopf, Seezunge, Meerbarbe, Glatthai
800 g Miesmuscheln oder eine andere Muschelsorte
500 g Tomaten
3–4 Knoblauchzehen
1 kleine Zwiebel
einige Salbeiblätter
4 EL Olivenöl
Salz
Pfeffer
1 Prise Chilipulver
1 ½ EL Weinessig

Außerdem:
½ Sträußchen Petersilie
6 Scheiben altbackenes Weißbrot

◆ Die Tintenfische unter fließendem Wasser gründlich waschen, dabei Kopf und Tentakel aus dem Körper ziehen und den Sepiaknochen sowie die Tintenblase entfernen. Die Köpfe von den Tentakeln abschneiden und wegwerfen. Die Fischkörper in dünne Ringe schneiden, die Tentakel fein hacken.

◆ Die Fische ausnehmen, Köpfe, Flossen und Schwänze abschneiden. Die Fische waschen und trockentupfen. Kleine Fische ganz lassen, größere in Portionsstücke zerteilen.

◆ Die Muscheln unter fließendem Wasser gründlich waschen und abschrubben. Geöffnete oder kaputte Muscheln wegwerfen.

◆ Die Muscheln mit etwas Wasser in einem großen Topf aufsetzen und zugedeckt bei großer Hitze ein paar Minuten kochen. Dabei den Topf hin und wieder schütteln.

◆ Sobald sich alle Muscheln geöffnet haben, das Wasser abgießen und die Muscheln beiseite stellen.

◆ Die Tomaten kurz mit heißem Wasser überbrühen, häuten, vierteln und entkernen, dabei die Stielansätze entfernen. Das Fruchtfleisch grob würfeln.

◆ Den Knoblauch und die Zwiebel abziehen und fein würfeln. Die Salbeiblätter fein hacken.

◆ In einem Topf das Olivenöl erhitzen, die Zwiebeln darin glasig anschwitzen und den Knoblauch mit dem Salbei zufügen. Sobald der Knoblauch Farbe angenommen hat, die Tomaten zugeben, salzen, pfeffern und mit Chilipulver würzen. Alles 20 Minuten köcheln lassen. Anschließend mit dem Essig abschmecken.

◆ Die Tintenfischringe und -tentakel, die Fische und die Muscheln zugeben. So viel Wasser angießen, dass alles gut mit Flüssigkeit bedeckt ist und die Fischsuppe auf kleiner Flamme etwa 10 Minuten ziehen lassen.

◆ Inzwischen die Petersilie waschen, trockenschütteln, die Stängel entfernen und die Blätter fein hacken.

◆ Die Brotscheiben rösten und je eine Scheibe in einen Suppenteller legen.

◆ Zum Servieren die Sepien, die Fische und die Muscheln aus der Suppe nehmen, auf einer vorgewärmte Platte mit etwas Fischbrühe anrichten und mit der Petersilie bestreuen. Die restliche Suppe über die Brotscheiben gießen und beides zusammen servieren.

Cacciucco di polpo e seppie

Fischsuppe mit Kraken und Tintenfischen

◆ Bereiten Sie zunächst die Kranken und Tintenfische vor: Die Tintenfische unter fließendem Wasser gründlich waschen, dabei Kopf und Tentakel aus dem Körper ziehen und den Sepiaknochen sowie die Tintenblase entfernen. Die Köpfe von den Tentakeln abschneiden und wegwerfen.

◆ Die so vorbereiteten Fischkörper in etwa 6 mm dicke Ringe schneiden, die Tentakel fein hacken.

Für 6 Personen

2 kg kleine Kraken und Tintenfische
1 große Zwiebel
4–5 Knoblauchzehen
1 getrocknete Chilischote
500 g reife Tomaten
6 EL Olivenöl
gut 1/8 l Rotwein
1/2 l Brühe
Salz
Pfeffer

Außerdem:
2 Knoblauchzehen
6 Scheiben altbackenes Weißbrot

◆ Die Kraken waschen und – falls das nicht bereits Ihr Fischhändler getan hat – die harten Beißwerkzeuge entfernen. Körper und Fangarme in 5–6 cm große Stücke schneiden.

◆ Zwiebel und Knoblauch abziehen und fein hacken. Die Chilischote mit einem Messer zerstoßen.

◆ Die Tomaten kurz mit heißem Wasser überbrühen, häuten, vierteln und entkernen, dabei die Stielansätze entfernen. Das Fruchtfleisch würfeln.

◆ In einem großen Topf das Olivenöl erhitzen und die Zwiebeln darin hell anschwitzen. Sobald sie Farbe angenommen haben, den Knoblauch und die Chilischote zufügen. Umrühren, die Krakenstücke sowie die Tintenfischringe und -tentakel mit in den Topf geben.

◆ Unter Rühren alles etwa 5 Minuten anbraten und mit dem Wein ablöschen.

◆ Den Wein etwas verdunsten lassen, die Tomaten und die Brühe zufügen, salzen, pfeffern und alles auf kleiner Flamme mit geschlossenem Deckel etwa 1 Stunde köcheln lassen.

◆ Immer wieder nachsehen, ob noch genügend Flüssigkeit im Topf ist, eventuell mit Wasser oder Brühe auffüllen.

◆ Den Knoblauch abziehen.

◆ Vor dem Servieren die Brotscheiben rösten, kräftig mit den Knoblauchzehen einreiben und in eine große Suppenterrine legen. Die Fischsuppe darüber gießen und sofort heiß servieren.

Triglie al cartoccio

Meerbarben in Alufolie

In der Antike waren Meerbarben besonders begehrte Fische und sie zählten zu den beliebtesten Fischarten überhaupt. Auch heute noch werden sie sehr geschätzt. Eine der – meiner Meinung nach – besten Zubereitungsarten finden Sie in diesem Rezept:

Für 4 Personen

4 Meerbarben von je etwa 300 g
3 Knoblauchzehen
1 Rosmarinzweiglein
1 Scheibe Bauchspeck
Salz
Pfeffer
1 EL Olivenöl

- Den Backofen auf 180 °C vorheizen.
- Die Fische schuppen, ausnehmen und die Flossen entfernen. Die Meerbarben anschließend unter fließendem Wasser gründlich waschen und trockentupfen.
- Den Knoblauch abziehen und fein würfeln. Den Rosmarin waschen, trockenschütteln, die Nadeln abstreifen und hacken. Den Speck in feine Würfel schneiden.
- Knoblauch, Rosmarin und Speck in einem Schälchen mischen, die Fische mit der Würzmischung füllen und außen mit Salz und Pfeffer einreiben.
- Vier ausreichend große Stücke Alufolie mit dem Olivenöl einpinseln und jeweils einen Fisch darin locker einwickeln. Die Enden der Folie fest zusammendrücken.
- Die Fischpäckchen in eine feuerfeste Form legen, in den Ofen schieben und 25–30 Minuten garen.
- Die Meerbarben in der Folie servieren.

Sogliole boscaiola

Seezungen nach Holzfällerart

◆ Den Backofen auf 180 °C vorheizen.

◆ Die Pilze mit einem Stück Küchenpapier vorsichtig säubern, unten von den Stielen eine dünne Scheibe abschneiden und wegwerfen. Die Pilze in Scheiben schneiden.

Für 4 Personen

500 g Kaiserlinge oder Steinpilze
6 EL Olivenöl
60 g Butter
Salz
Pfeffer
1/2 Zwiebel
4 küchenfertige Seezungen
evtl. 1 Prise Chilipulver
1/4 l Weißwein

Außerdem:
Saft von 1/2 Zitrone

◆ In einer Pfanne 4 EL Olivenöl mit 50 g Butter erhitzen, die Pilze einige Minuten darin dünsten, salzen und pfeffern.

◆ Inzwischen die Zwiebel abziehen und in hauchfeine Scheiben schneiden.

◆ Die küchenfertigen (also enthäuteten und ausgenommenen) Seezungen waschen und trockentupfen.

◆ Eine feuerfeste Form mit der restlichen Butter einfetten, mit der geschnittenen Zwiebel auslegen, die Seezungen darauf verteilen und mit den gedünsteten Pilzen bedecken. Zum Schluss das restliche Olivenöl darüber träufeln und eventuell mit Chilipulver würzen.

◆ Die Form in den Ofen schieben und die Fische etwa 15 Minuten garen.

◆ Anschließend mit dem Weißwein begießen und die Fische noch einmal 5 Minuten in den Ofen stellen.

◆ Vor dem Servieren mit dem Zitronensaft beträufeln und sofort heiß auf den Tisch bringen.

Nach diesem Rezept können Sie auch ali di razza *(Rochenflügel) oder* rombo *(Steinbutt) zubereiten. Versuchen Sie es – beide Gerichte schmecken köstlich!*

Sogliole alla fiorentina

Seezungen auf Florentiner Art

Für 6 Personen

Für die Béchamelsauce:
gut 1/4 l Milch
50 g Butter
35 g Mehl
Salz
Pfeffer
1 Prise Muskat

1 1/2 kg Spinat
90 g Butter
800 g Seezungenfilets
Salz
Pfeffer
etwas Mehl
knapp 1/4 l Rotwein

Außerdem;
etwas Butter für die Form
3 EL geriebener Parmesan

◆ Bereiten Sie zuerst die Sauce zu: Die Milch in einem Topf bis knapp vor den Siedepunkt erhitzen.

◆ Inzwischen in einem anderen Topf bei schwacher Hitze die Butter zerlassen. Sobald sie vollständig geschmolzen ist, das ganze Mehl auf einmal zufügen und mit einem Holzlöffel unter ständigem Rühren ca. 2 Minuten anschwitzen. Dabei unbedingt darauf achten, dass das Mehl nicht bräunt.

◆ Den Topf vom Herd nehmen und esslöffelweise die heiße Milch unterrühren. Wenn etwa die Hälfte der Milch verbraucht ist, die gesamte restliche Milch zugeben und alles glatt rühren.

◆ Den Topf zurück auf den Herd stellen, die Sauce salzen, pfeffern, mit Muskat würzen und weiterhin bei schwacher Hitze unter ständigem Rühren so lange köcheln lassen, bis eine glatte, dicke Béchamelsauce entstanden ist. Die Sauce beiseite stellen.

◆ Den Backofen auf 200 °C vorheizen.

◆ Den Spinat verlesen, dabei die groben Stängel entfernen und die Blätter waschen. In einem ausreichend großen Topf knapp die Hälfte der Butter zerlassen, den nassen Spinat hineingeben, leicht salzen und im geschlossenen Topf auf kleiner Flamme etwa 5 Minuten dünsten. Vom Herd nehmen und beiseite stellen.

◆ Die Seezungenfilets waschen, trockentupfen, mit Salz und Pfeffer würzen und in etwas Mehl wenden.

◆ In einer Pfanne die restliche Butter zerlassen und die Filets kurz darin anbraten. Mit dem Wein ablöschen und die Fische 8–10 Minuten dünsten.

◆ Die Fischfilets herausnehmen und die Flüssigkeit aus der Pfanne mit der Béchamelsauce vermischen.

◆ Eine Auflaufform mit Butter einfetten, den Spinat hineingeben, die Fischfilets darauf legen und mit der Béchamelsauce übergießen.

◆ Mit Parmesan bestreuen und 10–15 Minuten im Ofen überbacken, bis der Käse eine schöne goldgelbe Kruste gebildet hat.

Ciortoni al pomodoro

Makrelen mit Tomaten und Erbsen

Makrelen haben in Italien viele Namen. Außerhalb der Toskana heißen sie sgombro *oder* maccarello, *gelegentlich auch* pesce cavallo.
Sie haben ein fettes, außerordentlich aromatisches Fleisch und können auf unterschiedlichste Weise zubereitet werden.

Für 4 Personen

1 kg kleine Makrelen
1 mittelgroße Zwiebel
1 Sträußchen Petersilie
500 g reife Tomaten
8 EL Olivenöl
etwas Mehl
500 g ausgepahlte junge Erbsen
Salz
Pfeffer

◆ Die Fische ausnehmen, unter fließendem Wasser gründlich waschen, trockentupfen und filetieren: Den Kopf hinter den Kiemen abschneiden. Mit einem scharfen Messer den Rücken bis zum Schwanz einschneiden und eine Hälfte der Fische von der Mittelgräte lösen. Die Makrelen umdrehen und die zweite Seite von der Gräte lösen. Zum Schluss mit Hilfe des Messers die Haut von den Filets abziehen.

◆ Die Zwiebel abziehen und fein würfeln.

◆ Die Petersilie waschen, trockenschütteln, die Stängel entfernen und die Blätter fein hacken. Einen kleinen Teil beiseite stellen.

◆ Die Tomaten kurz mit heißem Wasser überbrühen, häuten, vierteln und entkernen, dabei die Stielansätze entfernen. Das Fruchtfleisch grob würfeln.

◆ In einer Pfanne mit hohem Rand das Olivenöl erhitzen, die Makrelenfilets leicht mit Mehl bestäuben und kurz im heißen Öl anbraten.

◆ Die Filets aus der Pfanne nehmen und beiseite stellen.

◆ Im Bratfett die Zwiebeln hellblond anschwitzen, die Petersilie und die Erbsen dazugeben und auf kleiner Flamme mit geschlossenem Deckel 10 Minuten schmoren lassen. Eventuell etwas Wasser angießen, falls zu wenig Flüssigkeit in der Pfanne ist.

◆ Die Tomaten zugeben, salzen und pfeffern. Nach 15 Minuten die Makrelenfilets in die Sauce legen und weitere 5 Minuten auf kleinster Flamme schmoren lassen.

◆ Die Fischfilets mit der restlichen Petersilie bestreuen und servieren.

Ciortoni marinato

Marinierte Makrelen

Für 4 Personen

4 Makrelen
Saft von 4 Zitronen
8 EL Olivenöl
Salz · Pfeffer
175 g schwarze Oliven
1 Sträußchen Petersilie

◆ Die Fische ausnehmen, unter fließendem Wasser gründlich waschen, trockentupfen und filetieren, wie beim vorstehenden Rezept beschrieben.
◆ Die Filets in eine ausreichend große Schüssel legen, mit dem Zitronensaft übergießen und mindestens 4–5 Stunden, besser sogar über Nacht, an einem kühlen Ort durchziehen lassen.
◆ Den Backofen auf 175 °C vorheizen.
◆ Eine Auflaufform mit etwas Olivenöl einfetten, die marinierten Makrelenfilets hineinlegen, mit 3–4 EL der Zitronenmarinade und dem restlichen Olivenöl beträufeln. Salzen, pfeffern und in den Backofen schieben.
◆ Inzwischen die Oliven entsteinen. Die Petersilie waschen, trockenschütteln, die Blätter von den Stängeln zupfen und grob hacken.
◆ Nach 10–12 Minuten die Oliven und die Petersilie über die Fischfilets verteilen und das Ganze weitere 5–7 Minuten im Ofen garen.
◆ Die Fische in der Auflaufform servieren.

Ciortoni alla griglia

Makrelen vom Grill

Gerade Makrelen eignen sich wegen ihres fetten Fleisches sehr gut zum Grillen.
Am besten schmecken sie, wenn sie über Holzkohle gegrillt werden, aber Sie können die Fische natürlich auch im Backofen unter den Grill schieben. Die Garzeit verändert sich dadurch nicht.

Für 4 Personen

4 Makrelen
Salz · Pfeffer
2 Knoblauchzehen
Saft von 1/2 Zitrone
Olivenöl extra vergine
getrockneter Oregano

◆ Im Holzkohlengrill eine schöne Glut erzeugen oder den Backofengrill vorheizen.
◆ Die Fische ausnehmen und unter fließendem Wasser gründlich waschen. Trockentupfen, innen und außen salzen und pfeffern.
◆ Den Knoblauch abziehen, halbieren, je eine halbe Knoblauchzehe in den Bauch der Fische legen und die Öffnung mit einem Zahnstocher zustecken.
◆ Die Makrelen auf dem Holzkohlengrill oder im Backofen etwa 20 Minuten grillen, dabei mehrfach wenden.
◆ Die Fische auf einer Platte anrichten, mit dem Zitronensaft und ein wenig Olivenöl beträufeln, mit einer Prise Oregano bestreuen und sofort servieren.

Tonno alla livornese

Thunfisch auf Livorneser Art

Für 4 Personen

3 Knoblauchzehen
1 Sträußchen Petersilie
6–8 Tomaten
7–8 EL Olivenöl
Salz · Pfeffer
4 Scheiben frischer Thunfisch von jeweils ca. 150 g
300 g ausgepahlte kleine Erbsen

◆ Den Knoblauch abziehen und fein hacken. Die Petersilie waschen, trockenschütteln, die Stängel entfernen und die Blätter fein hacken. Einen Teil davon zum Garnieren beiseite stellen.

◆ Die Tomaten kurz mit heißem Wasser überbrühen, häuten, vierteln und entkernen, dabei die Stielansätze entfernen. Das Fruchtfleisch würfeln.

◆ In einer Pfanne das Olivenöl erhitzen und den Knoblauch mit der Petersilie darin anbraten.

◆ Sobald der Knoblauch etwas Farbe angenommen hat, die Tomaten zugeben, salzen, pfeffern und mit geschlossenem Deckel auf kleiner Flamme 12–15 Minuten köcheln lassen.

◆ Die Thunfischscheiben waschen, trockentupfen, in die Tomatensauce legen und nach 10 Minuten umdrehen. Die Erbsen zufügen und weitere 10 Minuten köcheln lassen.

◆ Zum Servieren den Fisch mit der Sauce auf einer vorgewärmten Platte anrichten, mit der restlichen gehackten Petersilie bestreuen und auf den Tisch bringen.

Tonno al cartoccio

Thunfisch in Alufolie

- Den Backofen auf 180 °C vorheizen.

Für 4 Personen

4 Scheiben frischer Thunfisch von jeweils ca. 150 g
1 Zweig Rosmarin
4–6 EL Semmelbrösel
5 EL Olivenöl
Salz
Pfeffer
4 EL Weißwein

- Den Fisch waschen und trockentupfen.
- Den Rosmarin waschen und trockenschütteln. Die Nadeln abstreifen, hacken und mit den Semmelbröseln vermischen.
- Die Thunfischscheiben in der Panade wenden.
- Vier ausreichend große Stücke Alufolie mit 1 EL Olivenöl einfetten, je eine panierte Fischscheibe auf eine Folie legen, salzen, pfeffern und mit je 1 EL Weißwein und Olivenöl beträufeln
- Die Thunfischscheiben locker in der Folie einwickeln, die Enden der Folie gut zusammendrücken.
- Die Fischpäckchen in eine feuerfeste Form legen und für etwa 30 Minuten in den Backofen schieben.
- Den fertigen Fisch in der Alufolie servieren.

Der Lago di Chiusi ist einer der fischreichsten Seen der Region. Dank seiner geringen Wassertiefe und der vielen Quellwasserzuflüsse bildet er einen idealen Lebensraum für unzählige Fischarten.

Tegamaccio, *eine Art* Cacciucco *(Rezept siehe Seite 204) aus Süßwasserfischen, ist die bekannteste Spezialität aus dieser Gegend.*

Nachfolgend das Rezept:

Tegamaccio

Fischsuppe aus Süßwasserfischen

Für 6 Personen

2 kg küchenfertige gemischte Süßwasserfische: Schleie, Aal, Hecht, Karpfen
4 Knoblauchzehen
1 Zwiebel
je 1 Hand voll Bergminze oder eine andere Minzesorte, Basilikum und Petersilie
etwa 1 kg reife Tomaten
8 EL Olivenöl
2 EL Tomatenmark
Salz
1 Prise Chilipulver
gut 1/8 l Weißwein
2 EL Essig
6 Scheiben altbackenes Brot

◆ Köpfe, Flossen und Schwänze von den Fischen abschneiden. Die Fische ausnehmen, waschen und trockentupfen. Den Aal häuten, wie auf Seite 189 beschrieben. Alle Fische mit den Gräten in relativ große Stücke zerteilen.

◆ Den Knoblauch und die Zwiebel abziehen und fein hacken. Zwei Knoblauchzehen ganz lassen und beiseite legen.

◆ Die Kräuter waschen, trockenschütteln, die Stängel entfernen und die Blätter fein hacken. Die Petersilie beiseite stellen.

◆ Die Tomaten kurz mit heißem Wasser überbrühen, häuten, vierteln und entkernen, dabei die Stielansätze entfernen. Das Fruchtfleisch grob würfeln.

◆ In einem Topf 3 EL Olivenöl erhitzen, die Zwiebeln darin hell anschwitzen, den gehackten Knoblauch und die Kräuter zufügen. Sobald der Knoblauch Farbe angenommen hat, das Tomatenmark und die Tomatenwürfel zugeben, salzen und mit Chilipulver würzen.

◆ Auf kleiner Flamme zugedeckt etwa 20 Minuten köcheln lassen.

◆ Inzwischen in einer großen Pfanne das restliche Olivenöl erhitzen und nach und nach die Fischstücke von allen Seiten darin anbraten. Mit dem Wein und dem Essig ablöschen und die Flüssigkeit verdunsten lassen.

◆ Den Fisch aus der Pfanne nehmen und in die Tomatensauce legen. Auf kleiner Flamme mit geschlossenem Deckel etwa 25 Minuten in der Sauce ziehen lassen.

◆ Kurz vor dem Ende der Garzeit das Brot rösten und kräftig mit den ganzen Knoblauchzehen einreiben.

◆ Das Brot in eine große Servierschüssel legen, die Fischsuppe darüber geben, mit der gehackten Petersilie bestreuen und sofort servieren.

Brustico

Gebratener Flussbarsch

Auch dieses ist ein typisches Gericht vom Lago di Chiusi, die Fischer bereiten den Flussbarsch so zu … Aber ich gebe zu, dass Sie es originalgetreu nur nachkochen können, wenn Sie sich Schilf besorgen und den Fisch über offenem Feuer braten. Trotzdem möchte ich Ihnen das Rezept nicht vorenthalten – und biete Ihnen auch gleich eine Alternative für die Zubereitung an. Sie weicht allerdings geschmacklich von der Originalversion ab, weil bei dieser Methode das charakteristische Raucharoma fehlt.

Außer Flussbarsch eigenen sich auch Karpfen, Aal oder Schleien sehr gut für ein Brustico.

Zuerst also die Originalversion:

Für 4 Personen

1 ½ kg Flussbarsch
Saft von 1 Zitrone
reichlich Olivenöl
Salz · Pfeffer

◆ Die Fische ausnehmen, waschen und trockentupfen. Auf einem Grillrost über lebhaft brennendem Feuer aus Schilfbündeln etwa 10 Minuten von jeder Seite braten.

◆ Die verkohlte Haut abziehen, die Fische filetieren und mit Zitronensaft und reichlich Olivenöl beträufeln. Salzen, pfeffern und sofort servieren.

Und hier die Alternative:

◆ Die Fische ausnehmen, waschen, trocknen und filetieren wie auf Seite 210 beschrieben.

◆ Aus Zitronensaft, Öl, Salz und Pfeffer eine Marinade bereiten und die Filets etwa 20 Minuten darin ziehen lassen.

◆ In einer Pfanne etwas Olivenöl erhitzen und die Fischfilets rasch von beiden Seiten darin anbraten. Die Hitze reduzieren, etwas von der Marinade in die Pfanne geben und die Filets 6–7 Minuten darin ziehen lassen.

Spiedino di pesce persico

Flussbarschspießchen

Für 4 Personen

8 Flussbarschfilets
von je etwa 100 g
½ Sträußchen Petersilie
Saft von 1 Zitrone
Salz · Pfeffer
8 EL Olivenöl
200 g Semmelbrösel

Außerdem:
Olivenöl zum Braten
1 Zitrone

◆ Die Fischfilets waschen, trockentupfen und halbieren.

◆ Die Petersilie waschen, trockenschütteln, die Stängel entfernen und die Blätter fein hacken.

◆ Aus Zitronensaft, Salz, Pfeffer, Petersilie und Olivenöl eine Marinade anrühren und die Filetstücke etwa 10 Minuten darin einlegen.

◆ Die Filets in den Semmelbröseln wenden und je 4 Filethälften auf ein Holzspießchen stecken.

◆ In einer Pfanne wenig Olivenöl erhitzen, die Fischspießchen darin von allen Seiten langsam anbraten. Die Hitze reduzieren, ein wenig Marinade in die Pfanne geben und die Spießchen unter häufigem Wenden in 12–15 Minuten garen.

◆ Sobald der Fisch gar ist, die Spießchen auf einer Platte mit Zitronenachteln anrichten und sofort servieren.

Tinche in teglia

Sautierte Schleienfilets

In der Umgebung von Siena gibt es mehrere Flüsse, die auch heute noch weitab von Kanalisations- und Fabrikabwässern liegen. Sie gelten als wahre Anglerparadiese und die Sieneser verstehen es meisterhaft, die Schleien und Hechte aus diesen Flüssen zuzubereiten.

Für 6 Personen

1,5 kg Schleien mittlerer Größe
1–2 Knoblauchzehen
300 g Semmelbrösel
Salz
Pfeffer
3 Eier
4–5 EL Olivenöl
40 g Butter

Außerdem:
2 EL gehackte Petersilie
2 Zitronen

◆ Die Fische ausnehmen, waschen und trockentupfen.

◆ In einem Topf so viel Wasser zum Kochen bringen, dass die Fische gut bedeckt sind. Die Schleien hineinlegen und die Hitze sofort stark reduzieren. Die Fische im offenen Topf 3–4 Minuten ziehen lassen, herausnehmen und unter fließendem Wasser abwaschen.

◆ Anschließend die Schleien filetieren und beiseite legen.

◆ Den Knoblauch abziehen und fein hacken.

◆ Semmelbrösel, Knoblauch, Salz und Pfeffer vermischen.

◆ Die Eier verquirlen. Die Schleienfilets kurz durch die Eier ziehen und anschließend in den gewürzten Semmelbröseln wenden.

◆ In einer Pfanne das Olivenöl mit der Butter erhitzen und die panierten Filets 2–3 Minuten von jeder Seite braten.

◆ Die Schleienfilets auf einer vorgewärmten Platte anrichten, mit Petersilie bestreuen, mit Zitronenachteln garnieren und servieren.

Tinche con salsa verde

Schleien mit grüner Sauce

Für 6 Personen

1,5 kg Schleien mittlerer Größe
1 Knoblauchzehe
1 Zweiglein Rosmarin
3 EL Olivenöl
Salz
Pfeffer

Für die grüne Sauce:
1 Sträußchen Petersilie
evtl. ½ Chilischote
2 Knoblauchzehen
2–3 Sardellenfilets, in Öl eingelegt
2 TL kleine Kapern
1 EL in Essig eingelegtes Gemüse (Mixedpickles)
1 hart gekochtes Ei
3 EL Weinessig
8 EL Olivenöl extra vergine
Salz

- Die Fische wie im vorstehenden Rezept vorbereiten, filetieren und beiseite stellen.
- Inzwischen das Öl zum Braten aromatisieren: Den Knoblauch abziehen und mit einem schweren Messer zerdrücken.
- Den Rosmarin waschen, trockenschütteln, die Nadeln abstreifen und hacken.
- Das Öl mit Knoblauch, Salz, Pfeffer und Rosmarin vermischen und vor der Verwendung mindestens 30 Minuten ziehen lassen.
- Für die grüne Sauce die Petersilie waschen, trockenschütteln, die Stängel entfernen und die Blätter fein hacken.
- Die Kerne aus der Chilischote entfernen und die Schote sehr fein hacken.
- Den Knoblauch abziehen und sehr fein hacken.
- Die Sardellenfilets, die Kapern, die Mixedpickles und das Ei ebenfalls fein hacken.
- Alle gehackten Zutaten mit dem Weinessig und dem Olivenöl vermischen und mit Salz abschmecken.
- In einer Pfanne das aromatisierte Olivenöl erhitzen und die Fischfilets auf kleiner Flamme langsam von beiden Seiten darin braten. Alternativ können Sie die Filets auch mit dem Öl bestreichen und auf einer heißen Platte über der Gasflamme grillen.
- Zum Servieren den Fisch auf einer vorgewärmte Platte anrichten und die grüne Sauce separat dazu reichen.

Trote ordorose

Aromatisierte Forellen

Für 4 Personen

4 küchenfertige Forellen
3 Knoblauchzehen
1 Bund Petersilie
1 TL getrockneter Oregano
Salz
Pfeffer
evtl. Chilipulver
60 g Butter
1 EL Olivenöl

◆ Die Forellen waschen und trockentupfen.
◆ Den Knoblauch abziehen. Die Petersilie waschen, trockenschütteln und die Stängel entfernen.
◆ Den Knoblauch und die Petersilienblättchen mit dem Oregano sehr fein hacken. Mit Salz, Pfeffer und – wenn Sie es gern scharf mögen – einer Prise Chilipulver vermischen.
◆ Die Forellen mit der Würzmischung füllen, die Bauchöffnung mit einem Zahnstocher zustecken und die Fische außen großzügig mit Salz bestreuen.
◆ Inzwischen in einer Pfanne die Butter mit dem Olivenöl erhitzen. Sobald sich das Salz aufgelöst hat, die Fische in die Pfanne geben und etwa 15 Minuten braten, dabei mehrmals wenden.
◆ Die gebratenen Fische auf einer vorgewärmten Platte anrichten. Vor dem Servieren die Zahnstocher entfernen.

Trote all'agro

Forellen in Zitronensauce

Für 4 Personen

4 küchenfertige Forellen
70 g Butter
1 EL Olivenöl
Saft von 2–3 Zitronen
Salz · Pfeffer

◆ Die Forellen waschen und sorgfältig trockentupfen.
◆ In einer Pfanne die Butter mit dem Olivenöl erhitzen. Die Forellen darin 15–20 Minuten braten, dabei mehrmals wenden.
◆ Kurz vor dem Ende der Garzeit den Zitronensaft mit Salz und Pfeffer vermischen und über die Forellen gießen.
◆ Sobald der ganze Saft verdunstet ist, die Forellen auf einer vorgewärmten Platte anrichten und servieren.

Trote affogate al forno

Forellen im Backofen pochiert

Auf diese Weise zubereitete Forellen habe ich bei Freunden in Arezzo gegessen. Sie hatten die Fische in den Flüssen im Gebiet der Casentiner Berge selbst gefangen.
Dort gibt es auch viele große Fischteiche, und weil Angeln ein verbreitetes Hobby ist, stehen Forellen in dieser Gegend wohl häufiger auf dem Speiseplan.

Für 4 Personen

4 küchenfertige Forellen
etwas Mehl
1 Sträußchen Petersilie
3 Knoblauchzehen
6 EL Olivenöl
Salz
Pfeffer
gut $^1/_4$ l Weißwein

◆ Den Backofen auf 180 °C vorheizen.
◆ Die Forellen waschen und trockentupfen. Anschließend in Mehl wenden und nebeneinander in eine feuerfeste Form legen.
◆ Die Petersilie waschen, trockenschütteln, die Stängel entfernen und die Blätter fein hacken. Den Knoblauch abziehen und ebenfalls sehr fein hacken.
◆ Beides mit dem Olivenöl, Salz und Pfeffer vermischen und die Forellen damit begießen.
◆ Die Form in den Backofen schieben.
◆ Nach ca. 15 Minuten den Weißwein angießen. Die Fische noch 5–7 Minuten im Ofen lassen, bis der Wein fast ganz verdunstet ist.
◆ Die Forellen sofort heiß in der Form auf den Tisch bringen. Vergessen Sie nicht, sich etwas von dem köstlichen Bratfond über den Fisch zu gießen, bevor Sie ihn verspeisen!

Luccio ripieno

Gefüllter Hecht

Für 6 Personen

1 küchenfertiger Hecht von ca. 1,5 kg
3 Knoblauchzehen
1 Zwiebel
2 Karotten
2 Stangen Staudensellerie
50 g Schinken, in dünne Scheiben geschnitten
30 g fetter Speck
6 EL Olivenöl
Salz
Pfeffer
gut 1/4 l Weißwein

◆ Den Backofen auf 180 °C vorheizen.

◆ Den Hecht waschen und trockentupfen.

◆ Den Knoblauch und die Zwiebel abziehen und fein hacken. Die Karotten schälen, den Sellerie waschen und beides sehr fein würfeln. Den Schinken und den Speck ebenfalls fein würfeln.

◆ Die Zutaten vermischen und den Hecht mit zwei Dritteln der Würzmischung füllen.

◆ Eine feuerfeste Form mit etwas Olivenöl einfetten, den Hecht hineingeben und die restliche Würzmischung darüber verteilen. Großzügig mit Salz und Pfeffer würzen, mit dem restlichen Olivenöl beträufeln, den Wein angießen und die Form in den Backofen schieben.

◆ Den Fisch 30–40 Minuten garen, während dieser Zeit immer wieder mit dem Wein beschöpfen.

◆ Den fertigen Fisch auf einer vorgewärmten Platte anrichten und sofort heiß servieren.

Carpa in zimino

Karpfen mit Mangold

◆ Den Karpfen waschen und trockentupfen.

◆ Die Zwiebel und den Knoblauch abziehen und fein hacken. Die Karotte schälen, den Sellerie waschen und beides sehr fein würfeln.

◆ Die Tomaten kurz mit heißem Wasser überbrühen, häuten, vierteln und entkernen, dabei die Stielansätze entfernen. Das Fruchtfleisch fein würfeln.

◆ In einem großen Topf das Olivenöl erhitzen und die Zwiebeln darin goldgelb anbraten. Den Knoblauch, die Karotten und den Sellerie zufügen.

Sobald auch der Knoblauch Farbe angenommen hat, die Tomaten zugeben, salzen, pfeffern und auf kleiner Flamme mit geschlossenem Deckel köcheln lassen.

◆ Nach etwa 15 Minuten den Karpfen in die Sauce legen und alles weitere 20 Minuten im geschlossenen Topf köcheln lassen.

◆ Anschließend den Fisch aus dem Topf nehmen und beiseite stellen.

◆ Inzwischen den Mangold waschen, die Stängel entfernen und die Blätter grob hacken.

◆ Den gehackten Mangold in die Tomatensauce geben und etwa 30 Minuten auf kleiner Flamme kochen.

◆ Den Karpfen in die Sauce geben und einige Minuten darin ziehen lassen, bis er wieder heiß ist.

◆ Zum Servieren den Karpfen auf eine vorgewärmte Platte legen und mit der Gemüsesauce umgießen.

Für 4 Personen

1 küchenfertiger Karpfen von 1,3–1,5 kg Gewicht
1 Zwiebel
2 Knoblauchzehen
1 Karotte
1 Stange Staudensellerie
500 g reife Tomaten
8 EL Olivenöl
Salz · Pfeffer
800 g Mangold

Né carne né pesce …

Weder Fisch noch Fleisch …

Es wird erzählt, dass im Jahre 1367 ein gewisser Giò Belcotto mit seiner Räuberbande die Siedlung Stigliano an der Straße nach Sovicille, jenseits von Torri, völlig ausgeplündert und dabei alles, was an Essbarem aufzutreiben war, bis auf den letzten Rest verschlungen habe.

Dann entdeckte er plötzlich, dass die Einwohner von Stigliano Schnecken aßen, die sie meisterhaft zu kochen verstanden: Giò verlangte eine Kostprobe und war bald ganz versessen darauf!

Ob die Geschichte nun stimmt oder nicht – sie ist jedenfalls als Hinweis darauf zu verstehen, dass Schnecken auf Stiglianeser Art einfach köstlich sind … Das Rezept dafür finden Sie auf der nächsten Seite:

Chiocciole alla stiglianese

Schnecken auf Stiglianeser Art

Ich gehe davon aus, dass Sie lieber küchenfertige, also vorgegarte Schnecken verwenden und sich die langwierige und umständliche Prozedur des Reinigens ersparen möchten …

Für 6 Personen

500 g Tomaten
1 große Zwiebel
4 Knoblauchzehen
½ getrocknete Chilischote
350 g gemischte Wurstwaren (Bauchspeck, Salami, salsiccia *oder eine andere frische Schweinsbratwurst, roher Schinken, Mortadella)*
1 Sträußchen Estragon
6 EL Olivenöl
120 mittelgroße Schnecken, küchenfertig aus der Dose
Salz · Pfeffer
½ l Fleischbrühe
⅜ l Rotwein

Außerdem:
6 Scheiben Weißbrot
3 Knoblauchzehen

◆ Die Tomaten kurz mit heißem Wasser überbrühen, häuten, vierteln und entkernen, dabei die Stielansätze entfernen. Das Fruchtfleisch fein würfeln.

◆ Die Zwiebel und den Knoblauch abziehen und fein hacken. Die Chilischote mit einem Messer zerstoßen.

◆ Alle Wurstwaren fein würfeln.

◆ Den Estragon waschen, trockenschütteln, die Stängeln entfernen und die Blätter fein hacken.

◆ In einem Topf das Olivenöl erhitzen, die Zwiebeln darin hellblond anschwitzen, den Knoblauch und die Chilischote zufügen. Sobald der Knoblauch etwas Farbe angenommen hat, die fein gewürfelten Wurstwaren in den Topf geben und anbraten.

◆ Die Schnecken abgießen, zufügen, salzen und pfeffern. Mit je ⅛ l Brühe und Wein ablöschen und alles 10 Minuten im offenen Topf schmoren lassen.

◆ Die Temperatur reduzieren, die Schnecken weitere 30 Minuten im geschlossenen Topf köcheln lassen. Während dieser Zeit nach und nach die restliche Brühe und den übrigen Wein zugeben.

◆ 5 Minuten vor dem Ende der Garzeit den Estragon zufügen.

◆ Vor dem Servieren das Brot rösten, den Knoblauch abziehen und das Brot mit den Knoblauchzehen kräftig einreiben. Eine Servierschüssel damit auskleiden und die Schnecken mit der Sauce darüber geben.

Carne, pollame e selvaggina
Fleisch, Geflügel und Wild

Porchetta

Spanferkel

Spanferkel gilt in der Toskana als der traditionelle Festbraten schlechthin, vor allem in den Provinzen Arezzo, Grossetto und Siena darf er bei keinem Festessen fehlen!
Aber nicht nur zu besonderen Anlässen wird Spanferkel gegessen – auf den zahlreichen Wochenmärkten findet man stets Verkaufswagen, die frisch gebratenes Spanferkel anbieten – man kann sich scheibenweise etwas davon kaufen und gleich an Ort und Stelle mit einer Semmel verzehren.

Ein gutes Spanferkel darf maximal 20 kg wiegen – weniger Gewicht ist auf jeden Fall besser. Es wird kräftig gewürzt im Ganzen über Holzfeuer geröstet oder im Ofen gebraten.

Es versteht sich von selbst, dass diese Spezialität nicht in jedem Stadthaushalt zubereitet werden kann – schließlich braucht man einen Ofen, in den ein ganzes Spanferkel passt ... Trotzdem möchte ich Ihnen hier gern das Rezept verraten, weil es einfach zu den traditionellen toskanischen Gerichten gehört.

Wenn Sie es selbst ausprobieren möchten, dann kaufen Sie unbedingt ein küchenfertig vorbereitetes Spanferkel – also ausgenommen, gesäubert, entbeint und rasiert.

Die nachfolgend angegebenen Mengen für die Gewürze sind übrigens nur ungefähre Angaben, die genaue Zusammensetzung ist meist ein gut gehütetes Familiengeheimnis. Aber unabhängig davon, ob Sie die genannten Mengen genau befolgen oder variieren: Das Spanferkel wird auf jeden Fall gut gelingen und köstlich schmecken.

Für 12–14 Personen

12 Zwiebeln
1–2 ganze Knoblauchknollen
6–10 Zweige Rosmarin
6 Lorbeerblätter
4–6 Gewürznelken
1 EL Korianderkörner
1 EL Wildfenchelsamen
½ TL geriebener Muskat
Salz
Pfeffer
reichlich Olivenöl
1 ganzes küchenfertiges Spanferkel von 6–10 kg
½ Flasche Rotwein, am besten Chianti

◆ Die Zwiebeln und den Knoblauch abziehen. Die Zwiebeln halbieren.

◆ Aus den angegebenen Kräutern und Gewürzen, reichlich Salz und Pfeffer und 3 EL Olivenöl eine Würzmischung herstellen.

◆ Das Spanferkel außen mit reichlich Olivenöl bestreichen und innen und außen kräftig mit der Würzmischung einreiben. Die ganzen Knoblauchzehen und die Zwiebelhälften in die Bauchhöhle des Spanferkels geben und die Bauchöffnung mit Küchengarn zunähen.

◆ Das so vorbereitete Spanferkel entweder am Spieß langsam über offenem Holz – in der Toskana wird dafür Olivenholz verwendet – braten oder in einem Backofen bei niedriger Temperatur (150–160 °C) garen. Dabei immer wieder mit etwas Bratenfett bestreichen und ab und an ein Gläschen Rotwein darüber gießen. Abhängig von der Größe des Spanferkels und der Brattemperatur dauert es 5–7 Stunden, bis die Schwarte die charakteristische haselnussbraune Farbe angenommen hat und das Fleisch ganz durchgebraten ist.

◆ Um sicher zu gehen, dass das Spanferkel fertig ist, machen Sie die Garprobe: Dazu ein Hölzchen, zum Beispiel einen Schaschlikspieß, in das Fleisch stechen. Wenn klarer Fleischsaft austritt, können Sie mit dem Schlemmen beginnen!

Falls Sie das Spanferkel im Backofen zubereiten, können Sie als Beilage gleich noch ein paar Kartoffeln mitgaren: Die Kartoffeln schälen, vierteln, salzen und etwa 40 Minuten vor dem Ende der Garzeit in die Fettpfanne des Ofens legen.

Arista alla fiorentina

Schweinebraten auf Florentiner Art

Die italienische Bezeichnung arista *für das am Knochen gebratene Schweinekarree leitet sich vom griechischen Wort* aristos *(das Beste) ab. Und tatsächlich wird dieser Braten als das beste Stück des Schweins angesehen …*
Es gibt eine bekannte Geschichte vom Besuch des byzantinischen Patriarchen, der 1439 anlässlich des Ökumenischen Konzils nach Florenz kam: Während eines ihm zu Ehren veranstalteten Abendessens soll ihm ein so exzellenter Schweinebraten serviert worden sein, dass er begeistert „Aristos!“ rief, und seither nennen die Florentiner den so gepriesenen Schweinerückenbraten Arista.

Für 6 Personen

1,5 kg Schweinekarree mit Knochen
2 Knoblauchzehen
1 EL frische Rosmarinnadeln
Salz
frisch gemahlener Pfeffer
3–5 EL Olivenöl
2–3 Zweiglein Rosmarin
1 kg Kartoffeln

- Den Backofen auf 170 °C vorheizen.
- Das Fleisch vom Metzger in einem Stück vom Knochen lösen lassen, den Knochen mitnehmen.
- Den Knoblauch abziehen und fein hacken. Die Rosmarinnadeln ebenfalls hacken. Aus Knoblauch, Rosmarin, Salz, Pfeffer und etwas Olivenöl eine Würzmischung zubereiten.
- Das Fleisch mit einem spitzen Messer an mehreren Stellen tief einschneiden und jeweils etwas von der Würzmischung in die Einschnitte geben. Anschließend das ganze Fleischstück ringsherum mit der restlichen Würzmischung einreiben.
- Das gewürzte Fleisch auf den Knochen legen, die Rosmarinzweiglein obenauf legen und alles mit Küchengarn zusammenbinden.
- Das restliche Olivenöl in einer Bratenform erhitzen, das Fleisch mit den Knochen nach unten hineingeben und in den Ofen schieben.
- Während des Bratens immer wieder mit dem ausgetretenen Bratensaft begießen.
- Inzwischen die Kartoffeln schälen und in Stücke schneiden. Nach etwa 1 Stunde zum Braten geben und mitgaren.

◆ Nach 1 1/4 Stunden die Temperatur auf 200 °C hochschalten und den Braten noch etwa 15 Minuten im Ofen lassen. Auf diese Weise bekommt er seine schöne goldgelbe Farbe.

◆ Zum Servieren das Küchengarn, die Rosmarinzweiglein und den Knochen entfernen, das Fleisch in dicke Scheiben schneiden und auf einer vorgewärmten Servierplatte anrichten. Mit dem Bratensaft begießen und mit den Kartoffeln auf den Tisch bringen.

Cosciotto suino alla Maremma

Schweinekeule auf Maremma Art

Für 12 Personen

3–4 Knoblauchzehen
1 EL frische Rosmarinnadeln
1/2 TL Wildfenchelsamen
Salz
Pfeffer
5 EL Olivenöl
1 ganze entbeinte Keule von einem jungen Spanferkel (höchstens 3–4 kg)
1/2 l Rotwein

◆ Den Backofen auf 180 °C vorheizen.

◆ Den Knoblauch abziehen und fein hacken. Die Rosmarinnadeln hacken. Fenchel, Salz, Pfeffer, Rosmarin, Knoblauch und 1 EL Olivenöl zu einer Würzmischung verarbeiten.

◆ Die Schweinekeule innen und außen kräftig mit den Gewürzen einreiben, anschließend mit Küchengarn säuberlich umwickeln und zusammenbinden.

◆ Das restliche Olivenöl in einer Bratenform erhitzen, das Fleisch hineinlegen und von allen Seiten gut anbraten. Anschließend in den Ofen schieben und etwa 2 Stunden garen.

◆ Während der Garzeit das Fleisch immer wieder mit dem ausgetretenen Bratensaft begießen und nach etwa 1 Stunde den Rotwein über die Keule gießen.

◆ Zum Servieren das Küchengarn entfernen. Das Fleisch in Scheiben schneiden, mit dem Bratensaft begießen und auf einer vorgewärmten Servierplatte anrichten.

Als Beilagen zu diesem leckeren Braten passen übrigens ganz besonders gut Stängelkohl (Rezept siehe Seite 148) und im Ofen mitgebratene Kartoffeln (siehe vorstehendes Rezept).

Cosciotto suino lessato

Gekochte Schweinekeule

Für 12 Personen

3–4 Knoblauchzehen
1/2 TL Wildfenchelsamen
Salz · Pfeffer
1 EL Olivenöl
1 ganze entbeinte Keule von einem jungen Spanferkel (höchstens 3–4 kg)
6 Lorbeerblätter

Zum Kochen:
3 Knoblauchzehen
1 große Zwiebel
3 Lorbeerblätter

Für die Sauce:
1 Bund Petersilie
2 Knoblauchzehen
1 frische Chilischote
1 Prise Salz
8–10 EL Olivenöl extra vergine

◆ Den Knoblauch abziehen und fein hacken. Zusammen mit dem Fenchel, dem Olivenöl, Salz und Pfeffer zu einer Würzmischung verarbeiten.

◆ Die Schweinekeule innen und außen kräftig mit den Gewürzen einreiben, mit den Lorbeerblättern belegen und anschließend mit Küchengarn säuberlich umwickeln und zusammenbinden.

◆ Zum Kochen der Schweinekeule: In einem großen Topf etwas Wasser mit den abgezogenen Knoblauchzehen, der geschälten Zwiebel und den Lorbeerblättern zum Kochen bringen und die Keule auf einem Dämpfeinsatz im Wasserdampf 2 1/2–3 Stunden garen. Dabei darauf achten, dass immer genügend Wasser im Topf ist, das Fleisch aber nicht damit in Berührung kommt.

◆ Inzwischen für die Sauce die Petersilie waschen, trockenschütteln, die Stängel entfernen und die Blätter fein hacken.

◆ Den Knoblauch abziehen, die Chilischote waschen, trockentupfen, aufschneiden und die Kerne entfernen. Knoblauch und Chilischote ebenfalls sehr fein hacken. Alles zusammen mit dem Salz und dem Olivenöl gut vermischen.

◆ Sobald das Fleisch gar ist, das Küchengarn und die Lorbeerblätter entfernen und die Schweinekeule in dicke Scheiben schneiden. Mit der Sauce servieren.

Bistecchine di maiale con le olive

Schweineschnitzel mit Oliven

Für 6 Personen

3 Knoblauchzehen
500 g Tomaten
3–4 EL Olivenöl
1 ½ TL Wildfenchelsamen
6 Schweineschnitzel zu je 150 g
150 g schwarze Oliven, entsteint
Salz
Pfeffer

◆ Den Knoblauch abziehen. Die Tomaten kurz mit heißem Wasser überbrühen, häuten, vierteln und entkernen, dabei die Stielansätze entfernen. Das Fruchtfleisch würfeln.
◆ In einer großen Pfanne das Olivenöl erhitzen, die Knoblauchzehen und den Fenchelsamen darin anrösten. Sobald der Knoblauch etwas Farbe angenommen hat, die Schweineschnitzel in die Pfanne legen und bei starker Hitze von beiden Seiten anbraten.
◆ Sobald die Schnitzel leicht gebräunt sind, die Oliven zufügen, etwa 1 Minute mitbraten, anschließend die Tomaten zugeben.
◆ Salzen, pfeffern und ohne Deckel schmoren lassen, bis die Kochflüssigkeit verdunstet ist.

Spezzatino di maiale

Schweinefleischragout

Für 6 Personen

3 Knoblauchzehen
1 Sträußchen Salbei
1 kg mageres Schweinefleisch aus der Schulter
500 g Tomaten
4 EL Olivenöl
1/8 l Weißwein
150 g schwarze Oliven, entsteint
Salz · Pfeffer

◆ Den Knoblauch abziehen, die Salbeiblättchen von den Stangeln zupfen.
◆ Das Fleisch grob würfeln.
◆ Die Tomaten kurz mit heißem Wasser überbrühen, häuten, vierteln und entkernen, dabei die Stielansätze entfernen. Das Fruchtfleisch würfeln.
◆ In einem Topf das Olivenöl erhitzen, den Knoblauch und den Salbei kurz darin anbraten. Sobald der Knoblauch Farbe annimmt, das Fleisch zugeben. Bei starker Hitze ringsherum anbraten und mit dem Wein ablöschen. Wenn der Wein verdunstet ist, die Oliven zufügen, kurz mitschmoren lassen und die Tomaten zugeben.
◆ Mit Pfeffer und Salz würzen und etwa 1 1/2 Stunden auf kleiner Flamme bedeckt köcheln lassen. Falls während der Garzeit zu viel Flüssigkeit verdunstet, etwas Wasser nachgießen.

Rosticiana o costoleccio

Schweinerippchen, gegrillt oder gebraten

Ein ebenso einfaches wie köstliches Gericht. Sie können die Rippchen entweder über Holzkohle grillen oder im Backofen braten.

Für 4–6 Personen

1 kg Schweinerippchen
Salz · Pfeffer

eventuell:
3 EL Olivenöl
1/8 l Weißwein

Wenn Sie grillen möchten:
- Im Holzkohlengrill eine schöne Glut erzeugen.
- Die Rippchen gut mit Salz und Pfeffer einreiben und auf dem Grill unter mehrmaligem Wenden so lange brutzeln, bis sie schön knusprig sind.

Wenn Sie die Rippchen im Backofen zubereiten möchten:
- Den Backofen auf 180 °C vorheizen.
- In einem flachen Bräter das Olivenöl erhitzen und die mit Salz und Pfeffer gewürzten Rippchen gut darin anbraten. Mit dem Weißwein ablöschen und im Backofen 30–45 Minuten braten.

Cotenne di maiale ripiene

Gefüllte Schweineschwarte

Für 4 Personen

600 g Schweineschwarte
Salz

Für die Füllung:
2 Scheiben Weißbrot
etwas Milch
2 Knoblauchzehen
1 Sträußchen Petersilie
2 salsicce oder andere Schweinsbratwürste
2–3 EL frisch geriebener Parmesan
Salz
Pfeffer
1 Prise Muskat
2 Eier
200 g Hackfleisch

Außerdem:
1 Zwiebel
1 Karotte
1 Stange Staudensellerie
6 große vollreife Tomaten
7–8 EL Olivenöl
Salz · Pfeffer

◆ Die Schwarte gründlich waschen und in reichlich Salzwasser gut 1 Stunde kochen. Anschließend abkühlen lassen und in 12 x 12 cm große Stücke schneiden.
◆ Inzwischen für die Füllung das Brot entrinden und in Milch einweichen.
◆ Den Knoblauch häuten und fein hacken.
◆ Die Petersilie waschen, trockenschütteln, die Stängel entfernen und die Blätter fein hacken.
◆ Die Würste abziehen und das Fleisch fein zerpflücken.
◆ In einer Schüssel das ausgedrückte Brot, den Knoblauch, die Petersilie, den geriebenen Käse, Salz, Pfeffer, Muskat und die Eier gut vermischen. Das Hackfleisch und die Wurststückchen untermischen.
◆ Die Füllung gleichmäßig auf die Schwartenstückchen streichen, die Schwarten aufrollen und die Enden mit Zahnstochern gut feststecken.
◆ Die Zwiebel abziehen und fein hacken. Die Karotte schälen, den Sellerie waschen und beides fein würfeln.
◆ Die Tomaten kurz mit heißem Wasser überbrühen, häuten, vierteln und entkernen, dabei die Stielansätze entfernen. Das Fruchtfleisch grob würfeln.
◆ In einem Topf das Olivenöl erhitzen und die Zwiebeln hellblond darin anschwitzen. Sobald sie Farbe angenommen haben, die Karotten- und Selleriewürfel zugeben. Die Tomaten zufügen, salzen, pfeffern und ein paar Minuten köcheln lassen. Anschließend die gefüllten Schwarten mit in den Topf geben.
◆ Das Gericht auf kleiner Flamme mit geschlossenem Deckel etwa 45 Minuten köcheln lassen. Sofort heiß servieren.

Cotenne, pieducci, budella e codini di maiale lessi

Gekochte Schwarten, Füßchen, Därme und Schwänzchen vom Schwein

Dieses rustikale Gericht entstammt der bäuerlichen Küche – es wurde eben vom Schwein einfach alles gegessen ... Auch heute noch wird es auf dem Land gern gekocht und mit einer pikanten Sauce serviert.

Für 6 Personen

300 g Schweinedärme
3 EL Essig
1 Stange Staudensellerie
2 Karotten
1 Sträußchen Petersilie
2 Knoblauchzehen
1 Zwiebel
2 vollreife Tomaten
Salz
300 g Schweineschwarte
2 Schweinsfüßchen
300 g Schweineschwänzchen

Für die Sauce:
5 Knoblauchzehen
1 Sträußchen Petersilie
3 in Salz eingelegte Sardellenfilets
Saft von 1 Zitrone
knapp 1/8 l Olivenöl extra vergine

◆ Am Vortag die Schweinedärme sehr sorgfältig waschen und für 24 Stunden in Essigwasser legen.

◆ Am nächsten Tag die Därme gründlich ausspülen und in etwa 10 cm lange Stücke schneiden.

◆ Den Sellerie waschen und in dünne Scheiben schneiden. Die Karotten schälen und fein würfeln.

◆ Die Petersilie waschen, trockenschütteln, die Stängel entfernen und die Blätter fein hacken.

◆ Knoblauch und Zwiebel abziehen und fein hacken.

◆ Die Tomaten kurz mit heißem Wasser überbrühen, häuten, vierteln und entkernen, dabei die Stielansätze entfernen. Das Fruchtfleisch würfeln.

◆ Die geputzten Darmstücke in einem Topf mit gerade so viel Wasser, dass sie gut bedeckt sind und der Hälfte des geschnittenen Gemüses (mit Ausnahme der Tomaten) sowie etwas Salz 3 Stunden auf kleiner Flamme kochen.

◆ Unterdessen die Schwarte, die Füßchen und die Schwänze gut waschen und mit dem restlichen geschnittenen Gemüse sowie den Tomaten in einen anderen Topf geben. So viel Wasser angießen, dass alles knapp bedeckt ist, salzen und etwa 2 Stunden auf kleiner Flamme kochen. Das Fleisch ist gar, wenn es sich mit einer Gabel leicht einstechen lässt.

◆ Inzwischen die Sauce zubereiten: Den Knoblauch abziehen und sehr fein hacken. Die Petersilie waschen, trockenschütteln, die Stängel entfernen und die Blätter fein hacken. Die Sardellenfilets abspülen und ebenfalls fein hacken.
◆ Knoblauch, Petersilie und Sardellen mit dem Zitronensaft in einer Schüssel gut vermischen und nach und nach so viel Olivenöl dazugeben, dass eine cremige Sauce entsteht. Dabei ständig Rühren, gerade so, als wenn Sie eine Mayonnaise herstellen würden.
◆ Die gekochten Darmstücke und das Schweinefleisch auf zwei Schüsseln verteilen und sofort heiß servieren. Die Soße getrennt dazu reichen.

Salsicce con i rapini

Schweinsbratwürste mit Stängelkohl

Rapini *oder auch* cime di rapa *(s. Seite 148) ist in Kombination mit* salsicce *ein typisches Wintergericht, das besonders im Dezember gern gegessen wird, wenn der Kohl die ersten Kälteeinbrüche überstanden hat und es ganz frisch gepresstes Olivenöl gibt.*

Für 6 Personen

1 ½ kg Stängelkohl
Salz
4 Knoblauchzehen
4–5 EL Olivenöl
12 salsicce oder andere Schweinsbratwürste

◆ Den Stängelkohl waschen, in reichlich Salzwasser ca. 5 Minuten kochen, abgießen, abtropfen lassen und sehr fein hacken.
◆ Inzwischen den Knoblauch abziehen und mit einem schweren Messer zerdrücken.
◆ In einer Pfanne das Olivenöl erhitzen und den Knoblauch zugeben. Sobald er etwas Farbe angenommen hat, den gehackten Stängelkohl zufügen und auf kleiner Flamme bedeckt ca. 10 Minuten schmoren lassen.
◆ Die Bratwürste mehrfach mit einer Gabel einstechen, auf das Gemüse legen und 15–20 Minuten mit geschlossenem Deckel mitdünsten.

Salsicce con i fagioli

Schweinsbratwürste mit Bohnen

Für 6 Personen

700 g getrocknete weiße Bohnen, vorzugsweise cannellini
Salz
5–6 große Tomaten
4 Knoblauchzehen
3 EL Olivenöl
4–6 Salbeiblätter
frisch gemahlener Pfeffer
12 salsicce *oder andere Schweinsbratwürste*

◆ Die Bohnen am Vortag in reichlich Wasser einweichen.

◆ Am nächsten Tag die Bohnen abgießen und in Salzwasser auf kleiner Flamme in etwa 45 Minuten weich kochen.

◆ Inzwischen die Tomaten kurz mit heißem Wasser überbrühen, häuten, vierteln und entkernen, dabei die Stielansätze entfernen. Das Fruchtfleisch grob würfeln.

◆ Den Knoblauch abziehen und fein hacken.

◆ In einem Topf das Olivenöl erhitzen und den Knoblauch zufügen. Sobald er Farbe angenommen hat, die Tomaten, die Salbeiblätter, Salz und Pfeffer zugeben und dünsten, bis fast die ganze Flüssigkeit verdampft ist.

◆ Die gekochten Bohnen mit gut einem Viertel der Kochflüssigkeit zufügen und umrühren. Die *salsicce* mehrfach mit einer Gabel einstechen und auf die Bohnen legen.

◆ Auf kleiner Flamme 15–20 Minuten köcheln lassen und ganz heiß mit frisch gemahlenem Pfeffer bestreut servieren.

In der bäuerlichen Küche spielte dieses Gericht früher eine große Rolle, denn es kam darauf an, möglichst nahrhafte Speisen auf den Tisch zu bringen.

Auch heute noch ist dieses traditionelle Gericht ein beliebtes Winteressen, das zunehmend wieder auf den Speisekarten der Trattorien zu finden ist.

Fegatelli di maiale all'aretina

Schweineleber auf Aretiner Art

Wie sooft gibt es auch bei diesem Gericht Diskussionen darüber, in welcher Gegend der Toskana es seinen Ursprung hat – gerade so, als wenn es nur an diesem Ort gegessen würde. Aber um der Wahrheit die Ehre zu geben: Das Rezept für diese köstliche im Netz gebratene Schweineleber scheint tatsächlich aus Arezzo zu stammen, gehört jedoch auch in der Provinz Siena schon seit jeher zu den Standardgerichten …

Unter Schweinenetz versteht man die Membran des Bauchfells, die aus einem netzartigen Fettgewebe besteht. Fleisch, das im Schweinenetz zubereitet wird, trocknet nicht aus und wird herrlich aromatisch, da sich beim Garen das Fett fast vollständig auflöst. Es empfiehlt sich übrigens, beim Metzger vorzubestellen, weil Schweinenetz nicht immer vorrätig ist.

Für 6 Personen

etwa 400 g Schweinenetz
2–3 Knoblauchzehen
Fenchelsamen
Salz
Pfeffer
650 g Schweineleber
1 paar Stängel Wildfenchel
5–6 EL Olivenöl
gut 1/8 l Rotwein

- Das Schweinenetz gut waschen und 5–10 Minuten in lauwarmem Wasser einweichen.
- Den Knoblauch abziehen, sehr fein hacken und mit den Fenchelsamen sowie Salz und Pfeffer gut vermischen.
- Die Leber waschen, trockentupfen und in etwa hühnereigroße Stücke zerschneiden.
- Das Schweinenetz aus dem Wasser nehmen, ausbreiten und in so große Stücke zerschneiden, dass sich die Leberstückchen einzeln gut darin einwickeln lassen.
- Die Leberstücke mit der Würzmischung kräftig einreiben und jeweils in ein Stückchen Schweinenetz einwickeln. Die Netzenden mit einem Wildfenchelstängel (falls Sie keinen bekommen, tut es auch ein Zahnstocher) zusammenstecken.
- In einer großen Pfanne das Olivenöl erhitzen und die Leberstücke von allen Seiten darin anbraten. Den Rotwein angießen, die Hitze reduzieren und die Leber 6–8 Minuten auf kleiner Flamme fertig braten.

Vitello in arrosto morto

Geschmorter Kalbsbraten

Der Begriff arrosto morto *bezeichnet in der Toskana Braten, die im Backofen oder auf dem Herd, auf jeden Fall jedoch auf einem Gemüsebett geschmort werden.*

Im Gegensatz dazu gibt es arrosto in porchetta, *also am Spieß über offenem Feuer gebratenes Fleisch, wie zum Beispiel* Pollo arrosto in porchetta *(Rezept siehe Seite 256).*

Für 6 Personen

2–3 Knoblauchzehen
100 g Bauch- oder Rückenspeck
Salz · Pfeffer
1 kg mageres Kalbfleisch (aus der Nuss)
4 EL Olivenöl
etwas Butter oder Schweineschmalz
1/8 l Weißwein
1/4 l heiße Brühe
12 Kartoffeln
1 Zweig Rosmarin

- Den Backofen auf 180 °C vorheizen.
- Den Knoblauch abziehen und fein hacken. Den Speck sehr fein würfeln und beides mit Salz und Pfeffer vermischen.
- Mit einem spitzen Messer kleine Taschen in das Fleisch schneiden, mit einem Teil der Würzmischung füllen und mit dem Rest das Fleisch ringsherum einreiben.
- In einen flachen Bräter das Olivenöl und ein paar Butter- oder Schmalzflöckchen geben. Das Fleisch hineinlegen, in den Backofen schieben und etwa 1 1/4 Stunden braten.
- Von Zeit zu Zeit löffelweise mit Wein und Brühe beschöpfen.
- Inzwischen die Kartoffeln schälen, in Stücke schneiden und ca. 40 Minuten vor dem Ende der Garzeit in den Bräter geben. Salzen, den Rosmarinzweig zufügen und mit dem Fleisch garen.
- Wenn der Braten eine schöne haselnussbraune Farbe angenommen hat, das Fleisch aus dem Ofen nehmen und in Scheiben geschnitten auf einer vorgewärmten Servierplatte anrichten. Die Kartoffeln mit auf die Platte legen, die Bratensauce getrennt dazu servieren.

In der Gegend von Montichiello, Pienza und Montepulciano gibt man meist noch Kräuter wie Rosmarin, Salbei und gelegentlich auch ein wenig Thymian in die Würzmischung.

Diese Variante finde ich übrigens ganz besonders wohlschmeckend!

Vitello al latte

In Milch geschmortes Kalbfleisch

Für 6 Personen

1 kg magere Kalbsnuss
etwas Mehl
2 Lauchstangen
1 Knoblauchzehe
100 g Butter
1 Zweiglein Majoran
ein paar Lorbeerblätter
Salz
Pfeffer
1 l heiße Milch

◆ Das Fleisch mit Küchengarn umwickeln, damit es beim Braten seine Form behält, und mit etwas Mehl bestäuben.

◆ Den Lauch gründlich waschen, trockentupfen, den oberen grünen Teil entfernen, den Rest in feine Ringe schneiden.

◆ Den Knoblauch abziehen und fein würfeln.

◆ In einem Bratentopf 80 g Butter zerlassen und das Fleisch mit Lauch und Knoblauch hineingeben. Von allen Seiten langsam anbraten, Majoran und Lorbeerblätter zufügen, salzen und pfeffern.

◆ Wenn das Fleisch ringsherum goldgelb angebraten ist, die heiße Milch angießen und das Gericht zugedeckt auf kleiner Flamme etwa 2 Stunden schmoren lassen.

◆ Anschließend das Fleisch aus der Sauce nehmen und beiseite stellen.

◆ Die Sauce durch ein Sieb gießen, zurück in den Topf geben und 1 TL Mehl und die restliche Butter hineinrühren. Noch einmal aufkochen lassen.

◆ Inzwischen den Braten tranchieren und auf einer vorgewärmten Platte anrichten. Mit etwas heißer Sauce übergießen, die restliche Sauce getrennt dazu reichen.

Bistecca alla fiorentina

Rindersteak auf Florentiner Art

Bistecca alla fiorentina *ist der ganze Stolz der Florentiner Küche und ein echter Leckerbissen für alle Fleischliebhaber! Ausschlaggebend für diesen Genuss ist die Fleischqualität – für eine richtige* Fiorentina *wird nur das Fleisch von sehr jungen weißen Chianina-Rindern verwendet. Es muss aus dem Lendenstück geschnitten sein und besteht aus Filet und Konterfilet mit einem T-förmigen Knochen in der Mitte. Ersatzweise können Sie zwar das Fleisch einer anderen Rinderrasse verwenden, doch damit ist der unvergleichliche Geschmack einer echten* Bistecca alla fiorentina *nicht ganz zu erreichen ... Wie dem auch sei, vielleicht haben Sie ja die Gelegenheit, das „richtige" Fleisch zu bekommen, daher verrate ich Ihnen hier, wie's gemacht wird.*

Den besten Geschmack bekommt das Fleisch, wenn man es über Holzkohle grillt. Falls das nicht möglich ist, können Sie es auch auf andere Art zubereiten, zum Beispiel unter dem Backofengrill oder auf einer heißen Platte über der Gasflamme. Wichtig ist, dass es grundsätzlich ohne Öl gegrillt und keinesfalls durchgebraten werden darf! Übrigens: Alles, was Sie neben Salz und eventuell Pfeffer zum Würzen verwenden, wäre ein Sakrileg!

Für 2 Personen

1 T-Bone-Steak von 800–1000 g, möglichst vom Chianina-Rind
Salz
evtl. frisch gemahlener Pfeffer

◆ Das Fleisch sollte unbedingt Zimmertemperatur haben, also bitte rechtzeitig aus dem Kühlschrank nehmen!

◆ Den Holzkohlengrill anheizen. Wenn sich eine kräftige Glut gebildet hat, das Fleisch mit einer Zange – nie mit einer Gabel das Fleisch anstechen! – darauf legen. Der richtige Abstand zur Glut beträgt etwa 10 cm. Das Steak genau 5 Minuten grillen, salzen und mit der Zange wenden. Die zweite Seite ebenfalls 5 Minuten grillen und anschließend mit etwas Salz bestreuen.

◆ Das Fleisch auf ein Holzbrett legen und – wenn's denn sein muss – mit frisch gemahlenem Pfeffer würzen.

◆ Den Mittelknochen auslösen, Filet und Konterfilet quer in etwa 4 cm breite Streifen schneiden und servieren. Guten Appetit!

Tagliata di manzo

Rinderfilet mit Rucola

Dieses köstliche Gericht ist gerade im Sommer sehr beliebt, es eignet sich sowohl als Vorspeise als auch als leichtes Hauptgericht. Wenn Sie es als Vorspeise servieren, nehmen Sie nur die Hälfte der Zutaten.

Für 4 Personen

300 g Rucola
1,2 kg Rinderfilet
8 EL Olivenöl
1 Zweig Rosmarin
Salz
frisch gemahlener Pfeffer
1 Zitrone

◆ Den Rucola verlesen und eventuell die harten Stängel entfernen. Den Salat gründlich waschen, abtropfen lassen und auf vier Teller verteilen.

◆ Das Rinderfilet in vier Portionsstücke zerteilen. In einer großen Pfanne sehr wenig Öl erhitzen und die Filets bei starker Hitze von allen Seiten 1–2 Minuten darin braten. Das Fleisch soll außen schön knusprig und innen noch rosa mit einem rohen Kern sein.

◆ Die Filets aus der Pfanne nehmen und kurz in Alufolie einwickeln.

◆ Das restliche Öl in der Pfanne mit dem Rosmarin erhitzen, sobald er zu bräunen beginnt, wieder aus der Pfanne nehmen.

◆ Das Fleisch schräg in etwa 5 mm dicke Scheiben schneiden, auf dem Salat anrichten und mit dem ausgetretenen Fleischsaft und dem aromatisierten Öl beträufeln. Salzen, pfeffern und sofort mit Zitronenachteln garniert servieren.

Stracotto

Rinderschmorbraten

Dieser butterweiche, aromatische Schmorbraten ist in der gesamten Toskana ein beliebtes Gericht. Die Zutaten variieren von Ort zu Ort ein wenig, da sich das Rezept mit Gemüse aus dem Garten und nach Lust und Laune der Köchin abwandeln lässt. Der Name stracotto *verrät schon etwas über die Zubereitung: Das Fleisch wird extra lang geschmort und dadurch besonders mürb.*

Das Rezept, das ich Ihnen hier verrate, ist das klassische und stammt aus der Florentiner Küche. Dazu passen wunderbar Kartoffelbrei und ein guter Chianti!

Für 4 Personen

2–3 Knoblauchzehen
60 g gepökelter Bauchspeck
Salz · Pfeffer
600 g Rindfleisch aus der Hüfte (oberes Keulenstück)
1 Karotte
1 Stange Staudensellerie
1 Zwiebel
400 g Tomaten
4 EL Olivenöl
gut 1/4 l Rotwein (möglichst Chianti)
etwas Brühe

◆ Den Knoblauch abziehen und fein hacken. Den Speck sehr fein würfeln und beides mit Salz und Pfeffer vermischen.
◆ Das Rindfleisch spicken: Dazu kleine Taschen in das Fleisch schneiden und die Speckmischung hineingeben.
◆ Die Karotte schälen, den Sellerie waschen und die Zwiebel abziehen. Alles fein würfeln.
◆ Die Tomaten kurz mit heißem Wasser überbrühen, häuten, vierteln und entkernen, dabei die Stielansätze entfernen. Das Fruchtfleisch fein würfeln.
◆ In einem Topf das Olivenöl erhitzen und die Karotten, den Sellerie sowie die Zwiebeln darin anbraten. Sobald die Zwiebeln etwas Farbe angenommen haben, das Fleischstück dazugeben und von allen Seiten gleichmäßig anbraten.
◆ Mit dem Rotwein ablöschen. Sobald er verdunstet ist, die Tomaten und eine Schöpfkelle Brühe dazugeben, salzen.
◆ Die Temperatur zurückschalten und den Braten auf kleinster Flamme im bedeckten Topf mindestens 3 Stunden schmoren lassen. Hin und wieder etwas Brühe nachgießen, damit das Fleisch nicht austrocknet.
◆ Den fertigen Schmorbraten tranchieren, auf einer vorgewärmten Servierplatte anrichten und die Sauce getrennt dazu reichen.

Stufato alla campaldino

Schmorbraten „Campaldino"

Für 4 Personen

1 Zwiebel
1–2 Knoblauchzehen
1–2 Karotten
1 Sträußchen Basilikum
1 Sträußchen Petersilie
1 getrocknete Chilischote
4 EL Olivenöl
650 g Rindfleisch aus der Hüfte (oberes Keulenstück)
1/8 l Weißwein
ca. 1/2 l heiße Brühe
Salz
1–2 Lorbeerblätter

◆ Die Zwiebel und den Knoblauch abziehen, die Karotten schälen und alles fein hacken.

◆ Basilikum und Petersilie waschen, trockenschütteln, die Stängel entfernen und die Blätter fein hacken.

◆ Die Chilischote mit einem Messer zerstoßen.

◆ In einem Topf das Olivenöl erhitzen, Zwiebeln und Karotten darin anbraten. Sobald die Zwiebeln etwas Farbe angenommen haben, den Knoblauch, die Chilischote und die Petersilie zugeben. Kurz darauf das Fleisch zum Röstgemüse geben und von allen Seiten rasch anbraten.

◆ Mit dem Wein ablöschen. Sobald er verdunstet ist, mit so viel Brühe aufgießen, dass das Fleisch gerade bedeckt ist. Salzen, die Lorbeerblätter und das Basilikum zugeben.

◆ Die Temperatur zurückschalten und das Fleisch mit geschlossenem Deckel auf kleiner Flamme langsam schmoren lassen.

◆ Während der Garzeit eventuell noch etwas Brühe nachgießen, falls zu viel Flüssigkeit verdampft ist.

◆ Nach etwa 2 Stunden ist der Schmorbraten fertig. Zum Anrichten das Fleisch aufschneiden und mit der Sauce servieren.

Agnello arrosto

Gebratene Lammkeule

Für 6 Personen

2 Knoblauchzehen
1 EL frische Rosmarinnadeln
Salz · Pfeffer
1 schöne Lammkeule von etwa 1,2 kg
6 EL Olivenöl
$^{1}/_{8}$ l Weißwein

◆ Den Backofen auf 180 °C vorheizen.

◆ Den Knoblauch abziehen. Zusammen mit dem Rosmarin fein hacken und mit Salz und Pfeffer vermischen.

◆ Die Lammkeule mit kaltem Wasser abspülen, trockentupfen und mit der Würzmischung kräftig einreiben.

◆ In einem flachen Bräter 4 EL Olivenöl erhitzen, das Fleisch hineingeben und kräftig von allen Seiten anbraten. Das restliche Olivenöl über das Fleisch träufeln und den Braten in den Backofen schieben.

◆ Während der Garzeit – das Fleisch braucht 2–2 $^{1}/_{2}$ Stunden – immer wieder mit dem Bratensaft und etwas Weißwein begießen.

◆ Die fertig gebratene Keule sollte schön weich sein und sich leicht vom Knochen lösen lassen.

◆ Zum Anrichten das Fleisch in Scheiben schneiden und mit dem Bratenfond begießen.

Natürlich können Sie dieses Gericht ebenso gut mit Zicklein (capretto) *zubereiten.*
Die passende Beilage können Sie gleichzeitig zubereiten: Geben Sie eine gute halbe Stunde vor dem Ende der Garzeit geschälte, in Stücke geschnittene Kartoffeln in den Bräter und servieren Sie sie zum Fleisch.

Buglione di agnello

Lammschmortopf

Für 6 Personen

Für die Marinade:
1–2 Karotten
1 Stange Staudensellerie
1/8 l Rotwein
1 EL Weinessig
1 Zweig Rosmarin
einige Salbeiblättchen
3 Lorbeerblätter

1 kg Lammfleisch aus der Schulter
500 g Zwiebeln
2–3 Knoblauchzehen
1/2 Chilischote
2–3 Scheiben Bauchspeck
350 g Tomaten
4–5 EL Olivenöl
gut 1/8 l Fleischbrühe
Salz · Pfeffer
150 g Spinat
150 g Mangold

Außerdem:
3 Knoblauchzehen
1 Hand voll Bergminze
oder eine andere Minzesorte
6 Scheiben toskanisches Landbrot

◆ Am Vortag die Marinade herstellen: Die Karotten schälen, den Sellerie waschen und beides fein würfeln. Rotwein, Essig, Karotten, Sellerie, Rosmarin, Salbei und Lorbeerblätter in einem Topf kurz aufkochen und abkühlen lassen.

◆ Das Fleisch in 4–5 cm große Würfel schneiden und mit der erkalteten Marinade übergießen. Zugedeckt bis zur Weiterverwendung stehen lassen.

◆ Am nächsten Tag das Fleisch aus der Marinade nehmen, abtropfen lassen und gut trockentupfen. Die Marinade durch ein Sieb gießen, das Gemüse und die Flüssigkeit getrennt beiseite stellen.

◆ Die Zwiebeln und den Knoblauch abziehen und fein hacken. Die Chilischote klein schneiden und die Kerne dabei entfernen. Den Bauchspeck fein würfeln.

◆ Die Tomaten kurz mit heißem Wasser überbrühen, häuten, vierteln und entkernen, dabei die Stielansätze entfernen. Das Fruchtfleisch grob würfeln.

◆ In einem großen Schmortopf das Olivenöl erhitzen und das Fleisch von allen Seiten kurz darin anbraten. Die Temperatur zurückschalten und bei geringer Hitze so lange weiterbraten, bis das Fleisch keine Flüssigkeit mehr abgibt.

◆ Die Zwiebeln, den Knoblauch und die Chilischote zufügen, kurz mit anbraten und mit der Marinade ablöschen.

◆ Die Flüssigkeit kurz einkochen lassen, die Tomaten und das Gemüse aus der Marinade sowie den gewürfelten Speck zufügen. Die Brühe angießen, salzen und pfeffern und das Fleisch auf kleiner Flamme zugedeckt 1 1/2–2 Stunden schmoren lassen.

◆ Falls während des Schmorens zu viel Flüssigkeit verdampft, noch etwas heiße Brühe angießen. Das Fleisch sollte immer gut mit Flüssigkeit bedeckt sein.

◆ Inzwischen den Spinat und den Mangold waschen und grob hacken. Etwa 15 Minuten vor dem Ende der Garzeit zum Fleisch geben.
◆ Vor dem Anrichten die Knoblauchzehen abziehen. Die Minze waschen, trockenschütteln, die Blätter von den Stängeln zupfen und fein hacken.
◆ Das Brot rösten und jede Scheibe kräftig mit Knoblauch einreiben. Die Brotscheiben in eine große Terrine legen und mit dem Lammschmortopf übergießen. Die Minze darüber streuen und sofort heiß servieren.

Agnello fritto

Frittierte Lammkoteletts

Für 4 Personen

2 Eier · Salz
600 g dünne Lammkoteletts
150 g Semmelbrösel
reichlich Sonnenblumenöl zum Ausbacken
1 Zitrone

◆ Die Eier mit etwas Salz verquirlen.
◆ Die Koteletts mit einem Fleischklopfer leicht klopfen, durch die verquirlten Eier ziehen und in den Semmelbröseln wenden. Die Brösel etwas festklopfen.
◆ In einer hohen Pfanne reichlich Öl erhitzen und die panierten Koteletts in dem brutzelnden Fett frittieren. Sobald sie auf einer Seite eine goldgelbe, nicht zu dunkle Farbe angenommen haben, wenden und auf der zweiten Seite ebenfalls knusprig werden lassen.
◆ Die fertigen Koteletts auf Küchenpapier kurz abtropfen lassen und mit Zitronenachteln garniert servieren.

Scottiglia

Schmortopf aus gemischtem Fleisch

Dieser köstliche Schmortopf stammt aus der Provinz Arezzo. Vielleicht ist er einmal entstanden, als man zu einem großen Festessen alles aufbieten wollte, was man hatte. Wie dem auch sei: Unter allen geschmorten Fleischgerichten ist dieses zweifellos ein Meisterwerk.

Auch bei diesem Gericht gibt es natürlich viel Spielraum für eigenständige Interpretationen bei der Zubereitung – die Zutaten können je nach Jahreszeit und Phantasie des Kochs da und dort variieren …

Für 6–8 Personen

½ Hähnchen · ½ Kaninchen
250 g Lammschulter
250 g Kalbshüfte
250 g mageres Schweinefleisch
1 küchenfertige Taube
1 große Zwiebel
1 Stange Staudensellerie
1 Karotte
1–2 getrocknete Chilischoten
1 Sträußchen Petersilie
600 g geschälte Tomaten aus der Dose
6–7 EL Olivenöl
⅛–¼ l trockener Weißwein
gut ½ l heiße Brühe · Salz

Außerdem:
8 Scheiben altbackenes Weißbrot
evtl. frisch gemahlener Pfeffer

- Das Fleisch waschen, trockentupfen und in nicht zu große Stücke schneiden. Das Geflügel entbeinen und ebenfalls zerteilen.
- Die Zwiebel schälen, den Sellerie waschen, die Karotte schälen und alles fein hacken.
- Die Chilischoten mit einem Messer zerstoßen.
- Die Petersilie waschen, trockenschütteln, die Stängel entfernen und die Blätter fein hacken.
- Die Tomaten abgießen und das Fruchtfleisch grob zerteilen.
- In einem großen Topf, in dem das gesamte Fleisch Platz hat, das Olivenöl erhitzen. Zwiebeln, Sellerie, Karotten, die Chilischote und die Petersilie darin anbraten. Sobald die Zwiebeln etwas Farbe angenommen haben, die Fleischstücke dazugeben und von allen Seiten gleichmäßig anbraten.
- Mit dem Wein ablöschen. Sobald er verdunstet ist, die Tomaten und etwas heiße Brühe zugeben, salzen. Das Fleisch sollte fast mit Flüssigkeit bedeckt sein.
- Die Temperatur zurückschalten und alles bei schwacher Hitze mit geschlossenem Deckel 1 ½ Stunden schmoren lassen.
- Zwischendurch immer wieder etwas heiße Brühe nachgießen, falls zu viel Flüssigkeit verdampft ist. Am Schluss muss das Fleisch weich, darf aber nicht verkocht sein.

◆ Vor dem Servieren das Brot rösten, in eine große Servierschüssel legen und das geschmorte Fleisch mit der Sauce darüber geben.
◆ Ein paar Minuten ruhen lassen, damit sich das Brot mit der Sauce voll saugen kann.
◆ Bei Tisch eventuell mit frisch gemahlenem Pfeffer nachwürzen.

Arrosto misto

Gemischter Braten

Für 6 Personen

1 junges Hähnchen (etwa 1 kg), küchenfertig
2 junge Tauben, küchenfertig
1 Kaninchen (etwa 1 kg), küchenfertig
2–3 Knoblauchzehen
1 EL frische Rosmarinnadeln
einige Salbeiblättchen
Salz · Pfeffer
einige Scheiben Bauchspeck
3 EL Olivenöl
½ l Weißwein
12 Kartoffeln
6–8 salsicce oder andere Schweinsbratwürste

◆ Den Backofen auf 200 °C vorheizen.
◆ Das Geflügel und das Kaninchen gründlich waschen und mit Küchenpapier trockentupfen.
◆ Den Knoblauch abziehen und sehr fein würfeln. Den Rosmarin und den Salbei fein hacken. Alles mit Salz und Pfeffer vermischen.
◆ Das Fleisch innen und außen mit dieser Würzmischung kräftig einreiben. Das Kaninchen mit dem Speck umwickeln und mit Küchengarn fixieren. Die Tauben und das Hähnchen mit Küchengarn umwickeln, damit das Geflügel beim Braten seine Form behält.
◆ Alles nebeneinander in einen ausreichend großen Bräter legen, mit dem Olivenöl beträufeln und für ca. 1 ½ Stunden in den Backofen schieben.
◆ Während der Garzeit das Fleisch von Zeit zu Zeit mit etwas Weißwein begießen und mit dem Bratenfond beschöpfen.
◆ Inzwischen die Kartoffeln schälen und in Stücke schneiden.
◆ Nach 50 Minuten die Kartoffelstücke zum Fleisch geben und mitgaren.
◆ Nach weiteren 15 Minuten die Bratwürste auf die Kartoffeln legen, noch einmal alles mit etwas Wein begießen und weitere 15 Minuten braten.
◆ Vor dem Servieren das Fleisch tranchieren und auf einer vorgewärmten Platte mit den Kartoffeln anrichten. Alles mit dem Bratenfond begießen und sofort heiß auf den Tisch bringen.

Coniglio arrosto

Kaninchenbraten

Kaninchen sind seit jeher wegen ihres zarten, mageren Fleisches besonders bliebt. Vor dem Braten sollte Kaninchenfleisch einige Zeit mariniert werden, damit es seinen gelegentlich etwas strengen Geschmack verliert.

Für 4–6 Personen

1 junges küchenfertiges Kaninchen von 800–1200 g
etwas Essig

Für die Marinade:
3/4 l Wasser
3/4 l Weißwein
1/4 l Weinessig

Für die Würzmischung:
2 Zweiglein Rosmarin
2–3 Scheiben Bauchspeck
Salz · Pfeffer

Außerdem:
4 Knoblauchzehen
1 Zweiglein Rosmarin
6 EL Olivenöl
1 Hand voll Salbeiblättchen
gut 1/8 l Weißwein
10 fest kochende Kartoffeln

- Das Kaninchen mit etwas Essig abwaschen und 2–3 Stunden in einer Marinade aus Wasser, Weißwein und Essig einlegen.
- Den Backofen auf 180 °C vorheizen.
- Für die Würzmischung die Rosmarinnadeln von den Zweiglein zupfen und fein hacken. Den Speck sehr fein würfeln. Beides zusammen mit Salz und Pfeffer gut vermischen.
- Das Kaninchen aus der Marinade nehmen, trockentupfen und mit einem spitzen Messer kleine Taschen in das Fleisch schneiden. Jeweils etwas von der Würzmischung hineingeben. Mit der restlichen Würzmischung das Kaninchen innen und außen einreiben.
- Den Knoblauch abziehen. Die Rosmarinnadeln abzupfen und fein hacken.
- In eine Bratenform das Olivenöl geben, den Rosmarin und den Salbei sowie die Knoblauchzehen hineingeben. Das Kaninchen darauf legen und mit dem Wein begießen.
- Die Form in den Ofen schieben und das Kaninchen ca. 1 Stunde schmoren lassen. Dabei immer wieder mit dem Bratenfond begießen, damit das Fleisch nicht austrocknet. Eventuell noch etwas Wein oder Wasser nachgießen.
- Inzwischen die Kartoffeln schälen, in Stücke schneiden und während der letzten 35–40 Minuten in der Bratenform mitgaren.
- Zum Servieren das Kaninchen in Portionsstücke zerteilen und auf einer vorgewärmten Platte mit den Kartoffeln anrichten. Rosmarin, Salbei und den Knoblauch aus dem Bratenfond nehmen und das Fleisch mit der Sauce begießen.

Spezzatino di coniglio

Kaninchenragout

Für 4–6 Personen

1 küchenfertiges Kaninchen von etwa 1 kg mit der Leber
etwas Essig

Für die Marinade:
3/4 l Wasser
3/4 l Weißwein
1/4 l Weinessig

Außerdem:
4 Tomaten · 1 Zwiebel
2 Knoblauchzehen
1 Karotte
1 Stange Staudensellerie
1 Sträußchen Petersilie
70 g Rücken- oder Bauchspeck
gut 1/8 l Rotwein
Salz
Pfeffer oder etwas Chilipulver

◆ Das Kaninchen mit etwas Essig abwaschen, die Leber grob hacken und beiseite legen. Aus Wasser, Wein und Essig eine Marinade bereiten und das Kaninchen 2–3 Stunden darin einlegen.

◆ Inzwischen die Tomaten kurz mit heißem Wasser überbrühen, häuten, vierteln und entkernen, dabei die Stielansätze entfernen. Das Fruchtfleisch würfeln.

◆ Die Zwiebel und den Knoblauch abziehen und fein hacken.

◆ Die Karotte schälen, den Sellerie waschen und beides fein würfeln.

◆ Die Petersilie waschen, trockenschütteln, die Stängel entfernen und die Blätter fein hacken.

◆ Den Speck fein würfeln.

◆ Das Kaninchen aus der Marinade nehmen, sorgfältig trockentupfen und in nicht zu große Stücke zerteilen.

◆ In einem großen Topf den Speck mit den Zwiebeln anbraten. Sobald die Zwiebeln Farbe angenommen haben, Knoblauch, Karotten, Sellerie und Petersilie zugeben und ebenfalls anbraten. Die Leber in den Topf geben und kurz mitbraten, anschließend das Kaninchenfleisch zufügen und ringsherum anbraten.

◆ Mit dem Rotwein ablöschen. Sobald er ganz verdunstet ist, die Tomaten zugeben, salzen und pfeffern oder – wenn Sie es scharf mögen – mit Chilipulver würzen. Das Kaninchenragout auf kleiner Flamme mit geschlossenem Deckel 40–50 Minuten schmoren lassen. Dabei darauf achten, dass nicht alle Flüssigkeit verdunstet, notfalls mit etwas Wasser oder Brühe auffüllen.

Im Frühling gibt es bei mir als Beilage junge Erbsen. Sie passen meiner Meinung nach ganz besonders gut zu Kaninchenragout.

Coniglio alla cacciatora

Kaninchen nach Jägerinnenart

- Das Kaninchen mit etwas Essig abwaschen, die Innereien beiseite legen und das Kaninchen 2–3 Stunden in einer Marinade aus Wasser, Weißwein und Essig einlegen.
- Die Innereien putzen und grob hacken.
- Den Knoblauch abziehen. Die Tomaten kurz mit heißem Wasser überbrühen, häuten, vierteln und entkernen, dabei die Stielansätze entfernen. Das Fruchtfleisch fein würfeln.
- Die Zwiebel abziehen und in Würfel schneiden.
- Das Kaninchen aus der Marinade nehmen, sorgfältig trockentupfen und in 12 Stücke zerteilen.
- In einem großen Topf das Olivenöl erhitzen und die Zwiebelwürfel darin anbraten. Sobald sie etwas Farbe angenommen haben, die ganzen Knoblauchzehen, den Rosmarin und kurz darauf die Innereien zufügen. Nach 1–2 Minuten die Kaninchenstücke in den Topf geben und ringsherum gut anbraten.
- Mit dem Wein ablöschen, die Tomaten zugeben und alles allmählich zum Kochen bringen.
- Die Temperatur zurückschalten, das Tomatenmark einrühren, salzen, pfeffern und alles auf kleiner Flamme mit geschlossenem Deckel knapp 1 Stunde schmoren lassen.
- Das Fleisch zusammen mit der Sauce in eine große Servierschüssel geben und sofort heiß auf den Tisch bringen.

Für 6 Personen

1 großes küchenfertiges Kaninchen von ca. 2 kg mit den Innereien
etwas Essig

Für die Marinade:
1 l Wasser
1 l Weißwein
gut 1/4 l Weinessig

Außerdem:
4 Knoblauchzehen
3 Tomaten
1 Zwiebel
5–6 EL Olivenöl
2 Zweige Rosmarin
3/4 l Rotwein
1 EL Tomatenmark
Salz · Pfeffer

Zu diesem Gericht wird gern Polenta *(Rezept siehe Seite 167) gegessen, aber auch Kartoffelbrei passt dazu.*

Coniglio con le mele

Kaninchen mit Äpfeln

◆ Das Kaninchen mit etwas Essig abwaschen und 2–3 Stunden in einer Marinade aus Wasser, Weißwein und Essig einlegen.

Für 4–6 Personen

1 mittelgroßes Kaninchen (küchenfertig)
etwas Essig
2–3 Scheiben Bauchspeck
1 kg Äpfel (Renetta oder eine andere säuerliche Sorte)
gut 1/2 l Weißwein
Salz · Pfeffer
1 Zwiebel
70 g Butter
1 EL Olivenöl

Für die Marinade:
3/4 l Wasser
3/4 l Weißwein
1/4 l Weinessig

Für das Frikassee aus den Innereien:
die Innereien des Kaninchens
1 EL Mehl
gut 20 g Butter
ein paar Wacholderbeeren
Salz · Pfeffer
1 Gläschen Cognac

◆ Inzwischen den Speck sehr fein hacken.

◆ Die Äpfel schälen und klein schneiden, das Kerngehäuse dabei entfernen. Die Apfelstückchen mit einem Gläschen Wein begießen.

◆ Das Kaninchen aus der Marinade nehmen, trockentupfen, mit einem spitzen Messer kleine Taschen in das Fleisch schneiden und jeweils etwas Speck hineingeben.

◆ Das Kaninchen innen und außen mit Salz und Pfeffer einreiben und mit einem Teil der Äpfel füllen. Die restlichen Äpfel beiseite stellen.

◆ Das Kaninchen mit Küchengarn zunähen.

◆ Die Zwiebel abziehen und fein hacken. In einem großen Topf die Hälfte der Butter mit dem Olivenöl erhitzen und die Zwiebeln darin glasig anschwitzen. Sobald sie Farbe angenommen haben, das Kaninchen in den Topf geben und von allen Seiten gut anbraten.

◆ Den restlichen Weißwein angießen und das Kaninchen zugedeckt bei mäßiger Hitze schmoren lassen.

◆ Nach etwa 30 Minuten die restlichen Apfelstückchen in den Topf geben, eventuell noch etwas Wein angießen und alles weitere 30 Minuten schmoren lassen.

◆ Kurz bevor das Kaninchen fertig ist, aus den Innereien ein Frikassee zubereiten: Die Innereien putzen, in Scheiben schneiden und im Mehl wenden.

◆ In einer Pfanne die Butter mit den Wacholderbeeren erhitzen, die Innereien hineingeben, von beiden Seiten anbraten, mit Salz und Pfeffer würzen, mit einem Gläschen Cognac übergießen und flambieren.

◆ Das Kaninchen aus der Sauce nehmen und warm halten.

◆ Die Sauce durch ein Sieb passieren, erneut erhitzen und die restliche Butter hineinrühren.

◆ Das Fleisch in Portionsstücke zerteilen und auf einer vorgewärmten Servierplatte anrichten. Mit den Äpfeln garnieren und darauf das Frikassee verteilen. Die Sauce getrennt zum Fleisch servieren.

Pollo in fricassea

Hühnerfrikassee

Für 4–6 Personen

1 küchenfertiges Hühnchen (etwa 1 kg)
1 kleine Zwiebel
1 Schalotte
1 Knoblauchzehe
80 g Butter · 3 EL Olivenöl
knapp $^1/_4$ l Brühe
$^1/_8$ l Weißwein
Salz · Pfeffer
ein paar Salbeiblättchen
1 TL Mehl
Saft von 1 Zitrone
2 Eigelb

◆ Das Hühnchen waschen, trockentupfen und in 12–14 Stücke zerteilen.

◆ Die Zwiebel und die Schalotte abziehen und fein würfeln. Den Knoblauch abziehen und ganz lassen.

◆ In einem großen Topf die Butter mit dem Olivenöl erhitzen und die Zwiebel- und Schalottenwürfel hellblond darin anschwitzen. Sobald sie etwas Farbe angenommen haben, den Knoblauch und die Hühnchenteile dazugeben und von allen Seiten anbraten.

◆ Mit Brühe und Weißwein ablöschen, die Flüssigkeit etwas einkochen lassen und die Temperatur zurückschalten.

◆ Salzen und pfeffern, den Salbei zufügen und alles auf kleiner Flamme bedeckt etwa 45 Minuten köcheln lassen. Anschließend die Knoblauchzehe und den Salbei entfernen.

◆ Das Mehl mit etwas Wasser klümpchenfrei anrühren und in die Sauce einrühren. Ein paar Minuten kochen lassen.

◆ Den Topf vom Feuer nehmen. Den Zitronensaft mit dem Eigelb verquirlen und in die Sauce rühren. Den Topf 1 Minute auf den Herd zurückstellen und weiterrühren, bis die Sauce eine cremige Konsistenz hat. Achten Sie darauf, dass die Sauce nicht mehr kocht, sonst stockt sie sofort.

Auf diese Weise können Sie auch ein Frikassee aus Truthahn, Kaninchen oder Kalbfleisch (aus der Haxe, Kochzeit ca. 1 Stunde) zubereiten.

Pollo con le olive

Hühnchen mit Oliven

Für 4–6 Personen

1 küchenfertiges Hühnchen (etwa 1 kg)
1 Zwiebel
2 Knoblauchzehen
5 EL Olivenöl
knapp 1/8 l Weißwein
100 g schwarze Oliven
1 Zweiglein Rosmarin
1 EL Essig (Balsamico)
Salz
Pfeffer

- Das Hühnchen waschen, trockentupfen und in 12–14 Stücke zerteilen.
- Die Zwiebel abziehen und fein würfeln. Den Knoblauch häuten und in dünne Scheiben schneiden.
- In einem großen Topf das Olivenöl erhitzen und die Zwiebelwürfel darin hellblond anschwitzen. Sobald sie etwas Farbe angenommen haben, das Fleisch dazugeben und von allen Seiten anbraten.
- Mit dem Wein ablöschen und alles bei geringer Hitze mit geschlossenem Deckel etwa 30 Minuten köcheln lassen.
- Anschließend den Knoblauch, die Oliven, den Rosmarinzweig und den Essig zufügen. Salzen, pfeffern und noch etwa 10 Minuten weiterköcheln lassen.
- Vor dem Servieren den Rosmarin wieder entfernen.

Statt des Hühnchens können Sie auf die gleiche Weise ein Perlhuhn (faraona) *zubereiten – ich versichere Ihnen, es schmeckt einfach köstlich!*

Pollo fritto alla fiorentina

Backhühnchen auf Florentiner Art

Am 4. Oktober feiert man in Fiesole bei Florenz das Fest des heiligen Franziskus mit gebackenem oder am Spieß gebratenem Hühnchen, das zusammen mit Brot überall auf den Straßen verkauft wird.

Im Frühjahr hingegen wird in der Gegend von Florenz frittiertes Hühnchen gern zusammen mit gebackenen Artischocken, oft sogar gemeinsam mit ebenso zubereitetem Kaninchen serviert.

Das nachstehend beschriebene Gericht ist übrigens vor allem bei Kindern sehr beliebt ... aber auch ich muss sagen: Es schmeckt wunderbar!

Für 4 Personen

1 junges küchenfertiges Hühnchen (etwa 700 g)
2 Eier · Saft von 2 Zitronen
Salz · Pfeffer

Zum Frittieren:
Schweineschmalz oder Pflanzenöl

Außerdem:
etwas Mehl · 1 Zitrone

- Das Hühnchen waschen, trockentupfen und in 12–14 Stücke zerteilen. Die einzelnen Fleischstücke mit dem Fleischklopfer leicht klopfen.
- Die Eier mit dem Zitronensaft sowie Salz und Pfeffer verquirlen und die Hühnchenstücke etwa 2 Stunden darin einlegen.
- In einem großen hohen Topf reichlich Fett zum Frittieren erhitzen.
- Die Hühnchenstücke aus der Marinade nehmen und in etwas Mehl wenden. Salzen, pfeffern und sofort in das siedende Fett geben.
- Die goldgelb gebackenen Hühnchenstücke mit einem Schaumlöffel aus dem Fett nehmen, kurz auf Küchenpapier abtropfen lassen und sofort mit Zitronenspalten servieren.

Pollo arrosto in porchetta

Hähnchen am Spieß

Auf diese Art wird Hähnchen hauptsächlich in der Gegend von Arezzo zubereitet.
Eigentlich sollte es am Spieß über offenem Feuer gebraten werden – wer diese Möglichkeit nicht hat, kann es auch im Backofen mit einem elektrischen Drehspieß grillen. Das Hähnchen bekommt dann zwar nicht das feine Aroma des Holzfeuers, schmeckt aber, wie ich Ihnen versichern kann, trotzdem ganz ausgezeichnet.

Für 4 Personen

1 großes küchenfertiges Hähnchen (etwa 1,5 kg)
3–4 Knoblauchzehen
100 g durchwachsener Speck
10–15 Wacholderbeeren
einige Salbeiblättchen
1 EL frische Rosmarinnadeln
3–4 EL Olivenöl
Salz
Pfeffer
3 dünne Scheiben fetter Schinken

- Den Grill vorheizen.
- Das Hähnchen waschen und trockentupfen.
- Den Knoblauch abziehen und sehr fein hacken. Den Speck sehr fein würfeln. Wacholderbeeren, Salbei und Rosmarin ebenfalls fein hacken.
- Alles zusammen mit 2 EL Olivenöl, Salz und Pfeffer vermischen und den Bauch des Hähnchens damit füllen. Ein wenig von der Würzmischung zurückbehalten und das Hähnchen außen damit einreiben.
- Das Hähnchen mit den Schinkenscheiben umwickeln und mit Küchengarn festbinden. Ringsherum mit dem restlichen Olivenöl bepinseln und auf den Bratspieß stecken.
- Das Hähnchen 45–50 Minuten grillen, bis es ringsherum appetitlich gebräunt ist. Zur Garprobe stechen Sie mit einem kleinen Holzstäbchen in den Schenkel. Wenn klarer Fleischsaft austritt, ist das Hähnchen fertig und Sie können es zu Tisch bringen.

Pollo ai funghi

Hähnchen mit Pilzen

Für 4–6 Personen

1 küchenfertiges Hähnchen (etwa 1 kg)
40 g getrocknete Steinpilze
4 Tomaten
5 EL Olivenöl
60 g Butter
Salz
Pfeffer
knapp 1/8 l Weißwein
knapp 1/8 l Brühe
1 EL Mehl

- Das Hähnchen waschen, trockentupfen und in 12–14 Stücke zerteilen.
- Die getrockneten Pilze etwa 20 Minuten in warmem Wasser einweichen. Anschließend abgießen, unter fließendem Wasser gut abspülen und die Pilze auf einem Sieb bis zur weiteren Verwendung abtropfen lassen.
- Die Tomaten kurz mit heißem Wasser überbrühen, häuten, vierteln und entkernen, dabei die Stielansätze entfernen. Das Fruchtfleisch grob würfeln.
- In einem großen Topf das Olivenöl mit der Hälfte der Butter erhitzen, die Hähnchenstücke ringsherum darin anbraten, salzen und pfeffern und mit dem Wein ablöschen.
- Den Wein etwas verdunsten lassen, die Tomaten und die Pilze zufügen, die Brühe (bis auf 2 EL) angießen und alles bei geringer Hitze bedeckt etwa 40 Minuten schmoren lassen. Anschließend das Fleisch aus dem Topf nehmen und warm stellen.
- Die restliche Butter mit dem Mehl und der übrigen Brühe vermischen und in die Sauce einrühren. Noch einmal 5 Minuten köcheln lassen, dabei gut umrühren.
- Das Fleisch auf einer Servierplatte anrichten, mit der heißen Sauce übergießen und sofort servieren.

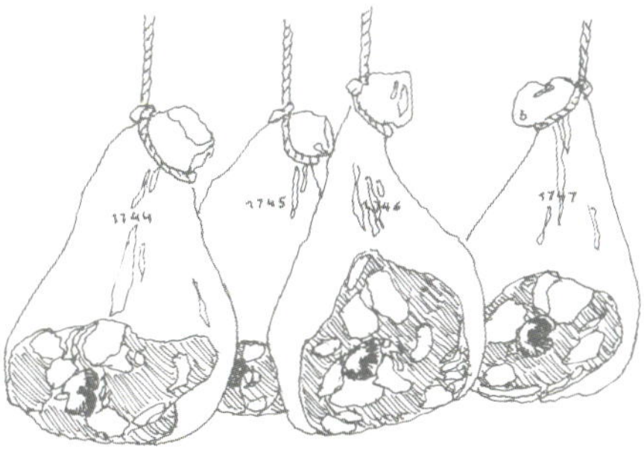

Pollo alla cacciatora

Hähnchen nach Jägerinnenart

Für 4–6 Personen

1 großes küchenfertiges Hähnchen (etwa 1,5 kg)
etwas Mehl
2 Zwiebeln
3 Knoblauchzehen
2 Karotten
1 Stange Staudensellerie
3 Tomaten
6 EL Olivenöl
einige Salbeiblättchen
$1/8$ l Weißwein
Salz
Pfeffer
1 Lorbeerblatt

◆ Das Hähnchen waschen, trockentupfen, in 12–14 Stücke zerteilen und in etwas Mehl wenden.

◆ Die Zwiebeln und den Knoblauch abziehen und fein hacken. Die Karotten schälen, den Sellerie waschen und beides fein würfeln.

◆ Die Tomaten kurz mit heißem Wasser überbrühen, häuten, vierteln und entkernen, dabei die Stielansätze entfernen. Das Fruchtfleisch grob würfeln.

◆ In einem großen Topf das Olivenöl erhitzen und die Zwiebeln hellblond darin anschwitzen. Sobald sie etwas Farbe angenommen haben, den Knoblauch, den Salbei, die Karotten und den Sellerie zufügen und ebenfalls anbraten.

◆ Sobald der Knoblauch Farbe angenommen hat, das Fleisch zugeben und von allen Seiten anbraten.

◆ Mit dem Wein ablöschen und die Flüssigkeit etwas verdunsten lassen. Die Tomaten, Salz, Pfeffer und das Lorbeerblatt zufügen und umrühren.

◆ Die Temperatur zurückschalten, den Deckel auflegen und alles auf kleiner Flamme 50–60 Minuten schmoren lassen.

◆ Zwischendurch immer wieder nachschauen, ob noch genügend Flüssigkeit im Topf ist, notfalls mit etwas Wasser oder Wein verlängern.

Ein klassisches Rezept, das in der gesamten Toskana verbreitet ist. Es eignet sich übrigens auch sehr gut für die Zubereitung von Faraona alla cacciatora, *Perlhuhn nach Jägerart.*

Spezzatino di pollo

Hühnerragout

Für 4–6 Personen

1 großes küchenfertiges Hühnchen (etwa 1,5 kg)
500 g Tomaten
1 Zwiebel
2 Knoblauchzehen
1 Sträußchen Petersilie
5–6 EL Olivenöl
Salz
Pfeffer

◆ Das Hühnchen waschen, trockentupfen und in 12–14 Stücke zerteilen.

◆ Die Tomaten kurz mit heißem Wasser überbrühen, häuten, vierteln und entkernen, dabei die Stielansätze entfernen. Das Fruchtfleisch grob würfeln.

◆ Die Zwiebel abziehen und fein würfeln. Den Knoblauch häuten und fein hacken. Die Petersilie waschen, trockenschütteln, die Stängel entfernen und die Blätter fein hacken.

◆ In einem großen Topf das Olivenöl erhitzen und die Zwiebeln hellgelb darin anschwitzen. Sobald sie etwas Farbe angenommen haben, den Knoblauch zufügen und ebenfalls Farbe annehmen lassen. Anschließend die Petersilie und die Hühnchenstücke zufügen, kräftig umrühren und alles etwa 30 Minuten auf kleiner Flamme mit geschlossenem Deckel schmoren lassen.

◆ Die Tomaten mit einem Glas Wasser zufügen, salzen, pfeffern und das Hühnerragout weitere 20 Minuten köcheln lassen.

Faraona alla creta

Perlhuhn aus dem Tontopf

Dies ist ganz sicher die beste Art, ein Perlhuhn zuzubereiten. Das Rezept war vor allem in der Gegend von Siena bekannt und ist leider ein wenig in Vergessenheit geraten. Ich finde allerdings, dass es sich unbedingt lohnt, es wieder auf den Speisezettel zu setzen ...

Das Geheimnis besteht darin, das Perlhuhn in gefettetem Pergamentpapier im Tontopf langsam zu garen. Auf diese Weise schmort es im eigenen Saft und sowohl der Duft als auch der Geschmack sind einfach köstlich!

Das Originalrezept ist übrigens sehr alt und stammt ursprünglich sicher aus Afrika, der Heimat der Perlhühner.

Für 4 Personen

1 küchenfertiges Perlhuhn von ca. 1,2 kg
einige Salbeiblättchen
1 TL frische Rosmarinnadeln
einige Wacholderbeeren
Salz
Pfeffer
1 EL Butter
einige dünn geschnittene Scheiben durchwachsener Speck

Außerdem:
Pergamentpapier
Butter zum Einfetten

- Den Tontopf wässern.
- Das Perlhuhn waschen und trockentupfen.
- Die Kräuter und die Wacholderbeeren hacken und mit Salz, Pfeffer und der Butter vermischen. Das Perlhuhn damit füllen.
- Die Speckscheiben auf die Brust legen und das Perlhuhn mit Küchengarn zusammenbinden, damit es beim Braten seine Form behält.
- Ein großes Stück Pergamentpapier mit reichlich Butter bestreichen, mit Salz bestreuen und das Perlhuhn fest darin einwickeln. In den Tontopf setzen, den Deckel schließen und den Topf in den kalten Backofen stellen.
- Die Temperatur auf 170 °C einstellen und das Perlhuhn 2 Stunden im Ofen garen.
- Zum Servieren den geschlossenen Tontopf auf den Tisch bringen, den Deckel abnehmen und das Pergamentpapier öffnen. Der köstliche Duft, der dem Topf entströmt, wird allen Gästen das Wasser im Munde zusammenlaufen lassen!

Anatra all'aretina

Ente auf Aretiner Art

Schon die Etrusker hatten Enten auf ihrem Speisezettel, das belegen unter anderem zahlreiche Darstellungen auf Fresken aus jener Zeit.

Dieses Entenrezept kommt aus der Gegend von Arezzo – es lässt sich problemlos zubereiten und schmeckt sehr lecker!

Übrigens sollten Sie nur Enten kaufen, die nicht älter als zwei Monate sind und nicht mehr als 1,3 kg wiegen. Ältere Tiere sind leicht zäh.

Wenn Ihnen statt der Ente gerade eine Gans (oca) *in die Hände gerät, überlegen Sie nicht lange und bereiten Sie diese nach demselben Rezept zu. Sie wird ebenso köstlich schmecken!*

Für 4 Personen

1 große Zwiebel
1–2 Karotten
1 Stange Staudensellerie
50 g fetter Schinken
350 g vollreife Tomaten
1 küchenfertige junge Ente von etwa 1 kg mit der Leber
ein paar Salbeiblättchen
Salz · Pfeffer
1 Prise Muskat
evtl. etwas Brühe

◆ Die Zwiebel häuten, die Karotten schälen, den Sellerie waschen und alles sehr fein würfeln. Den Schinken ebenfalls in kleine Würfel schneiden.

◆ Die Tomaten kurz mit heißem Wasser überbrühen, häuten, vierteln und entkernen, dabei die Stielansätze entfernen. Das Fruchtfleisch durch ein Sieb passieren.

◆ Die Ente waschen, trockentupfen und in vier Teile zerlegen. Die Leber klein schneiden und beiseite stellen.

◆ In einem großen Topf den Schinken, die Zwiebeln, den Sellerie und die Karotten anbraten. Sobald die Zwiebeln Farbe angenommen haben, die Entenviertel zufügen und ringsherum hell anbraten.

◆ Die pürierten Tomaten und den Salbei zufügen. Mit Salz, Pfeffer und Muskat würzen.

◆ Bei mäßiger Hitze mit geschlossenem Deckel etwa 45 Minuten schmoren lassen, anschließend die klein geschnittene Leber zufügen. Weitere 30 Minuten schmoren lassen und gelegentlich kontrollieren, ob noch genug Flüssigkeit im Topf ist. Falls nicht, etwas Brühe angießen.

◆ Die fertige Ente aus dem Topf nehmen und mit etwas Bratenfond servieren.
◆ Falls noch Bratenfond übrig bleibt, können Sie ihn gut für eine Nudelsauce, zum Beispiel zu Pappardelle (Rezept siehe Seite 103), verwenden.

Anatra arrosto

Entenbraten

Für 4 Personen

1 küchenfertige junge Ente von 1–1,2 kg
etwas Olivenöl
Salz · Pfeffer
1 Sträußchen Salbei
1/8 l Weißwein
evtl. etwas Brühe
8 Kartoffeln

◆ Den Backofen auf 160 °C vorheizen.
◆ Die Ente waschen, trockentupfen und innen und außen mit Öl, Salz und Pfeffer einreiben. In die Bauchhöhle und unter die Flügel ein paar Salbeibüschel stecken.
◆ Die Ente mit Küchengarn umwickeln, in einen Bräter legen, mit dem Wein begießen und gut 2 Stunden im Ofen braten. Dabei hin und wieder mit dem ausgetretenen Bratfett begießen, falls nötig etwas Brühe angießen.
◆ Inzwischen die Kartoffeln schälen, in Stücke schneiden, etwa 40 Minuten vor dem Ende der Garzeit in den Bräter geben und mitgaren.
◆ Vor dem Servieren das Küchengarn und den Salbei entfernen und die Ente auf einer großen Platte mit den Kartoffeln anrichten.

Anatra con le olive

Ente mit Oliven

Dieses Gericht stammt aus dem Chianatal, dort wird Polenta *(Rezept siehe Seite 167) dazu serviert, aber auch Kartoffelpüree eignet sich gut als Beilage.*

Für 6 Personen

1 Zwiebel
1 Karotte
1 Stange Staudensellerie
2 dicke Scheiben Bauchspeck
1 1/2 küchenfertige junge Enten von je 1–1,2 kg mit den Innereien
2 EL Olivenöl
gut 1/4 l Weißwein
Salz
Pfeffer
25 g getrocknete Steinpilze
1 Hand voll schwarze Oliven

◆ Die Zwiebel abziehen, die Karotte schälen, den Sellerie waschen und alles sehr fein würfeln. Den Speck ebenfalls in kleine Würfel schneiden.

◆ Die Enten waschen, trockentupfen und in sechs Teile zerlegen. Die Innereien beiseite stellen.

◆ In einem großen Topf das Olivenöl erhitzen und den Speck mit dem gewürfelten Gemüse darin anbraten. Sobald die Zwiebeln Farbe angenommen haben, die Ententeile in den Topf geben und ringsherum hell anbraten. Mit dem Wein ablöschen, salzen, pfeffern und auf kleiner Flamme mit geschlossenem Deckel mindestens 1 Stunde garen.

◆ Inzwischen die Pilze in warmem Wasser etwa 20 Minuten einweichen, gut abspülen und ausdrücken.

◆ Die Innereien und die Pilze in den Topf geben und alles bei geringer Hitze etwa 1 1/2 Stunden weiterschmoren lassen. Darauf achten, dass immer genügend Flüssigkeit im Topf ist, notfalls ein wenig Wasser angießen.

◆ Etwa 10 Minuten vor dem Ende der Garzeit die Ententeile aus dem Topf nehmen, den Bratensaft mit dem Gemüse durch ein Sieb passieren und alles wieder in den Topf zurückgeben. Die Oliven zufügen und das Ganze noch einmal 10 Minuten köcheln lassen.

◆ Die Entenstücke mit den Oliven auf einer vorgewärmten Servierplatte anrichten und die Bratensauce darüber gießen.

Anatra in dolce forte

Ente süßsauer

In Calci, einem Ort in der Gegend von Pisa, kommt dieses außergewöhnliche Gericht am 15. August, zum Mariä-Himmelfahrts-Fest, auf den Tisch. Angeblich geht dieser Brauch auf das 12. Jahrhundert zurück.

Zu jener Zeit war Calci der Sitz der Erzbischöfe von Pisa, die in dem heute noch als Villa dell'Arcivescovo *(Erzbischöfliche Villa) bezeichneten Gebäude residierten.*

Natürlich enthielt das damalige Rezept noch keine Schokolade, da sie ja erst später nach Europa kam ...

Auf jeden Fall sollten Sie zu diesem besonderen Gericht einen herausragenden Wein kredenzen, zum Beispiel einen Montecarlo, *der schon in einem Schriftstück aus dem 14. Jahrhundert erwähnt wird und im Übrigen zu den Weinen zählt, die am Hofe der Medici am liebsten getrunken wurden. Aber auch ein* Vino Nobile di Montepulciano *oder ein* Brunello di Montalcino *sind passende Begleiter.*

Für 4 Personen

1 küchenfertige Ente von 1–1,2 kg
(möglichst eine Stockente)

Für die Marinade:
1 Zwiebel
1 Stange Staudensellerie
1 Karotte
Salz
einige Pfefferkörner
3–4 EL Weinessig

◆ Die Ente waschen, trockentupfen, in vier Teile zerlegen und einige Stunden zugedeckt in einer Marinade einlegen.

◆ Dafür die Zwiebel häuten, den Sellerie waschen und die Karotte schälen. Alles fein hacken und mit den Gewürzen, dem Essig und so viel Wasser vermischen, dass das Fleisch vollständig mit der Marinade bedeckt ist.

◆ Nach 3–4 Stunden die Ententeile aus der Marinade nehmen und gründlich trockentupfen.

◆ Inzwischen die Zwiebeln abziehen, den Sellerie waschen, die Karotten schälen und alles fein würfeln.

◆ In einem großen Topf das Olivenöl erhitzen und das gewürfelte Gemüse darin anbraten. Sobald die Zwiebeln Farbe angenommen haben, die Ententeile zugeben und ringsherum kräftig anbraten.

◆ Mit dem Wein ablöschen und alles im offenen Topf so lange schmoren lassen, bis der Wein vollständig verdunstet ist.

◆ Die Brühe angießen, salzen und pfeffern und das Fleisch auf kleiner Flamme mit geschlossenem Deckel gut $1\,^1/_2$ Stunden schmoren lassen. Dabei darauf achten, dass immer genügend Flüssigkeit im Topf ist, eventuell noch etwas Brühe nachgießen.

◆ In der Zwischenzeit die Sultaninen in etwas Wasser einweichen (sie sollten etwa 1 Stunde Zeit zum Aufquellen haben) und die Blockschokolade reiben.

◆ Sobald das Fleisch gar ist, die Ententeile aus dem Topf nehmen und warm stellen.

◆ Die Pinienkerne, die abgetropften Sultaninen, die geriebene Schokolade, den Honig und den Essig in den Schmorfond einrühren – probieren Sie unbedingt zwischendurch, ob die Sauce schon den richtigen süßsauren Geschmack hat, variieren Sie entsprechend die Essigmenge. Eventuell noch einmal mit Salz und Pfeffer abschmecken.

◆ Anschließend die Ententeile wieder in den Topf geben und gut mit der Sauce vermischen.

◆ Das Fleisch einige Minuten ziehen lassen, damit es sich mit dem Geschmack der Sauce gut verbinden kann.

◆ Die Ententeile auf einer vorgewärmten Servierplatte anrichten, mit etwas Sauce überziehen und die restliche Sauce separat dazu reichen.

Außerdem:
2 Zwiebeln
2 Stangen Staudensellerie
2 Karotten
4 EL Olivenöl
$^1/_8$ l Weißwein
gut $^1/_4$ l Brühe
Salz · Pfeffer
50 g Sultaninen
50 g Blockschokolade
50 g Pinienkerne
1 TL Honig
2–3 EL Weinessig

Nach dem gleichen Rezept können Sie auch Lepre in dolce forte *(Hase süßsauer) zubereiten. Allerdings muss der Hase vor der Zubereitung über Nacht in einer Marinade eingelegt werden. (Siehe dazu die Hasenrezepte ab Seite 282).*

In der Gegend von Siena gibt es noch eine spezielle Variante: Hier wird die Sauce zusätzlich mit Panforte senese nero – *eine Art Lebkuchen mit kandierten Früchten, Orangeat, Zitronat, Haselnüssen, Mandeln, Nelken, Zimt und Koriander sowie mit* Cavalucci *(Rezept siehe Seite 312) gewürzt.*

Wenn Sie diese Variante ausprobieren möchten, geben Sie zu den übrigen Zutaten 2–3 Cavalucci *und 100 g* Panforte *(Rezept siehe Seite 326), beides in etwas Brühe eingeweicht, in die Sauce.*

Anatra all'arancia

Ente mit Orange

Der Vorläufer dieses Rezeptes stammt ursprünglich aus Florenz und wurde im Libro della cucina del XIV secolo *(„Kochbuch des 15. Jahrhunderts") unter dem Namen* Papero alla melarancia *(Gänserich mit Apfelsine) ausführlich beschrieben.*

Wie bereits erwähnt, waren in der Hochrenaissance süßsaure Gerichte außerordentlich beliebt, so wurde am Hof der Medici beispielsweise auch Kapaun in Orangensauce serviert.

Historisch gesichert ist, dass Katharina von Medici, die den König von Frankreich geheiratet hatte, die französischen Köche in der Kochkunst ihrer Heimat unterwies. So kam der Papero alla melarancia *nach Frankreich und es wurde daraus* Canard á l'orange *(Ente mit Orange) – ein Glanzstück der französischen Küche. Tja, diese Franzosen!*

Hier also das Rezept für dieses Gericht, mit den Abwandlungen, die sich im Laufe der Jahrhunderte ergeben haben ...

Für 4 Personen

1 küchenfertige junge Ente von 1–1,2 kg
3–4 unbehandelte Orangen
30 g Butter
Salz
Pfeffer
1 Prise Muskat
etwas Olivenöl

- Die Ente waschen und trockentupfen.
- Eine Orange dünn schälen, die Orangenschale fein hacken und mit der Butter, Salz, Pfeffer und Muskat vermischen.
- Die Hälfte der geschälten Orange in Scheiben schneiden.
- Die Ente mit der Buttermischung innen einreiben und mit den Orangenscheiben füllen. Die Bauchöffnung mit Küchengarn zunähen.
- Die Ente ringsherum mit Olivenöl bepinseln.
- Salbei und Thymian klein hacken, mit Salz und Pfeffer mischen und die Ente damit einreiben.
- In einem ausreichend großen Topf ein wenig Olivenöl erhitzen, die vorbereitete Ente darin von allen Seiten goldgelb anbraten und mit dem Wein ablöschen.

1 Hand voll Salbeiblättchen
1 EL frischer Thymian
1/8 l Weißwein
Saft von 1 Zitrone
1/2 Gläschen Weinbrand

◆ Zwei weitere Orangen dünn abschälen, die Schale von einer Orange in feine Streifen schneiden und beiseite stellen. Die zweite Orangenschale zum Garnieren beiseite stellen.

◆ Die geschälten Orangen auspressen, den Orangensaft und den Zitronensaft über das Fleisch gießen und die Orangenschalenstreifen zur Ente geben.

◆ Alles zugedeckt auf kleiner Flamme gut 1 1/2 Stunden schmoren lassen, dabei darauf achten, dass die Flüssigkeit nicht zu stark einkocht. Notfalls mit etwas Wasser und Orangensaft verlängern.

◆ Die fertige Ente aus dem Topf nehmen, in vier Teile schneiden und warm stellen.

◆ Die Sauce durch ein Sieb gießen, wieder in den Topf zurückgeben und die Ententeile hineinlegen.

◆ Den Weinbrand angießen und das Ganze noch ein paar Minuten köcheln lassen, bis der Weinbrand verdunstet ist.

◆ Zum Anrichten die Ententeile auf eine vorgewärmte Servierplatte legen, mit etwas Sauce überziehen und mit Rosetten oder Sternen aus Orangenschale garnieren. Die restliche Sauce getrennt dazu reichen.

Na, was sagen Sie dazu? ... Hoch lebe Katharina!

Oca arrosto

Gänsebraten

Im Florenz des 16. Jahrhunderts war es zu Allerheiligen üblich, Gänsebraten zu essen. Auf der Piazza S. Giovanni gab es deshalb am Vorabend einen großen Gänsemarkt.
Damit auch die ärmeren Leute an diesem Festtag in den Genuss von Gänsebraten kommen konnten, wurden in einem öffentlichen Backofen den ganzen Tag über Gänse für all diejenigen gebraten, die das nicht zu Hause besorgen konnten. Die Straße, in der dieser Backofen stand, heißt heute noch Via delle ocche *(Gänsestraße).*

Für 6–8 Personen

2 Knoblauchzehen
1 Sträußchen Salbei
1 Sträußchen Thymian
1 Sträußchen Rosmarin
Salz · Pfeffer
6–7 EL Olivenöl
1 küchenfertige junge Gans von etwa 2 kg
$\frac{1}{4}$ l Weißwein

◆ Den Knoblauch abziehen und fein würfeln. Die Kräuter waschen, trockenschütteln, die Stängel entfernen und die Blättchen oder Nadeln fein hacken. Alles zusammen mit Salz, Pfeffer und 4 EL Olivenöl gut vermischen.

◆ Den Backofen auf 175 °C vorheizen.

◆ Die Gans waschen, mit Küchenpapier trockentupfen und innen und außen mit dem Kräuteröl einreiben. Mit Küchengarn umwickeln, damit die Keulen und Flügel beim Braten am Körper bleiben.

◆ Das restliche Olivenöl in einem Bräter erhitzen und die Gans darin von allen Seiten hell anbraten. Anschließend in den Backofen schieben.

◆ Nach etwa 45 Minuten die Gans mit dem Wein begießen und weitere 1 $\frac{1}{2}$ Stunden im Ofen garen. Dabei immer wieder mit einer Gabel einstechen, damit überschüssiges Fett herausrinnen kann.

◆ Die Gans auf einer vorgewärmten Servierplatte anrichten und das Küchengarn entfernen. Das Fett vom Bratenfond abschöpfen und die Sauce getrennt zur Gans servieren.

Oca ripiena

Gefüllte Gans

In der Provinz Lucca gibt es an Feiertagen gefüllte Gans. Die Zutaten für die Füllung können variieren, sie sind der Phantasie der Köchin überlassen.
Das nachfolgende Rezept stammt von einer Bekannten aus der Garfagnana, die eine hervorragende Köchin ist und die feine Küche souverän beherrscht.

Bei dieser Gelegenheit sollte nicht unerwähnt bleiben, dass die Gans seit uralter Zeit als Glücksbringer gilt und als Symbol für Überfluss steht!

Für 8–10 Personen

30 g getrocknete oder
150 g frische Steinpilze
2 Scheiben Weißbrot
1 salsiccia oder eine andere Schweinsbratwurst
600 g gemischte Leber (von Huhn, Schwein, Rind)
10 entsteinte schwarze Oliven
1 küchenfertige junge Gans von etwa 2 kg
200 g Rinderhackfleisch
200 g Schweinehackfleisch
2 Eier
4 cl Marsala oder Portwein
Salz · Pfeffer
4–5 EL Olivenöl
6 dünne Speckscheiben
¼ l Weißwein
8–10 Kartoffeln

◆ Die getrockneten Pilze etwa 20 Minuten in warmem Wasser einweichen, anschließend gut abspülen, abtropfen lassen und klein schneiden. Falls Sie frische Pilze verwenden: Die Pilze mit einem Stück Küchenpapier vorsichtig säubern, unten von den Stielen eine dünne Scheibe abschneiden und wegwerfen. Die Pilze in Scheiben schneiden.
◆ Das Weißbrot entrinden und in kleine Würfel schneiden.
◆ Die Bratwurst häuten und die Füllung mit einer Gabel zerpflücken.
◆ Die Leber putzen und grob hacken.
◆ Die Oliven grob hacken.
◆ Die Gans waschen und trockentupfen.
◆ Den Backofen auf 180 °C vorheizen.
◆ Hackfleisch, Leber, Wurstfüllung, Brotwürfel, Oliven, Pilze und Eier in einer Schüssel mit dem Marsala oder Portwein sehr gut vermischen, kräftig mit Salz und Pfeffer würzen und mit dieser Mischung die Gans füllen.
◆ Die Gans außen mit etwas Olivenöl einreiben, salzen und pfeffern. Die Bauchöffnung zunähen und die Gans mit Küchengarn zusammenbinden, damit die Keulen und Flügel beim Braten am Körper bleiben.

◆ Das restliche Öl in einen Bräter geben, den Boden mit dem Speck auslegen und die Gans darauf setzen.

◆ Im Backofen gut 2 Stunden braten, zwischendurch immer wieder mit einer Gabel einstechen, damit das Fett herausrinnen kann und die Gans hin und wieder mit dem Weißwein und etwas Bratenfond begießen.

◆ Inzwischen die Kartoffeln schälen, in Stücke schneiden, ca. 40 Minuten vor dem Ende der Garzeit in den Bräter geben und mitgaren.

◆ Zum Servieren das Küchengarn entfernen und die Gans auf einer vorgewärmten Platte mit den Kartoffeln anrichten. Das Fett vom Bratenfond abschöpfen, die Speckscheiben entfernen und die Sauce getrennt zur Gans servieren.

In der Garfagnana wird übrigens statt der Kartoffeln Polenta *(Rezept siehe Seite 167) zur gefüllten Gans gegessen.*

Piccioni arrosto alla fiorentina

Gebratene Tauben auf Florentiner Art

In Pontassieve, nahe Florenz, habe ich vor vielen Jahren zum ersten Mal Tauben gegessen, die auf diese Art zubereitet waren. Sie waren am Spieß über offenem Feuer gebraten und schmeckten einfach köstlich – ich kann Ihnen nur empfehlen, dieses Rezept auszuprobieren.

Wichtig ist, dass Sie ganz junge, zarte Tauben kaufen. Wenn Sie keine Gelegenheit haben, sie über offenem Feuer zu braten, können Sie die Tauben auch gut im Backofen mit einem elektrischen Drehspieß zubereiten.

Für 4–6 Personen

100 g durchwachsener Speck
einige Salbeiblätter
Salz · Pfeffer
4 küchenfertige junge Täubchen
1/4 l Rotwein
etwas Olivenöl
2 salsicce oder andere frische Schweinsbratwürste
5 halbe, etwa 2 cm dicke Scheiben altbackenes Weißbrot
8 Lorbeerblätter

◆ Wenn Sie die Tauben im Backofen zubereiten, heizen Sie den Grill vor.
◆ Den Speck und den Salbei fein hacken und mit Salz und Pfeffer vermischen.
◆ Die Tauben innen und außen mit ein wenig Rotwein abwaschen, mit der Speckmischung füllen und mit Olivenöl einpinseln.
◆ Die Bratwürste in acht Teile schneiden.
◆ Brot, Wurststückchen, Lorbeerblätter und Tauben abwechselnd auf den Spieß stecken: Beginnen Sie mit einem Stückchen Brot, dann kommt ein Wurststück, danach ein Lorbeerblatt und eine Taube, anschließend wieder ein Lorbeerblatt, ein Wurststückchen, Brot, Wurst, Lorbeer und die nächste Taube. In dieser Reihenfolge fortfahren, bis alles verbraucht ist.
◆ Den Spieß in den Backofen stecken und eine Fettpfanne darunter stellen. Die Tauben etwa 45 Minuten grillen. Zwischendurch immer wieder mit etwas Rotwein begießen und mit dem abgetropften Fett aus der Fettpfanne bepinseln.
◆ Zum Servieren alle Zutaten vom Spieß streifen und die Lorbeerblätter entfernen. Das Brot, die Würste und die Tauben auf einer vorgewärmten Platte anrichten.

Piccioni ripieni

Gefüllte Tauben

Diese vorzüglichen gefüllten Tauben habe ich im Hause einer Freundin gegessen, die in der Provinz Siena, genauer gesagt im Orciatal, in einem schönen alten Schloss lebt.
Bei der Erinnerung an dieses köstliche Gericht läuft mir heute noch das Wasser im Munde zusammen ...

Für 4 Personen

Für die Füllung:
1 Scheibe Weißbrot
etwas Milch
die Innereien der Tauben
1 salsiccia oder eine andere Schweinsbratwurst
oder 3 Scheiben durchwachsener Speck
20 g Butter
100 g Kalbshackfleisch
2 EL frisch geriebener Parmesan
Salz · Pfeffer
1 Prise Muskat · 1 Ei

Außerdem:
4 küchenfertige junge Täubchen
Salz · Pfeffer
1 kleine Zwiebel
2 Knoblauchzehen

◆ Als Erstes bereiten Sie die Füllung zu: Das Brot entrinden und in ein wenig Milch einweichen.
◆ Die Innereien waschen, trockentupfen und fein hacken.
◆ Wenn Sie eine Bratwurst verwenden, müssen Sie sie häuten und die Wurstfüllung mit einer Gabel auseinander zupfen. Wenn Sie sich für Speck entscheiden, muss dieser fein gehackt werden.
◆ In einer Pfanne die Butter zerlassen und das Hackfleisch mit der Wurstfüllung oder dem Speck und den Innereien leicht darin anbraten. Vor der Weiterverwendung wieder abkühlen lassen.
◆ Das Brot gut ausdrücken. Das abgekühlte Fleisch mit dem Brot und dem Parmesan vermischen. Salzen und pfeffern, mit Muskat würzen und das Ei zugeben. Alles noch einmal sehr gut durchmischen.
◆ Die Tauben waschen und trockentupfen. Mit der Fleischmasse füllen, mit Küchengarn zunähen, außen salzen und pfeffern.
◆ Die Zwiebel und den Knoblauch abziehen und fein hacken.
◆ In einem Bratentopf die Butter zerlassen. Die Zwiebeln und den Knoblauch mit der Minze und dem Majoranzweig ganz kurz darin anrösten. Sobald der Knoblauch etwas Farbe angenommen hat, die Tauben zufügen und anbraten.
◆ Mit dem Wein ablöschen, die Hitze reduzieren und die Tauben auf kleiner Flamme mit geschlossenem Deckel 30–35 Minuten schmoren lassen.

◆ Eventuell zwischendurch etwas Brühe angießen, damit das Fleisch nicht austrocknet.
◆ Die fertigen Tauben aus dem Topf nehmen, halbieren und mit der entnommenen Füllung auf einer vorgewärmten Platte anrichten. Den Bratenfond über die Füllung gießen und die Tauben servieren.

50 g Butter
einige Blättchen Bergminze oder eine andere Minzesorte
1 Zweig Majoran
knapp 1/8 l Rotwein
evtl. etwas heiße Brühe

Piccioni in arrosto morto

Geschmorte Tauben

Für 4 Personen

1 Frühlingszwiebel
1 Knoblauchzehe
4 Scheiben durchwachsener Speck
einige Salbeiblätter
4 küchenfertige junge Täubchen
Salz
Pfeffer
2 EL Olivenöl
knapp 1/4 l Rotwein
knapp 1/8 l heiße Brühe

◆ Die Zwiebel putzen, den Knoblauch abziehen und beides fein hacken. Den Speck würfeln. Die Salbeiblätter ebenfalls hacken.
◆ Die Tauben waschen, trockentupfen und innen und außen mit Salz und Pfeffer einreiben.
◆ In einem Bratentopf das Olivenöl erhitzen, den Speck und die Zwiebeln leicht darin anbraten. Sobald die Zwiebeln Farbe angenommen haben, den Knoblauch und den Salbei dazugeben und ebenfalls kurz anbraten.
◆ Die Tauben in den Topf geben, ringsherum bei starker Hitze anbraten und mit der Hälfte des Weins ablöschen.
◆ Den Wein etwas verdunsten lassen und die Hitze reduzieren. Die Brühe angießen und die Tauben auf kleiner Flamme im geschlossenen Topf langsam 35–40 Minuten schmoren lassen.
◆ Ein paar Minuten vor dem Ende der Garzeit die Temperatur wieder erhöhen und die Tauben mit dem restlichen Rotwein begießen. Im offenen Topf den Wein etwas einkochen lassen und die Tauben sofort heiß auf den Tisch bringen.

Bei allen nachfolgenden Rezepten können Sie den Fasan auch durch ein Perlhuhn ersetzen.

Fagiano tartufato

Getrüffelter Fasan

Dieses Gericht hat eine sehr lange Tradition; es wurde bereits im 15. Jahrhundert erwähnt und zeichnet sich durch seinen betörenden Duft und einen wahrhaft erlesenen Geschmack aus.
Dazu trinke ich am liebsten einen trockenen, gut gekühlten Spumante (trockener Schaumwein); falls Sie Rotwein bevorzugen empfehle ich einen eher kräftigen Tropfen.

Für 4 Personen

1 küchenfertiger Fasan
etwas Essigwasser
100 g fetter Schinken
100 g Bauchspeck in Scheiben
1 schöne weiße Trüffel
Salz · Pfeffer
4 cl Cognac oder Weinbrand
einige Salbeiblätter
3–4 EL Olivenöl
knapp 1/4 l heiße Brühe

◆ Den Fasan mit etwas Essigwasser abwaschen.
◆ Den Schinken und die Hälfte des Specks fein hacken und vermischen. Die Trüffel, bis auf ein kleines Stück, hauchdünn hobeln und zur Schinken-Speck-Mischung geben. Den Rest beiseite stellen. Die Mischung salzen, pfeffern und 2 cl Cognac oder Weinbrand unterziehen.
◆ Den Fasan mit der Trüffelfarce füllen, zunähen und 1–2 Stunden im Kühlschrank ruhen lassen.
◆ Den Backofen auf 180 °C vorheizen.
◆ Vor dem Braten den Fasan mit dem restlichen Speck belegen, mit Küchengarn umwickeln und da und dort ein Salbeiblättchen unter das Garn stecken.
◆ In einem Bräter das Olivenöl erhitzen und den Fasan von allen Seiten darin anbraten. Mit dem restlichen Cognac oder Weinbrand ablöschen, etwas Brühe angießen und den Fasan in den Backofen schieben. Während der Garzeit hin und wieder mit etwas Brühe begießen und mit dem Bratenfond beschöpfen.
◆ Nach ca. 1 Stunde den Fasan aus dem Bräter nehmen, in vier Portionsstücke zerteilen und warm stellen.

- Die Füllung in den Bratenfond geben, auf dem Herd kurz aufwallen lassen und anschließend durch ein Sieb in einen großen Topf streichen.
- Die Sauce im Topf zum Kochen bringen, den Cognac oder den Weinbrand angießen und flambieren. Anschließend die Sahne einrühren und eventuell noch einmal mit Salz abschmecken. Die Sauce einige Minuten köcheln lassen, bis sie schön sämig geworden ist.
- Den Topf vom Herd nehmen, die Fasanenstücke in die Sauce legen und einige Minuten darin ziehen lassen.
- Das Fleisch aus der Sauce nehmen und auf einer vorgewärmten Platte anrichten. Das restliche Trüffelstück darüber hobeln und sofort servieren.
- Die Sauce getrennt dazu reichen.

Für die Sauce:
4 EL Cognac oder Weinbrand
125 g Sahne
evtl. Salz

Fagiano alla fiorentina

Fasan auf Florentiner Art

Für 4 Personen

1 küchenfertiger Fasan
etwas Essigwasser
150 g roher Schinken in Scheiben
100 g Bauchspeck in Scheiben
einige Salbeiblätter
Salz
Pfeffer
3–4 EL Olivenöl
knapp 1/4 l Weißwein

- Den Backofen auf 180 °C vorheizen.
- Den Fasan mit Essigwasser abwaschen.
- 100 g Schinken, 50 g Bauchspeck und den Salbei fein hacken. Mit Salz und Pfeffer vermischen, den Fasan damit füllen und mit Küchengarn zunähen.
- Mit den restlichen Schinken- und Speckscheiben den Fasan belegen und mit Küchengarn umwickeln.
- In einem Bräter das Olivenöl erhitzen und den Fasan ringsherum darin anbraten. Mit etwas Wein ablöschen und den Fasan in den Backofen schieben.
- Während der Garzeit hin und wieder mit etwas Weißwein begießen und mit dem Bratenfond beschöpfen.
- Nach etwa 1 Stunde ist der Fasan fertig. Zum Servieren das Küchengarn, die Schinken- und Speckscheiben entfernen und den Fasan in vier Portionsstücke zerlegen. Auf einer vorgewärmten Platte anrichten, mit dem Bratenfond begießen und sofort servieren.

Fagiano rinascimentale

Fasan nach Renaissanceart

Die Überlieferung besagt, dass dieses Rezept in Siena, im Hause des Edelmannes Nicolò de' Salimbeni entstanden sei. Mit einer Gruppe ebenso reicher wie zügelloser junger Leute brachte er in wenigen Jahren mit Ausschweifungen aller Art sein gesamtes Vermögen durch.

Es heißt, dass Salimbeni anlässlich seiner Festgelage Unsummen für die Beschaffung ausgefallener, erlesener Speisen und Gewürze ausgab. So ließ er beispielsweise seine Fasane über Kohlebecken braten, in denen gleich haufenweise Gewürznelken in der Glut lagen ... Der Palast, in dem diese Schlemmerorgien stattfanden, erhielt den Namen Palazzo della Consuma *(Palast der Prasser).*

Die jungen Lebemänner endeten zwar in bitterster Armut, doch der Adel von Siena griff einige ihrer extravaganten Rezepte auf, wie zum Beispiel dieses. Es fand natürlich auch am Hofe der Medici großen Anklang und wurde daher auch unter dem Namen Fagiano alla Medicea *(Fasan auf Medici-Art) bekannt.*

Ganz wichtig für das gute Gelingen dieses Gerichts ist eine glückliche Hand bei der Wahl des Weins, der auf jeden Fall eher kräftig sein muss.

Servieren Sie zum Essen den gleichen Wein, mit dem der Fasan zubereitet wurde – also zum Beispiel einen schweren Jahrgangs-Chianti.

Hier nun das Rezept, wie es überliefert wurde:

◆ Den Fasan waschen, trockentupfen und außen mit Salz und Pfeffer einreiben.

◆ Für die Füllung die Bratwürste enthäuten und zerkleinern. Nelken, Zimt und Muskat darunter mischen.

◆ Die Zitronenschale in feine Streifen schneiden. Die Pflaumen entsteinen und grob hacken. Beides zur Füllmasse geben und alles gut durchmischen.

- Den Fasan füllen, zunähen, mit den Speckscheiben belegen und mit Küchengarn umwickeln.
- Die Zwiebeln abziehen und in hauchdünne Scheiben schneiden.
- In einem Bratentopf das Olivenöl erhitzen, die Zwiebeln mit den Lorbeerblättern kurz darin anschwitzen, den Fasan hineinlegen und von allen Seiten kräftig anbraten.
- Sobald der Fasan ringsherum eine goldgelbe Farbe angenommen hat, mit dem Rotwein und dem Essig begießen. Den Deckel auflegen, die Hitze reduzieren und den Fasan auf kleiner Flamme etwa 1 Stunde schmoren lassen.
- Inzwischen für die Sauce die Frühlingszwiebeln waschen und trockentupfen. Die grünen Teile entfernen und wegwerfen. Die weißen Teil in feine Ringe schneiden.
- Die Karotten schälen und fein würfeln. Die Sellerieherzen in dünne Scheiben schneiden.
- In einem Topf reichlich Salzwasser zum Kochen bringen, das geschnittene Gemüse 3–4 Minuten blanchieren, abgießen und beiseite stellen.
- Die Backpflaumen entsteinen und in kleine Stücke schneiden.
- Den fertigen Fasan aus dem Topf nehmen und das Küchengarn entfernen. Die Füllung herausnehmen und den Fasan warm stellen.
- Die Füllung für einige Minuten in den Bratenfond geben und anschließend alles durch ein Sieb in einen Topf streichen.
- Mit Chianti und Vin Santo aufgießen, salzen und die Sauce noch einmal kurz erhitzen.
- Die Hälfte der Sauce mit dem blanchierten Gemüse und den geschnittenen Backpflaumen vermischen.
- Den Fasan in vier Portionsstücke tranchieren und auf einer vorgewärmten Platte anrichten. Mit der Gemüse-Pflaumen-Sauce übergießen und sofort servieren.
- Die restliche Sauce getrennt dazu reichen.

Für 4 Personen

1 küchenfertiger Fasan
Salz
Pfeffer
100 g Speck in Scheiben
2 weiße Zwiebeln
4 EL Olivenöl
6–8 Lorbeerblätter
gut ¼ l Jahrgangs-Chianti
1 EL Weinessig

Für die Füllung:
2 frische salsicce oder andere Schweinsbratwürste
je 1 gestrichener TL gemahlene Gewürznelken, Zimt und Muskat
Schale von 1 Zitrone
6 Backpflaumen

Für die Sauce:
3 Frühlingszwiebeln
2 Karotten
4–6 zarte Sellerieherzen (die zarten inneren Teile vom Staudensellerie)
6 Backpflaumen
knapp ⅛ l Jahrgangs-Chianti
1 Gläschen Vin Santo
Salz

Beccacce arrosto

Am Spieß gebratene Schnepfen

Die Waldschnepfe ist das wohl begehrteste Federwild. Ihr Fleisch ist unübertroffen wohlschmeckend und wird daher von Feinschmeckern als echter Leckerbissen geschätzt.
Bei diesem Rezept wäre es das beste, die Schnepfen über offenem Feuer zu braten – sie gelingen aber auch im Backofen mit einem elektrischen Drehspieß.

Für 4 Person

4 gut abgehangene, küchenfertige Waldschnepfen
12 dünne Scheiben gut durchwachsener, luftgetrockneter Speck
1 Hand voll Salbeiblättchen
2 TL Wacholderbeeren
Salz · Pfeffer
Olivenöl extra vergine
4 Scheiben Landbrot
knapp 1/8 l Rotwein

◆ Wenn die Schnepfen nicht über offenem Feuer gebraten werden, den Grill vorheizen.

◆ Die Vögel waschen und trockentupfen, aber nicht ausnehmen, sondern nur den Magen mit einer Spicknadel herausziehen und wegwerfen.

◆ Jeweils drei Speckscheiben um eine Schnepfe wickeln und mit Küchengarn festbinden.

◆ Den Salbei hacken, die Wacholderbeeren im Mörser zerstoßen und beides mit Salz und Pfeffer mischen. Die Schnepfen großzügig mit dieser Würzmischung einreiben und auf den Spieß stecken.

◆ Die Schnepfen 35–40 Minuten braten, dabei häufig mit frischem Olivenöl bestreichen.

◆ Den Bratensaft, der während des Bratens austritt, in der Fettpfanne auffangen.

◆ Kurz vor dem Ende der Garzeit die Brotscheiben rösten, halbieren und beiseite stellen.

◆ Die fertigen Schnepfen vom Spieß nehmen und halbieren. Die Innereien herausnehmen und die Schnepfenhälften warm stellen.

◆ In einer Pfanne die Innereien mit dem aufgefangenen Bratensaft anbraten und mit dem Rotwein ablöschen. Sobald der Wein verdunstet ist, die Mischung noch heiß auf die Röstbrote streichen.

◆ Die Brote zusammen mit den Schnepfenhälften servieren.

Beccacce in teglia

Geschmorte Schnepfen

Für 4 Personen

12 dünne Scheiben gut durchwachsener, luftgetrockneter Speck
1 Hand voll Salbeiblättchen
Schale von 1 Zitrone
80 g Butter
Salz · Pfeffer
4 gut abgehangene, küchenfertige Waldschnepfen
knapp 1/8 l Rotwein
knapp 1/8 l heiße Brühe
4 Scheiben Landbrot

- Den Speck, den Salbei und die Zitronenschale sehr fein hacken. Mit der Butter sowie Salz und Pfeffer vermischen.
- Die Schnepfen waschen und trockentupfen, aber nicht ausnehmen, sondern nur den Magen mit einer Spicknadel herausziehen und wegwerfen.
- Die Butter-Speck-Mischung in einem Bratentopf erhitzen und die Schnepfen bei geringer Hitze von allen Seiten darin anbraten.
- Sobald sie rundherum gebräunt sind, gut zwei Drittel des Rotweins angießen, etwas verdunsten lassen, die Brühe angießen und die Schnepfen auf kleiner Flamme mit geschlossenem Deckel 30–40 Minuten schmoren lassen.
- Kurz vor dem Ende der Garzeit die Brotscheiben halbieren, rösten und beiseite stellen.
- Die Schnepfen aus dem Topf nehmen und halbieren. Die Innereien herausnehmen und die Schnepfenhälften warm stellen.
- Die Innereien in den Schmorfond geben, kurz anbraten und mit dem restlichen Rotwein ablöschen. Sobald der Wein verdunstet ist, die Mischung noch heiß auf die Röstbrote streichen.
- Auf einer vorgewärmten Servierplatte die Brote kreisförmig anrichten, die Schnepfenhälften in die Mittel legen und alles sofort heiß servieren.

Die mit den Innereien belegten Röstbrote werden übrigens Crostini tristi *(Traurige Röstbrote) genannt – vielleicht, weil sie den Schnepfen das letzte Geleit geben …*

Quaglie dei poeti

Wachteln der Dichter

Für 4 Personen

4 küchenfertige Wachteln
mit der Wachtelleber
4 dünne Scheiben
durchwachsener Speck
8 Lorbeerblätter
8–12 Wacholderbeeren
Salz · Pfeffer
3 dicke Speckscheiben
2 Scheiben fetter Schinken
30 g Butter
1/8 l Weißwein

Zum Garnieren:
1 Lorbeerzweig

◆ Den Backofen auf 180 °C vorheizen.

◆ Die Leber und den durchwachsenen Speck sowie vier Lorbeerblätter fein hacken. Die Wacholderbeeren im Mörser zerstampfen. Alles zusammen mit Salz und Pfeffer vermischen und die Wachteln damit füllen.

◆ Die Wachteln außen salzen und pfeffern und zusammen mit dem fetten Speck auf ein Holzstäbchen (besser noch: ein Lorbeerstäbchen) spießen: Zuerst eine Speckscheibe, dann zwei Wachteln, wieder eine Speckscheibe, zwei Wachteln und am Schluss die letzte Speckscheibe.

◆ Einen Bräter mit den Schinkenscheiben, den restlichen Lorbeerblättern und mit Butterflöckchen auslegen. Den Wachtelspieß darauf legen, mit dem Weißwein begießen und den Bräter in den Backofen schieben.

◆ Die Wachteln nach 20 Minuten aus dem Ofen nehmen und vom Spieß streifen. Zusammen mit den Speckscheiben auf einer vorgewärmten Platte anrichten, mit dem frischen Lorbeerzweig garnieren und servieren.

Wenn Sie möchten, können Sie die Wachteln vor dem Servieren auch mit etwas Cognac flambieren.

Quaglie alla fiorentina

Wachteln auf Florentiner Art

Für 4 Personen

4 küchenfertige Wachteln
Salz · Pfeffer
4 Scheiben Bauchspeck
25 g Butter
4 EL Olivenöl
einige Lorbeer-, Salbei- und Thymianblätter
1/8 l Weißwein
4–5 EL Brühe
4 Brotscheiben

Zum Garnieren:
einige Lorbeerblätter
1 Zweiglein Salbei
1 Zweiglein Thymian

◆ Die Wachteln mit Salz und Pfeffer einreiben, mit den Speckscheiben umwickeln und mit Küchengarn binden.

◆ In einem Bratentopf die Butter mit dem Olivenöl und den Kräutern erhitzen und die Wachteln bei mittlerer Hitze darin anbraten. Sobald sie von allen Seiten Farbe angenommen haben, mit dem Wein ablöschen.

◆ Sobald der Wein etwas verdunstet ist, etwas Brühe zugeben, die Hitze reduzieren und die Wachteln 25–30 Minuten auf kleiner Flamme mit geschlossenem Deckel schmoren lassen. Eventuell zwischendurch noch etwas Brühe angießen, falls zu viel Flüssigkeit verdampft ist.

◆ Die fertigen Wachteln aus dem Topf nehmen und das Küchengarn entfernen.

◆ Die Brotscheiben rösten und auf eine vorgewärmte Servierplatte legen.

◆ Die Kräuter aus dem Schmorfond nehmen und das geröstete Brot mit dem Fond tränken.

◆ Die Wachteln auf die Brote legen und mit den frischen Kräutern garnieren.

Lepre ammandorlata

Hasenragout mit Mandeln

Auch dieses Rezept geht auf die Zeit der Renaissance zurück. Es wird bis heute vor allem in der Gegend von Siena geschätzt. Der einzigartige Geschmack wird Sie für die Mühen der Zubereitung entschädigen!

Für 6–8 Personen

1 Hase (etwa 2,5 kg)
mit den Innereien
etwas Essig

Für die Marinade:
1 Zwiebel
2–3 Knoblauchzehen
einige Pfefferkörner
3–4 Lorbeerblätter
1 l Rotwein
knapp 1/8 l Weinessig
Salz

Außerdem:
1 Zwiebel
2 Knoblauchzehen
1 Karotte
1 Stange Staudensellerie
6 EL Olivenöl

◆ Am Vorabend den Hasen mit Essigwasser abwaschen und in 14 Stücke zerteilen. Die Innereien beiseite legen.

◆ Für die Marinade die Zwiebel und den Knoblauch abziehen und grob hacken. Die Pfefferkörner etwas zerdrücken und alles mit den Lorbeerblättern, dem Wein, dem Essig und Salz vermischen. Die Marinade kurz aufkochen und abkühlen lassen.

◆ Die Hasenstücke über Nacht in die erkaltete Marinade legen.

◆ Am nächsten Tag das Fleisch aus der Marinade nehmen, abspülen und sorgfältig trockentupfen. Die Marinade durch ein Sieb gießen und beiseite stellen.

◆ Die Zwiebel und den Knoblauch abziehen und fein hacken. Die Karotte schälen, den Sellerie waschen und beides fein würfeln.

◆ Die Innereien des Kaninchens fein hacken.

◆ In einem großen Bratentopf das Olivenöl erhitzen und die Zwiebeln darin glasig anbraten. Sobald sie Farbe angenommen haben, den Knoblauch und das gewürfelte Gemüse zufügen und ebenfalls anbraten. Sobald der Knoblauch Farbe angenommen hat, die gehackten Innereien in dieser Mischung anbraten.

◆ Die Hasenteile zufügen, ringsherum anbraten, die gehackten Kräuter, die Lorbeerblätter und die Gewürznelken zufügen und mit gut der Hälfte der Marinade ablöschen. Salzen und pfeffern.

◆ Alles wieder zum Kochen bringen, die Hitze sofort zurückschalten und das Fleisch auf kleiner Flamme etwa 2 Stunden schmoren lassen. Von Zeit zu Zeit etwas Brühe und Rotwein angießen.

je 1 TL gehackte Bergminze oder eine andere Minzesorte, Estragon und Thymian
3 Lorbeerblätter
4 Gewürznelken
Salz · Pfeffer
ca. 1/4 l Brühe
ca. 1/4 l Rotwein

Für die Sauce:
100 g geschälte Mandeln
50 g Pinienkerne
6–8 Wacholderbeeren
1 Zwiebel · 1 Karotte
50 g Butter
1 TL Mehl
1/8 l Brühe
4 EL Vin Santo
1 1/2 EL Mandellikör

◆ Inzwischen für die Sauce die Mandeln, die Pinienkerne und die Wacholderbeeren im Mörser zerstoßen.

◆ Die Zwiebel abziehen, die Karotte schälen und beides in hauchdünne Scheiben schneiden.

◆ In einer kleinen Pfanne die Butter erhitzen und die Karotten- und Zwiebelscheiben hell darin anbraten.

◆ Kurz vor dem Ende der Garzeit des Fleisches etwas Bratenfond abnehmen, in einen kleinen Topf geben, das Mehl hineinrühren und zum Kochen bringen.

◆ Die zerstoßenen Mandeln, Pinienkerne und Wacholderbeeren zusammen mit dem angebratenen Gemüse zugeben und mit der Brühe aufgießen. Den Vin Santo und den Mandellikör unterrühren.

◆ Das Fleisch aus dem Bratenfond nehmen und auf einer vorgewärmten Servierplatte anrichten.

◆ Den Bratenfond durch ein Sieb passieren und das Fleisch damit überziehen.

◆ Die Mandelsauce getrennt dazu reichen.

Lepre in salmí

Hasenpfeffer

Für 6–8 Personen

1 küchenfertiger Hase
(etwa 2,5 kg) mit den Innereien
etwas Essig

Für die Marinade:
1 Zwiebel
2–3 Knoblauchzehen
einige Pfefferkörner
3–4 Lorbeerblätter · Salz
1 l Rotwein
knapp 1/8 l Weinessig

Außerdem:
Salz · 2 Knoblauchzehen
1 große Zwiebel
1 Stange Staudensellerie
1 Karotte
6 Pfefferkörner
3 Lorbeerblätter
70 g Butter
5 EL Olivenöl
1/8 l Rotwein
1/2 l Brühe
Salz · Pfeffer

◆ Am Vorabend den Hasen mit Essigwasser abwaschen und in 14 Stücke zerteilen. Die Innereien beiseite legen.

◆ Für die Marinade die Zwiebel und den Knoblauch abziehen und grob hacken. Die Pfefferkörner etwas zerdrücken und alles mit den Lorbeerblättern, etwas Salz, dem Wein und dem Essig vermischen. Die Marinade kurz aufkochen und abkühlen lassen.

◆ Die Hasenstücke über Nacht in die erkaltete Marinade legen.

◆ Am nächsten Tag die Fleischstücke abspülen, trockentupfen und im geschlossenen Topf mit etwas Salz ca. 10 Minuten erhitzen, bis das Fleisch seine Flüssigkeit abgegeben hat. Die ausgetretene Flüssigkeit abgießen.

◆ Inzwischen den Knoblauch und die Zwiebel abziehen und fein hacken. Den Sellerie waschen, die Karotte schälen und beides fein würfeln. Die Pfefferkörner zerdrücken und alles zusammen mit den Lorbeerblättern, der Butter, dem Olivenöl und den Innereien zu den Hasenstücken in den Topf geben. Bei starker Hitze anbraten. Wenn das Fleisch ringsherum gebräunt ist, mit dem Wein ablöschen. Sobald der Wein verdunstet ist, die Hasenstücke aus dem Topf nehmen und beiseite stellen.

◆ Die Lorbeerblätter aus der Sauce nehmen, die Sauce durch ein Sieb passieren, mit der Brühe zurück in den Topf geben, salzen und pfeffern.

◆ Das Fleisch wieder in die Sauce legen und bei mäßiger Hitze mit geschlossenem Deckel etwa 2 Stunden schmoren lassen.

◆ Vor dem Servieren das Hasenragout noch einmal mit Salz und Pfeffer abschmecken.

Nach diesem Rezept lassen sich auch Kaninchen-, Hühner-, Perlhuhn- und Entenragout zubereiten – dann können Sie natürlich auf das Marinieren verzichten.

Capriolo in umido

Rehragout

Besonders in den Wäldern der Maremma bei Capalbio, Albarese und Punta Ala gibt es viele Rehe. Reh ist ein begehrtes Wild und es gibt viele köstliche Rezepte dafür. Dieses stammt aus der Gegend von Grossetto.

Für 6 Personen

1,5 kg Rehfleisch aus der Schulter
100 g Bauchspeck
50 g Butter
3 EL Olivenöl
Salz · Pfeffer
1 EL Mehl
¼ l Rotwein
½ l Brühe
2 Lorbeerblätter
6 Scheiben Weißbrot

◆ Das Fleisch in nicht zu große Würfel schneiden. Den Speck fein würfeln.

◆ In einem Bratentopf die Butter mit dem Olivenöl erhitzen und den Speck darin anbraten. Sobald er Farbe angenommen hat, das Fleisch zufügen und gründlich anbraten. Salzen, pfeffern und das Mehl darüber stäuben. Gut umrühren und einige Minuten schmoren lassen.

◆ Den Wein, die Brühe und die Lorbeerblätter zufügen, aufkochen lassen und die Hitze sofort reduzieren.

◆ Das Ragout auf kleiner Flamme im geschlossenen Topf etwa 2 Stunden schmoren lassen, dabei immer wieder gut umrühren.

◆ Kurz vor dem Ende der Garzeit das Brot rösten, auf eine vorgewärmte Servierplatte legen, mit etwas Schmorflüssigkeit tränken und das Rehragout darüber geben.

Cinghiale in umido

Wildschweinragout

Es ist nicht ganz einfach, Wildschwein richtig zuzubereiten ... Wenn das Fleisch von zu jungen Tieren stammt, unterscheidet sich der Geschmack nicht allzu sehr von normalem Schweinefleisch.

Andererseits darf das Wildschwein auch nicht zu alt, keinesfalls jedoch älter als fünf Jahre sein, sonst ist das Fleisch ungenießbar. Eines der Geheimnisse für ein gutes Gelingen besteht darin, dass das Fleisch mindestens zwei Tage in einer Marinade eingelegt werden muss. Aber der Aufwand lohnt sich!

Für 6–8 Personen

Für die Marinade:
1 Flasche Rotwein
1/8 l kräftiger Weinessig
1 1/4 l Wasser
1 Zwiebel
2–3 Knoblauchzehen
1 Sträußchen Petersilie
2–3 EL Olivenöl
je 1 Zweiglein Thymian und Rosmarin
4–5 Lorbeerblätter
6 Gewürznelken
1 Zimtstange
1 TL gemahlener Koriander
6–8 Wacholderbeeren
6–8 Pfefferkörner
Salz

◆ Für die Marinade den Wein mit Essig und Wasser vermischen.

◆ Die Zwiebel abziehen und in Ringe schneiden. Den Knoblauch abziehen, die Zehen ganz lassen. Die Petersilie waschen, trockenschütteln, die Stängel entfernen und die Blätter fein hacken.

◆ In einem Topf das Olivenöl erhitzen, die Zwiebelringe und den Knoblauch mit den Kräutern und Gewürzen darin anbraten. Sobald die Zwiebeln Farbe angenommen haben, das Essigwasser und Salz dazugeben, kurz aufkochen und abkühlen lassen.

◆ Das Fleisch in die erkaltete Marinade legen und mindestens 2 Tage darin ziehen lassen. Nur bei Fleisch von ganz jungen Tieren reicht eine Marinierzeit von einer Nacht aus.

◆ Wenn Sie das Fleisch zubereiten wollen, nehmen Sie es aus der Marinade und trocknen es gründlich ab. Anschließend in nicht zu große Würfel schneiden.

◆ Die Zwiebel häuten, die Karotte schälen, den Sellerie waschen und alles fein würfeln.

◆ In einem großen Topf das Olivenöl erhitzen und die Gemüsewürfel darin anbraten. Sobald die Zwiebeln Farbe angenommen haben, das Fleisch zugeben und gut anbraten.

◆ Mit der Hälfte des Weins und dem Cognac oder dem Weinbrand ablöschen, die Hitze reduzieren, salzen, pfeffern und das Fleisch auf kleiner Flamme im geschlossenen Topf 3 Stunden schmoren lassen. Dabei nach und nach die Brühe und den restlichen Wein zugeben.

◆ Inzwischen die Pilze mit einem Stück Küchenpapier vorsichtig säubern, unten von den Stielen eine dünne Scheibe abschneiden und wegwerfen. Die Pilze in Scheiben schneiden.

◆ Kurz vor dem Ende der Garzeit etwas Bratenfond aus dem Topf in eine Pfanne geben und die Pilze darin ein paar Minuten schmoren lassen, eventuell noch etwas salzen und pfeffern.

◆ Das Fleisch auf einer vorgewärmten Platte anrichten und die Pilze dazu servieren.

Außerdem:
2 kg Wildschweinfleisch aus der Schulter
1 große Zwiebel
2 Karotten
1 dicke Stange Staudensellerie
5–6 EL Olivenöl
½ l Rotwein
4 cl Cognac oder Weinbrand
Salz · Pfeffer
½ l Brühe
300 g möglichst kleine Steinpilze

Sie können dieses Rezept auch abwandeln und Cinghiale in dolce forte *(Wildschwein süßsauer) daraus machen, dann müssen Sie allerdings die Steinpilze weglassen.*
Richten Sie sich bei der Sauce nach den Anweisungen im Rezept Ente süßsauer (siehe Seite 264). Aber vergessen Sie nicht, das Wildschweinfleisch vor der Zubereitung wie vorstehend beschrieben zu marinieren.

Kutteln galten lange Zeit als Speise der Armen – inzwischen stehen sie sogar in teuren Restaurants auf der Karte. Zum Glück kann man Kutteln meist küchenfertig beim Metzger kaufen, so entfällt das aufwendige Säubern, Wässern und Vorkochen.
In der Toskana weiß man Kutteln hervorragend und auf unterschiedliche Arten zuzubereiten. Nachstehend ein köstliches Rezept, das heute in ganz Italien verbreitet ist.

Trippa alla fiorentina

Kutteln auf Florentiner Art

◆ Die Kutteln in fingerbreite Streifen schneiden. Die Zwiebel abziehen, den Sellerie waschen, die Karotten schälen und alles fein würfeln.

Für 6 Personen

1 kg vorgekochte Kutteln
1 Zwiebel
2 Stangen Staudensellerie
2 Karotten
4 vollreife Tomaten
6 EL Olivenöl
Salz · Pfeffer
6–8 EL frisch geriebener Parmesan

◆ Die Tomaten kurz mit heißem Wasser überbrühen, häuten, vierteln und entkernen, dabei die Stielansätze entfernen. Das Fruchtfleisch grob würfeln.
◆ Das Olivenöl in einem Topf erhitzen. Zwiebeln, Sellerie und Karotten darin anbraten. Sobald die Zwiebeln Farbe angenommen haben, die Kutteln zugeben und etwa 5 Minuten mitdünsten.
◆ Die Tomaten zufügen, salzen, pfeffern und alles auf kleiner Flamme im geschlossenen Topf 50–60 Minuten köcheln lassen.
◆ Am Schluss sollte die Sauce schön eingedickt sein, sonst die Temperatur noch einmal hochschalten und alles ohne Deckel etwas einkochen lassen.
◆ Vor dem Servieren den Parmesan unter die Kutteln rühren.

In Montalcino werden die Kutteln ohne Tomaten, aber mit Brühe, reichlich Petersilie und etwas Safran gekocht; in Pisa kommt kein Safran, aber 150 g Schweinehackfleisch dazu.
Etwas besonderes ist Lampredotto, *ein Gericht aus Kalbskutteln und Gemüse, das in Salzwasser gekocht und mit Weißbrot, aber ohne Parmesan, gegessen wird. In Florenz kann man auf dem Markt von San Lorenzo an Imbissbuden* Lampredotto *kaufen und an Ort und Stelle verzehren.*

Dolci
Desserts

Crostata alla marmellata di susine

Mürbeteigkuchen mit Pflaumenmus

Für 10–12 Personen

350 g Mehl · 180 g Zucker
1 TL Backpulver
1 Prise Salz
3 Eier
180 g Schweineschmalz
(ersatzweise Butter)
abgeriebene Schale von 1 Zitrone

Für den Belag:
350 g Pflaumenmus

Außerdem:
Butter und Mehl für die Form
1 EL Milch

◆ Mehl, Zucker, Backpulver und Salz auf die Arbeitsplatte häufen, eine Mulde hineindrücken und zwei ganze Eier sowie ein Eiweiß, das Schmalz oder die Butter in Flöckchen darauf setzen. Die abgeriebene Zitronenschale hinzufügen und alles rasch zu einem glatten, elastischen Teig verkneten.

◆ Den Teig zu einer Kugel formen und mindestens 30 Minuten an einem kühlen Ort ruhen lassen.

◆ Den Backofen auf 175 °C vorheizen.

◆ Eine Springform von 26 cm Durchmesser etwas einfetten und mit Mehl bestäuben. Gut zwei Drittel des Teigs dünn ausrollen und die Form damit auskleiden, dabei den Teig etwa 4 cm am Rand hochziehen.

◆ Das Pflaumenmus gleichmäßig auf dem Teigboden verteilen, die überstehenden Teigränder nach innen umklappen.

◆ Den restlichen Teig ausrollen und in etwa 1 cm breite Streifen schneiden.

◆ Die Teigstreifen gitterförmig über das Pflaumenmus legen und die Enden leicht an die Teigränder drücken.

◆ Das übrig gebliebene Eigelb mit der Milch verrühren und das Teiggitter damit bestreichen.

◆ Den Kuchen in den Ofen schieben und auf mittlerer Schiene etwa 35 Minuten backen.

◆ Vor dem Servieren gut auskühlen lassen.

Dieser Kuchen ist vor allem in der Gegend um Montepulciano sehr beliebt. Hier wächst eine besondere Pflaumensorte, aus der vorwiegend Marmelade (Pflaumenmus) hergestellt wird. Nach einem Spezialrezept wird das Pflaumenmus ohne oder mit nur geringer Zugabe von Zucker hergestellt. Es gibt dem Kuchen eine etwas herbe Note, zu der ganz besonders gut ein Gläschen Vin Santo *passt.*

Crostata della Lunigiana

Mürbeteigkuchen aus der Lunigiana

Für 10–12 Personen

Für den Teig:
50 g fetter Schweinespeck
300 g Mehl
100 g Zucker
1 TL Backpulver
2 Eier
abgeriebene Schale von
1 Orange oder Zitrone
100 g Butter

Für den Belag:
300 g herbe Kirschkonfitüre

Außerdem:
Butter und Mehl für die Form
1 Eigelb
1 EL Milch

◆ Den Speck sehr fein würfeln.
◆ Das Mehl, den Zucker und das Backpulver auf die Arbeitsplatte häufen, eine Mulde hineindrücken, die Eier, den gewürfelten Speck und die abgeriebene Orangen- oder Zitronenschale hineingeben. Die Butter in Flöckchen darauf setzen und alles rasch zu einem glatten, elastischen Teig verkneten.
◆ Den Teig zu einer Kugel formen und mindestens 30 Minuten an einem kühlen Ort ruhen lassen.
◆ Den Backofen auf 180 °C vorheizen.
◆ Die Marmelade in einen Topf geben und bei starker Hitze etwas einkochen, anschließend wieder abkühlen lassen.
◆ Eine Springform von 26 cm Durchmesser mit etwas Butter einfetten und mit Mehl bestäuben.
◆ Gut zwei Drittel des Teigs dünn ausrollen und die Form damit auskleiden, dabei den Teig etwa 3 cm am Rand hochziehen.
◆ Die abgekühlte Kirschkonfitüre gleichmäßig auf dem Teigboden verteilen, die überstehenden Teigränder nach innen umklappen.
◆ Den restlichen Teig ausrollen und in etwa 1 cm breite Streifen schneiden.
◆ Die Teigstreifen gitterförmig über die Marmelade legen und die Enden leicht an die Teigränder drücken.
◆ Das Eigelb mit der Milch verrühren und das Teiggitter damit bestreichen.
◆ Den Kuchen in den Ofen schieben und etwa 35 Minuten auf mittlerer Schiene backen.
◆ Vor dem Servieren gut auskühlen lassen.

Crostata di fragole

Mürbeteigkuchen mit marinierten Erdbeeren

Für 10–12 Personen

Für den Teig:
300 g Mehl
100 g Zucker
1 Ei · 1 Eigelb
250 g Butter

Für den Belag:
800 g Erdbeeren
abgeriebene Schale von 1 Orange oder Zitrone
2 EL Zucker
3 cl Vin Santo
3 cl Grand Marnier oder ein ähnlicher Likör
4 EL abgezogene, gehackte Mandeln
4 EL Erdbeerkonfitüre

Außerdem:
Butter und Mehl für die Form

◆ Das Mehl und den Zucker auf die Arbeitsplatte häufen, eine Mulde hineindrücken, das Ei und das Eigelb hineingeben und die Butter in Flöckchen darauf setzen. Alles sorgfältig und rasch zu einem glatten, elastischen Teig verkneten.

◆ Den Teig zu einer Kugel formen und mindestens 30 Minuten an einem kühlen Ort ruhen lassen.

◆ Den Backofen auf 180 °C vorheizen.

◆ Inzwischen die Erdbeeren waschen, putzen und trockentupfen. Große Früchte halbieren, kleine ganz lassen. Die Erdbeeren in eine Schüssel geben, die Orangen- oder Zitronenschale sowie den Zucker darunter mischen, mit Vin Santo und Likör beträufeln und gut 30 Minuten ziehen lassen.

◆ Eine Springform von 26 cm Durchmesser etwas einfetten und mit Mehl bestäuben.

◆ Den Teig dünn ausrollen und die Form damit auskleiden, dabei den Teig etwa 3 cm am Rand hochziehen.

◆ Den Teigboden mit der Erdbeerkonfitüre bestreichen, mit den gehackten Mandeln bestreuen und die gut abgetropften Erdbeeren darauf verteilen.

◆ Den Kuchen in den Ofen schieben und 30–35 Minuten auf der unteren Schiene backen. Anschließend den Ofen ausschalten und den Kuchen weitere 10 Minuten darin stehen lassen.

◆ Vor dem Servieren den Kuchen gut auskühlen lassen und mit einem Gläschen Vin Santo oder etwas schwach gezuckerter Schlagsahne auf den Tisch bringen.

Crostata di ricotta

Mürbeteigkuchen mit Ricotta

Für 10–12 Personen

Für den Teig:
300 g Mehl · 150 g Zucker
1 Päckchen Vanillezucker
1 Prise Salz
abgeriebene Schale
von 1 Orange oder Zitrone
150 g Butter · 2 Eier

Für den Belag:
3 Eier
300 g frischer Ricotta
4 EL Zucker
3 EL bittersüßer Kräuterlikör
oder trockener Marsala

Außerdem:
Butter und Mehl für die Form
je 1–2 EL gehackte Walnüsse und
abgezogene, gehackte Mandeln
oder 1–2 EL Kakaopulver
oder 3–4 EL Zucker

◆ Mehl, Zucker, Vanillezucker, Salz und die abgeriebene Orangen- oder Zitronenschale vermischen. Die Butter in Flöckchen darauf setzen und zusammen mit den Eiern rasch unterkneten, bis ein glatter, geschmeidiger Teig entstanden ist.
◆ Den Teig zu einer Kugel formen und mindestens 30 Minuten an einem kühlen Ort ruhen lassen.
◆ Den Backofen auf 200 °C vorheizen.
◆ Die Eier trennen. Den Ricotta mit dem Eigelb, dem Zucker und dem Alkohol verrühren.
◆ Das Eiweiß steif schlagen und unter die Masse heben.
◆ Eine Springform von 26 cm Durchmesser etwas einfetten und mit Mehl bestäuben.
◆ Den Teig 5–6 mm dick ausrollen und die Form damit auskleiden, dabei den Teig etwa 3 cm am Rand hochziehen.
◆ Den Teigboden mit der Ricottamasse bestreichen und mit den gehackten Mandeln und Nüssen (oder Kakaopulver oder Zucker) bestreuen. Wenn Sie Zucker verwenden, bekommt der Kuchen einen besonders feinen Geschmack, weil der Zucker beim Backen karamellisiert.
◆ Den Kuchen in den Ofen schieben und 30–35 Minuten auf der unteren Schiene backen.

Crostata mandorlata

Mürbeteigkuchen mit Mandeln

Für 10–12 Personen

Für den Teig:
300 g Mehl
200 g Zucker
1 Päckchen Vanillezucker
1 Prise Salz
abgeriebene Schale von 1 Orange
150 g Butter
2 Eier

Außerdem:
Butter und Mehl für die Form

Für die Füllung:
je 1 gut gehäufter EL Walnüsse, Haselnüsse und abgezogene, gehackte Mandeln
6 EL Orangenmarmelade

Für den Belag:
2 EL Butter
2 EL gehackte Mandeln
1 EL geriebene Blockschokolade

◆ Mehl, Zucker, Vanillezucker, Salz und die abgeriebene Orangenschale vermischen. Die Butter in Flöckchen darauf setzen und mit den Eiern rasch unterkneten, bis ein glatter, geschmeidiger Teig entstanden ist.
◆ Den Teig zu einer Kugel formen und mindestens 30 Minuten an einem kühlen Ort ruhen lassen.
◆ Den Backofen auf 175 °C vorheizen.
◆ Eine Springform von 22 cm Durchmesser mit etwas Butter einfetten und mit Mehl bestäuben.
◆ In einer Pfanne die gehackten Nüsse und Mandeln hell anrösten.
◆ Den Teig teilen und zu zwei gleich großen, runden Platten ausrollen.
◆ Den Boden mit der einen Teigplatte auskleiden und mit der Hälfte der Marmelade bestreichen.
◆ Die Mandel-Nuss-Mischung darauf verteilen.
◆ Die zweite Teigplatte mit der restlichen Marmelade bestreichen und mit Hilfe eines Pfannenmessers wie einen Deckel – also mit der Marmeladenseite nach unten – auf die Mandel-Nuss-Mischung legen.
◆ Die Butter zerlassen und die obere Teigplatte damit bestreichen. Mit den gehackten Mandeln und der geriebenen Blockschokolade bestreuen und die Form in den Ofen schieben.
◆ Den Kuchen 30–35 Minuten auf mittlerer Schiene backen.
◆ Den abgekühlten Kuchen in kleine Stücke schneiden und mit gesüßter, geschlagener Sahne servieren.

Torta di mele

Apfelkuchen

Dieser Kuchen schmeckt ganz besonders gut, wenn er lauwarm mit Vanilleeis serviert wird.

Für 6–10 Personen

100 g Sultaninen
100 g Butter
300 g Zucker
1 Päckchen Vanillezucker
3 Eier
½ Päckchen Backpulver
150 g Mehl
abgeriebene Schale von 1 Zitrone
4 EL Milch
50 g geschälte Pinienkerne
5 große Äpfel
(z. B. Golden Delicious)

Außerdem:
Butter und Mehl für die Form

- Den Backofen auf 175 °C vorheizen.
- Die Sultaninen in etwas lauwarmem Wasser einweichen.
- In einer Rührschüssel die Butter mit dem Zucker und dem Vanillezucker schaumig schlagen. Nach und nach die Eier und anschließend löffelweise das mit dem Backpulver vermischte Mehl unterrühren.
- Die abgeriebene Zitronenschale und die Milch zufügen und alles zu einem glatten Teig verrühren.
- Die Sultaninen abtropfen lassen und zusammen mit den Pinienkernen unter den Teig heben.
- Eine Springform von 24 cm Durchmesser mit Butter einfetten und mit etwas Mehl bestäuben. Den Teig einfüllen und die Oberfläche glatt streichen.
- Die Äpfel schälen, halbieren, die Kerngehäuse entfernen und die Apfelhälften in Spalten schneiden.
- Den Teig fächerartig mit den Apfelspalten belegen und den Kuchen im Ofen etwa 40 Minuten auf mittlerer Schiene backen.

Torta di Montalcino

Torte aus Montalcino

Diese Spezialität hat eine lange Tradition … Das Originalrezept wird bis heute von der Familie Lambardi aus Montalcino gehütet. Ich kann Ihnen versichern, dass die Torte köstlich schmeckt, vor allem, wenn dazu ein kühler Moscadello *(ein lieblicher weißer Muskatellerwein aus der Provinz Siena) gereicht wird.*

Hier die überlieferte Version des Rezeptes:

Für 6–10 Personen

Für den Teig:
300 g Mehl
150 g Zucker
1 Päckchen Vanillezucker
1 Prise Salz
150 g Butter
1 Ei

Außerdem:
etwas Butter für die Form
getrocknete Bohnen zum Blindbacken

Für die Creme:
4 Eier
2 EL Honig
1 Päckchen Vanillezucker
1 EL Mehl
½ l heiße Milch

◆ Das Mehl mit dem Zucker, dem Vanillezucker und dem Salz vermischen. Die Butter in Flöckchen darauf setzen und zusammen mit dem Ei rasch unterkneten, bis ein glatter, geschmeidiger Teig entstanden ist.

◆ Den Teig zu einer Kugel formen und mindestens 30 Minuten an einem kühlen Ort ruhen lassen.

◆ Den Backofen auf 175 °C vorheizen.

◆ Eine Springform von 26 cm Durchmesser mit etwas Butter einfetten, den Teig 4 mm dick ausrollen und die Form damit auskleiden, dabei den Teig etwa 3 cm am Rand hochziehen.

◆ Die Teigfläche mit einer Gabel mehrmals einstechen, mit Pergamentpapier belegen und getrocknete Bohnen darauf verteilen, damit der Boden beim Backen schön flach bleibt und der Rand nicht herunterrutschen kann. Die Springform in den Ofen schieben und den Teig 20 Minuten auf mittlerer Schiene backen.

◆ Inzwischen die Creme zubereiten. Im Wasserbad (das Wasser darf nur bis kurz vor den Siedepunkt erhitzt werden, keinesfalls kochen!) die Eier mit dem Honig und dem Vanillezucker mit einem Schneebesen schaumig schlagen. Das Mehl zugeben und nach und nach die heiße Milch einrühren. So lange rühren, bis eine dicke Creme entstanden ist. Anschließend sofort aus dem Wasserbad nehmen.

Für den Belag:
60 g grob gehackte Walnüsse
60 g fein gehackte Mandeln
1 EL Honig
30 g fein gewürfeltes Orangeat
3 EL Orangenmarmelade

◆ In einem zweiten Topf Nüsse, Mandeln, Honig, Orangeat und Orangenmarmelade unter ständigem Rühren erhitzen. Sobald sich alle Zutaten gut miteinander vermischt haben, den Topf vom Herd nehmen.

◆ Vom vorgebackenen Mürbeteig die Bohnen und das Pergamentpapier entfernen.

◆ Die Creme vorsichtig mit der Nussmischung verrühren, auf dem Teig verteilen und glatt streichen.

◆ Den Kuchen wieder in den heißen Ofen schieben und in 15–20 Minuten fertig backen. Vor dem Servieren gut auskühlen lassen.

Torta di S. Marcello

Sankt-Marcellus-Kuchen

Dies ist in den Bergen um Pistoia und in der Garfagnana ein beliebtes Dessert. Die Zutaten dafür können geringfügige regionale Unterschiede aufweisen, so werden statt der Mandeln gelegentlich auch Walnüsse oder Pinienkerne verwendet.

Für 10–12 Personen

100 g abgezogene, gehackte Mandeln
2–3 gehackte Bittermandeln
200 g Butter
4 Eier · 300 g Zucker
abgeriebene Schale von 1 Zitrone
1 Päckchen Backpulver
600 g Mehl
1 TL Anissamen · 2 cl Rum

Außerdem:
Butter und Mehl für die Form

◆ Den Backofen auf 180 °C vorheizen.

◆ Die Mandeln in einer Pfanne leicht anrösten und wieder abkühlen lassen.

◆ Die Butter mit den Eiern und dem Zucker schaumig rühren, die abgeriebene Zitronenschale zufügen und nach und nach das mit dem Backpulver gemischte Mehl zugeben. Die Anissamen und den Rum unterrühren.

◆ Eine runde Kuchenform mit Butter einfetten, mit etwas Mehl bestäuben und den Teig einfüllen. Die Oberfläche glatt streichen und mit den gerösteten Mandeln bestreuen.

◆ Den Kuchen in den Ofen schieben und etwa 1 Stunde auf mittlerer Schiene backen.

Torta di ricotta alla montagnola

Ricottakuchen auf Montagnola Art

Für 6–10 Personen

Für den Teig:
175 g Mehl
70 g Zucker
80 g Butter
2 Eigelb

Außerdem:
Butter und Mehl für die Form
getrocknete Bohnen zum Blindbacken

Für die Füllung:
400 g frischer Ricotta
3 EL Zucker · 3 Eier
abgeriebene Schale von 1 Zitrone
1 Prise Salz
1 Päckchen Vanillezucker
2 Eiweiß
3 EL abgezogene, gehackte Mandeln

Zum Bestreuen:
2 EL Puderzucker
1 EL Kakaopulver

◆ Das Mehl mit dem Zucker vermischen, die Butter in Flöckchen darauf setzen und zusammen mit dem Eigelb rasch unterkneten, bis ein glatter, geschmeidiger Teig entstanden ist.

◆ Den Teig zu einer Kugel formen und mindestens 30 Minuten an einem kühlen Ort ruhen lassen.

◆ Den Backofen auf 175 °C vorheizen.

◆ Eine Springform von 24 cm Durchmesser mit Butter einfetten und leicht mit Mehl bestäuben.

◆ Den Teig dünn ausrollen und die Form damit auskleiden, dabei den Teig etwa 3 cm am Rand hochziehen.

◆ Die Teigfläche mit einer Gabel mehrmals einstechen, mit Pergamentpapier belegen und getrocknete Bohnen darauf verteilen, damit der Boden beim Backen schön flach bleibt und der Rand nicht herunterrutschen kann. Die Springform in den Ofen schieben und den Teig 20 Minuten auf mittlerer Schiene backen.

◆ Inzwischen die Füllung vorbereiten: Den Ricotta mit dem Zucker und den ganzen Eiern verrühren, die abgeriebene Zitronenschale, das Salz und den Vanillezucker untermischen. Die beiden Eiweiß zu steifem Schnee schlagen und unter die Masse heben.

◆ Vom vorgebackenen Teigboden die Bohnen entfernen (sie können immer wieder zum Blindbacken verwendet werden, also aufheben) und das Pergamentpapier abziehen.

◆ Den Boden mit der Ricottamasse bestreichen, mit den gehackten Mandeln bestreuen und noch einmal für etwa 10 Minuten in den heißen Ofen schieben.

◆ Den Kuchen aus dem Ofen nehmen, kurz abkühlen lassen, aus der Form nehmen und auf eine Kuchenplatte legen. Mit Puderzucker und Kakaopulver bestreut servieren.

Torta Paradiso

Rührkuchen Paradiso

Isabella d'Este, die im zarten Alter von 16 Jahren Francesco Gonzaga heiratete und dadurch Marchesa (Markgräfin) von Mantua wurde, begab sich häufig nach Rom, wo sie bei Papst Leo X. zu Gast war. Auf der Rückreise hielt sie sich stets eine Weile in Florenz auf.

Das Rezept für die berühmte Torta paradiso *brachte sie mit und seither wird dieser Kuchen in der Toskana zu den klassischen Desserts gerechnet.*

Seinen Namen verdankt der Kuchen übrigens dem Palazzo del Paradiso, *dem Witwensitz Isabellas in Mantua.*

- Den Backofen auf 180 °C vorheizen.
- Die Butter mit dem Zucker, dem Vanillezucker und dem Eigelb schaumig rühren.
- Die abgeriebene Zitronen- oder Orangenschale untermischen und nach und nach das Mehl sowie die Speisestärke in die Butter-Ei-Mischung rühren.
- Das Eiweiß steif schlagen und vorsichtig unter den Teig heben.
- Eine runde Kuchenform mit Butter einfetten und mit etwas Mehl bestäuben.
- Den Teig in die Form füllen (die Schicht sollte nicht höher als 3 cm sein), die Oberfläche glatt streichen und den Kuchen im Ofen etwa 45 Minuten auf mittlerer Schiene backen.
- Die *Torta paradiso* vor dem Anschneiden gut auskühlen lassen.

Für 6–8 Personen

200 g Butter · 200 g Zucker
1 Päckchen Vanillinzucker
6 Eigelb
abgeriebene Schale
von 1 Zitrone oder Orange
100 g Weizenmehl
100 g Speisestärke
6 Eiweiß

Außerdem:
Butter und Mehl für die Form

Torta dolce di riso

Süße Reistorte

Diese Torte wird in der Gegend von Massa Carrara häufig bei Hochzeitsessen serviert. Aber auch an den Osterfeiertagen gilt sie als beliebtes Dessert.
Die Torte schmeckt übrigens sowohl lauwarm als auch kalt sehr lecker.

Für 6 Personen

100 g Milchreis (Rundkornreis)
1 Prise Salz
30 g Rosinen
8 Eier
300 g Zucker
1 Päckchen Vanillezucker
abgeriebene Schale von 1 Zitrone oder Orange
1 Gläschen Kräuterlikör oder Rum
3/8 l lauwarme Milch

Außerdem:
Butter und Gries für die Form
3 EL Puderzucker

◆ Den Reis in schwach gesalzenem Wasser 10 Minuten kochen, abgießen und beiseite stellen.
◆ Die Rosinen in etwas warmem Wasser einweichen.
◆ Den Backofen auf 175 °C vorheizen.
◆ Eier, Zucker und Vanillezucker in einer Rührschüssel schaumig schlagen. Die abgeriebene Zitronen- oder Orangenschale, den Alkohol, die abgetropften Rosinen und die Milch zugeben, alles gut verrühren und zum Schluss den vorgekochten Reis untermischen.
◆ Eine Springform von 24 cm Durchmesser einfetten, mit Gries bestäuben und die Reiscreme hineinfüllen.
◆ Die Form in den Backofen stellen und die Reistorte ca. 1 Stunde auf mittlerer Schiene backen. Sie ist fertig, wenn die Oberfläche schön gebräunt ist.
◆ Zum Servieren den Kuchen mit Puderzucker bestäuben.

Torta delle quattro tazze

Vier-Tassen-Kuchen

Dieser Kuchen ist schnell gemacht und vor allem bei Kindern sehr beliebt. Er schmeckt auch zum Frühstück gut.

Für 4–6 Personen

1 gehäufte Tasse Weizenmehl
1 Tasse Maismehl
1 Päckchen Backpulver
1 Prise Salz
1 Tasse Zucker
1 Tasse Milch
4 EL Sonnenblumenöl

Außerdem:
Butter zum Einfetten der Form

- Den Backofen auf 180 °C vorheizen.
- In einer Rührschüssel das Mehl mit dem Backpulver, dem Salz und dem Zucker vermischen. Die Milch und das Sonnenblumenöl zufügen und alles rasch mit dem Handrührgerät zu einem lockeren Teig vermischen.
- Eine Kastenform einfetten und mit Pergamentpapier auskleiden. Den Teig hineinfüllen, glatt streichen und die Form auf mittlerer Schiene in den Ofen schieben.
- Nach etwa 30 Minuten mit einem Holzstäbchen die Garprobe machen: Wenn kein Teig hängen bleibt, ist der Kuchen fertig.

Pasta pesata

Gleichschwer-Kuchen

Dieser Rührteig eignet sich sehr gut als Grundteig für gefüllte Kuchen. Aber auch ohne Füllung ist der Kuchen sehr beliebt.

Für 8–10 Personen

5 EL Sonnenblumenöl
500 g Zucker
500 g Eier (je nach Größe sind das 5–6 Stück)
abgeriebene Schale von 1 Zitrone
500 g Mehl
1 Päckchen Backpulver

Außerdem:
Butter und Mehl für die Form

◆ Den Backofen auf 180 °C vorheizen.
◆ In einer Schüssel mit dem Handrührgerät das Öl mit dem Zucker verrühren.
◆ Die Eier trennen, das Eiweiß beiseite stellen.
◆ Das Eigelb in die Zucker-Öl-Mischung geben und kräftig weiterrühren. Die abgeriebene Zitronenschale zufügen und so lange rühren, bis eine schaumige Masse entstanden ist.
◆ Das Mehl mit dem Backpulver vermischen und kurz unter die Eimasse rühren.
◆ Das Eiweiß zu steifem Schnee schlagen und nach und nach vorsichtig unter den Teig heben.
◆ Je nachdem, was aus dem Teig werden soll, entweder eine Springform oder eine Kastenform einfetten, mit etwas Mehl bestäuben, den Teig hineinfüllen, die Oberfläche glatt streichen und den Kuchen auf mittlerer Schiene in den Ofen schieben.
◆ Nach 50–60 Minuten die Garprobe mit einem Holzstäbchen machen: Wenn kein Teig hängen bleibt, ist der Kuchen fertig.
◆ Den Kuchen aus dem Ofen nehmen, etwas abkühlen lassen und aus der Form auf ein Kuchengitter stürzen.
◆ Wenn Sie den Kuchen einfach so essen möchten, sollte er mindestens 1 1/2 Stunden auskühlen, bevor Sie ihn anschneiden.
◆ Wenn Sie den Kuchen füllen wollen, schneiden Sie ihn ein oder zweimal quer durch. Anschließend können Sie die Teigböden mit einer Füllung Ihrer Wahl, beispielsweise mit Marmelade, bestreichen und wieder aufeinander setzen.

Mantovana di Prato

Rührkuchen aus Prato

Die Überlieferung besagt, dass auch das Rezept für diesen Kuchen durch Isabella d'Este an den Hof der Medici gelangte. Heutzutage ist der Rührkuchen aus Prato in der ganzen Toskana ein beliebtes Dessert. Oft werden die Kuchenstücke mit etwas Vin Santo *getränkt serviert.*

Für 6–10 Personen

250 g Butter
250 g Zucker
1 Päckchen Vanillinzucker
5 Eigelb
2 Eier
abgeriebene Schale von 1 Orange
300 g Mehl
5 Eiweiß
100 g abgezogene, gehackte Mandeln
20 g gehackte Pinienkerne

Außerdem:
Butter und Mehl für die Form
4 EL Puderzucker

◆ Den Backofen auf 150 °C vorheizen.
◆ Die Butter rechtzeitig aus dem Kühlschrank nehmen, sie muss unbedingt Raumtemperatur haben. In einer Rührschüssel die Butter mit dem Zucker, dem Vanillezucker, dem Eigelb und den Eiern schaumig schlagen. Die abgeriebene Orangenschale unterrühren.
◆ Das Mehl nach und nach unter die Butter-Ei-Mischung rühren.
◆ Das Eiweiß zu steifem Schnee schlagen und nach und nach unter den Teig heben.
◆ Eine Springform mit etwas Butter einfetten, mit Mehl und 2 EL Puderzucker bestäuben und knapp die Hälfte der gehackten Mandeln auf den Boden streuen.
◆ Den Teig in die Form füllen, er soll etwa 2 cm hoch sein. Die Oberfläche glatt streichen und die restlichen Mandeln und die gehackten Pinienkerne darauf streuen.
◆ Den Kuchen in den Ofen schieben und auf mittlerer Schiene etwa 1 Stunde backen.
◆ Den erkalteten Kuchen mit dem restlichen Puderzucker bestäuben und erst am nächsten Tag auf den Tisch bringen.

Ciambellone

Kranzkuchen

Ein einfacher, aber klassischer Kuchen, der vor allem Kindern gut schmeckt. Erwachsene trinken gern ein Gläschen Vin Santo *dazu.*

In der Gegend um den Monte Amiata gibt es eine Variante zu diesem Kuchen: Hier wird die Hälfte des Mehls durch süßes Kastanienmehl ersetzt und die Zuckermenge um 100 g reduziert. Ciambellone dell'Amiata *(Kranzkuchen auf Amiata Art) wird übrigens klassisch mit geschlagener Sahne serviert.*

Kehren wir nun aber zu unserem Kranzkuchen zurück:

Für 10–12 Personen

3 Eier
250 g Zucker
1 Päckchen Vanillezucker
abgeriebene Schale von 1 Zitrone
knapp $^1/_4$ l Olivenöl
1 Päckchen Backpulver
500 g Mehl
knapp $^1/_4$ l Wasser

Außerdem:
Butter und Mehl für die Form
Olivenöl zum Bepinseln

- Den Backofen auf 175 °C vorheizen.
- Die Eier mit dem Zucker und dem Vanillezucker in einer Rührschüssel schaumig schlagen.
- Die abgeriebene Zitronenschale und das Öl dazugeben und nach und nach das mit Backpulver vermischte Mehl und das Wasser einrühren.
- Den Teig kräftig schlagen, bis er glatt und elastisch ist.
- Eine Kranzform mit etwas Butter einfetten und leicht mit Mehl bestäuben.
- Den Teig in die Form füllen und glatt streichen. Die Oberfläche mit etwas Olivenöl bepinseln und mit einem Messer mehrfach einschneiden.
- Die Form in den Ofen stellen und den Kuchen 50–60 Minuten auf mittlerer Schiene backen.

Castagnaccio

Kastanienkuchen

Für diese Spezialität gibt es viele Rezepte. In Lucca zum Beispiel wird der Kuchen oft mit frischem Ricotta gebacken.
Ich gebe Ihnen hier ein klassisches Rezept, das Sie aber nach Lust und Laune auch mit Walnüssen anreichern können, dann sollten Sie jedoch den Rosmarin weglassen …

Für 12–15 Personen

400 g süßes Kastanienmehl
2 EL Zucker
abgeriebene Schale von 1 Orange
Salz · ½ l Wasser
4 EL Olivenöl
100 g Rosinen
50 g Pinienkerne
1 EL frische Rosmarinnadeln

Außerdem:
Olivenöl für die Backform

- In einer Rührschüssel das Kastanienmehl mit dem Zucker, der abgeriebenen Orangenschale, einer Prise Salz und dem Wasser vermischen. Dabei aufpassen, dass es keine Klümpchen gibt. 2 EL Olivenöl unterrühren und den Teig 1 Stunde ruhen lassen.
- Inzwischen die Rosinen in lauwarmem Wasser einweichen.
- Den Backofen auf 180 °C vorheizen.
- Eine Springform von 26 cm Durchmesser mit Öl einfetten, den Teig hineinfüllen, er sollte nicht höher als 2 cm sein, und die Oberfläche mit den abgetropften Rosinen, den Pinienkernen und dem Rosmarin bestreuen.
- Den Kuchen mit dem restlichen Olivenöl beträufeln und im Ofen 30–40 Minuten auf mittlerer Schiene backen. Achten Sie darauf, dass die Pinienkerne nicht verbrennen!

Dolce con l'acqua

Wasserbiskuit

Für 6–8 Personen

4 Eier
1 kleines Glas Wasser
250 g Zucker
abgeriebene Schale von 1 Zitrone
1 Päckchen Backpulver
250 g Mehl

Außerdem:
Butter und Mehl für die Form

◆ Den Backofen auf 180 °C vorheizen.
◆ Die Eier mit dem Wasser und dem Zucker in einer Rührschüssel zu einer hellen, schaumigen Masse schlagen. Die abgeriebene Zitronenschale zufügen.
◆ Das Backpulver mit dem Mehl vermischen und nach und nach unter die Eier ziehen, dabei kräftig weiterrühren, bis ein glatter Teig entsteht.
◆ Eine runde Backform mit etwas Butter einfetten, mit Mehl bestäuben, den Teig hineinfüllen und die Oberfläche glatt streichen.
◆ Die Form in den Ofen schieben und den Kuchen auf mittlerer Schiene 25–30 Minuten backen.
◆ Den Kuchen vor dem Anschneiden gut auskühlen lassen.

Rotolo con ricotta

Biskuitrolle mit Ricotta

Für 6–8 Personen

Für die Füllung:
150 g frischer Ricotta
2 Eigelb
50 g Zucker
1 Päckchen Vanillezucker
25 g Kakaopulver

Für den Teig:
6 Eier
150 g Zucker
abgeriebene Schale von 1 Zitrone
150 g Mehl
5 g Hirschhornsalz
40 g zerlassene Butter

Außerdem:
Butter für das Backblech
Zucker
Puderzucker

◆ Den Backofen auf 200 °C vorheizen.

◆ Für die Füllung den Ricotta mit dem Eigelb, dem Zucker, dem Vanillezucker und dem Kakaopulver glatt rühren und beiseite stellen.

◆ Für den Teig die Eier trennen. Das Eigelb mit dem Zucker schaumig schlagen, bis es fast weiß geworden ist.

◆ Die abgeriebene Zitronenschale zufügen und nach und nach das Mehl mit dem Hirschhornsalz in die Masse sieben, dabei kräftig weiterrühren. Anschließend die zerlassene Butter vorsichtig untermischen.

◆ Das Eiweiß sehr steif schlagen und nach und nach vorsichtig unter den Teig heben.

◆ Ein Backblech mit Butter einfetten und mit Pergamentpapier auslegen.

◆ Den Teig auf das Backblech streichen und im Ofen 12–15 Minuten auf mittlerer Schiene goldgelb backen.

◆ Den Biskuit sofort auf ein mit Zucker bestreutes Küchenhandtuch stürzen, das Pergamentpapier mit kaltem Wasser bestreichen und rasch, aber vorsichtig von der Teigplatte abziehen.

◆ Den Biskuit sofort gleichmäßig mit der Ricottafüllung bestreichen und mit Hilfe des Küchenhandtuchs von der kurzen Seite her aufrollen.

◆ Die Biskuitrolle vor dem Servieren mit Puderzucker bestäuben und in Scheiben schneiden.

Zuccotto

Biskuit-Halbgefrorenes

Diese gehaltvolle Süßspeise hat eine lange Tradition und wird vor allem in Florenz sehr geschätzt. Die Zubereitung klingt vielleicht etwas kompliziert, aber ich kann Ihnen versichern, dass sich der Aufwand lohnt – Ihre Gäste werden begeistert sein!

Für 8 Personen

Für den Teig:
4 Eier
150 g Zucker
abgeriebene Schale von 1 Zitrone
1 Prise Salz · 80 g Mehl
70 g Speisestärke

Für die Füllung:
30 g abgezogene Mandeln
30 g Walnüsse
80 g Bitterschokolade
80 g gemischte kandierte Früchte
500 g Sahne
150 g Puderzucker
300 g frischer Ricotta
30 g Kakaopulver

Außerdem:
Maraschino, Grand Marnier oder Kirschwasser

Zum Garnieren:
Kakaopulver und Puderzucker

◆ Den Backofen auf 200 °C vorheizen.

◆ Die Eier trennen. Das Eigelb mit dem Zucker schaumig schlagen, bis es fast weiß ist. Die abgeriebene Zitronenschale und das Salz unterrühren und nach und nach das Mehl sowie die Speisestärke untermischen.

◆ Das Eiweiß zu steifem Schnee schlagen und unter die Masse heben.

◆ Eine Springform von 24 cm Durchmesser mit Pergamentpapier auslegen, den Teig einfüllen, glatt streichen und im Ofen etwa 40 Minuten auf mittlerer Schiene backen.

◆ Sofort aus der Form stürzen, das Papier vorsichtig abziehen und den Kuchen auskühlen lassen.

◆ Inzwischen die Mandeln mit den Walnüssen in einer Pfanne anrösten und anschließend fein hacken.

◆ Die Blockschokolade fein raspeln. Die kandierten Früchte grob hacken.

◆ Die Sahne mit dem Puderzucker steif schlagen, den Ricotta durch ein Sieb streichen und die Sahne unterheben.

◆ Unter zwei Drittel der Masse das Kakaopulver, die gerösteten Nüsse und die geraspelte Blockschokolade mischen. Unter die restliche Ricottamischung die kandierten Früchte heben.

◆ Vom Biskuit die Kruste abschneiden und den Boden im Verhältnis ein Drittel zu zwei Drittel quer durchschneiden.

◆ Den Teig gut mit Alkohol tränken. Mit der dickeren Teigplatte eine Kuppelform von etwa 20 cm Durchmesser auskleiden.

◆ Die weiße Füllmasse einfüllen und am Teig entlang bis zum Rand hoch verstreichen. Die dunkle Füllmasse in die Kuppel füllen, oben glatt streichen und die verbliebene Teigplatte als Deckel auflegen.
◆ Mit Klarsichtfolie abdecken und mindestens für 7–8 Stunden in den Kühlschrank stellen.
◆ Zum Servieren den *Zuccotto* auf eine Platte stürzen und mit Puderzucker und Kakaopulver bestäuben.

Salami dolce

Süße Salami

Für 6–8 Personen

150 g Butter
300 g trockene Biskuitkekse
2 Eigelb · 150 g Zucker
2 EL Kakaopulver
1 Gläschen Marsala

Außerdem:
Puderzucker

◆ Die Butter schmelzen und wieder abkühlen lassen.
◆ Die Kekse fein zerkrümeln.
◆ Das Eigelb mit dem Zucker und der Butter schaumig schlagen, die Kekskrümel und den Kakao darunter mischen und dabei nach und nach den Marsala zugeben. Am Schluss sollte die Masse ziemlich fest sein.
◆ Die Masse auf etwas Puderzucker zu einer dicken Wurst rollen, in Alufolie einschlagen und für 2–3 Stunden in den Kühlschrank legen.
◆ Zum Servieren die süße Salami in Scheiben schneiden.

Wenn Sie möchten, können Sie Schlagsahne oder Vanilleeis dazu servieren.

Biscottini di Prato o cantucci

Doppelt gebackene Mandelkekse

Dieses Gebäck ist zusammen mit einem Gläschen Vin Santo *immer ein beliebtes Dessert. Die ziemlich harten, trockenen Kekse werden in den Wein getunkt und schmecken einfach köstlich.*

Sie können übrigens gleich eine größere Menge zubereiten – die Cantucci *halten sich in einer gut verschlossenen Blechdose sehr lange.*

Das nachfolgende Rezept habe ich von einer Freundin aus Prato:

Für etwa 60 Stück

300 g Mandeln
125 g Pinienkerne
600 g Mehl
1 Prise Salz
600 g Zucker
1 Msp. Anissamen
5 Eier

Außerdem:
Butter und Mehl für das Backblech

◆ Den Backofen auf 175 °C vorheizen.

◆ Die Mandeln in einer Pfanne kurz anrösten und grob hacken. Die Pinienkerne fein hacken.

◆ Das Mehl in eine Rührschüssel geben, Salz, Zucker, die gehackten Mandeln und Pinienkerne sowie die Anissamen untermischen. Die Eier zugeben und alles zu einem glatten Teig verkneten.

◆ Aus dem Teig kleine Laibe von 5–6 cm Länge und 2 cm Höhe formen. Die Laibchen auf einem mit Butter gefetteten und mit Mehl bestäubten Backblech nicht zu eng nebeneinander setzen und im Ofen etwa 20 Minuten auf mittlerer Schiene backen.

◆ Die gebackenen Laibchen sofort schräg mit einem Messer in etwa $1\,^1/_2$ cm dicke Scheiben schneiden, wieder in den Ofen schieben und in 10 Minuten goldbraun backen.

Brutti ma buoni

Hässlich, aber gut

Der Name dieses Gebäcks sagt schon alles: Die Mandelkekse sehen zwar nicht besonders hübsch aus, aber sie schmecken ausgezeichnet!
In einer gut schließenden Blechdose sind diese Plätzchen übrigens längere Zeit haltbar.

Für etwa 40 Stück

8 Eiweiß
500 g feiner Zucker
550 g abgezogene, gehackte Mandeln
2–3 abgezogene, gehackte Bittermandeln
abgeriebene Schale von 1/2 Zitrone

Außerdem:
Butter und Mehl für das Backblech

- Den Backofen auf 150 °C vorheizen.
- Das Eiweiß zu sehr steifem Schnee schlagen und unter ständigem Rühren nach und nach den Zucker einrieseln lassen.
- Die Mandeln und die abgeriebene Zitronenschale vorsichtig unter den Eischnee heben.
- Ein Backblech einfetten und mit etwas Mehl bestäuben.
- Mit einem Teelöffel kleine Teighäufchen auf das Backblech setzen und die Plätzchen im Ofen etwa 30 Minuten auf mittlerer Schiene backen.
- Vor dem Verzehr ganz auskühlen lassen.

Cavalucci senese

Sieneser Honigkuchen

Der Name dieser Spezialität aus Siena hat seinen Ursprung in der Tradition, die Oberfläche mit einem Stempel in Form eines Pferdes (cavallo) *zu prägen. Heute wird das zwar nicht mehr gemacht, aber der Name ist geblieben.*
Zum Aufbewahren sollten Sie die Cavalucci *in eine gut schließende Dose geben, damit sie keine Feuchtigkeit anziehen und nicht weich werden.*

Für 30–40 Stück

250 g Zucker
100 g Honig
500 g Mehl
80 g Orangeat
2 TL Anissamen
je 1 Msp. gemahlener Koriander, Zimt, Muskat
60 g gehackte Walnüsse
1 Prise Salz
evtl. etwas Milch

Außerdem:
Butter und Mehl für das Backblech
Mehl zum Ausrollen
Puderzucker

◆ In einem Topf den Zucker mit dem Honig bei schwacher Hitze auflösen.
◆ Sobald die Mischung Fäden zieht, den Topf vom Herd nehmen und zunächst das Mehl, anschließend die übrigen Zutaten kräftig untermischen.
◆ Am Schluss sollte ein fester Teig entstanden sein. Falls er zu trocken ist, können Sie eventuell noch ein wenig Milch zugeben.
◆ Den Teig zu einer Kugel formen, in Alufolie einwickeln und über Nacht ruhen lassen.
◆ Am nächsten Tag den Backofen auf 150 °C vorheizen.
◆ Ein Backblech mit Butter einfetten und mit Mehl bestäuben.
◆ Den Teig auf einer bemehlten Arbeitsfläche gut 1 1/2 cm dick ausrollen, in Rauten schneiden und auf das Backblech setzen.
◆ Die *Cavalucci* im Ofen etwa 20 Minuten auf mittlerer Schiene backen. Achten Sie darauf, dass sie nicht braun werden!
◆ Das Gebäck etwas abkühlen lassen und noch lauwarm in Puderzucker wälzen.
◆ Vor dem Verzehr gut auskühlen lassen.

Monte Sinai

Berg Sinai

Diese herrliche Süßspeise wird besonders in Livorno gern gegessen; angeblich ist sie jüdischen Ursprungs. Ich hatte mehrmals Gelegenheit, sie zu genießen, jedoch das Rezept einer gewissen Signora Ubalda scheint mir besonders gut zu sein … Ich kann nur sagen: Köstlich! Danke, Signora Ubalda!

Für 6–8 Personen

200 g abgezogene Mandeln
200 g Butter
250 g Zucker
4 Eigelb
abgeriebene Schale von 1 Zitrone
200 g Speisestärke
4 Eiweiß

Außerdem:
Butter und Mehl für die Form

Zum Garnieren:
80 g Puderzucker
2 EL gehackte Mandeln
2 EL geraspelte Blockschokolade

- Den Backofen auf 150 °C vorheizen.
- Die Mandeln in einer Pfanne leicht anrösten, anschließend zu Pulver mahlen.
- Die Butter schmelzen und wieder abkühlen lassen.
- Die flüssige Butter mit dem Zucker schaumig schlagen, das Eigelb und die abgeriebene Zitronenschale untermischen und nach und nach das Mandelpulver und die Speisestärke unterrühren, so dass eine sämige Creme entsteht.
- Das Eiweiß zu steifem Schnee schlagen und unter die Creme ziehen, vorsichtig umrühren, damit sich alles gut vermischt.
- Eine Tortenform von 24 cm Durchmesser mit Butter einfetten und mit etwas Mehl bestäuben. Die Creme einfüllen und im Ofen etwa 30 Minuten auf mittlerer Schiene backen.
- Anschließend gut auskühlen lassen und vor dem Servieren mit dem Puderzucker, den gehackten Mandeln und der geraspelten Blockschokolade bestreuen.

Lattaiolo

Gebackene Milchcreme

Diese im Ofen gebackene Milchcreme ist eine traditionelle Süßspeise; bereits im 17. Jahrhundert wurde sie erwähnt. Vor allem Kinder lieben sie sehr!

Außer der nachstehenden Version gibt es noch eine Variante, bei der lediglich Eiweiß verwendet wird – und dann natürlich die berühmte Panna cotta *(Gebackene Sahne) ... Sie wird genau so zubereitet wie* Lattaiolo, *nur wird anstelle der Milch Sahne verwendet.* Panna cotta *wird allerdings nicht mit Puderzucker, sondern mit karamellisiertem Zucker serviert.*

Aber zurück zur Lattaiolo:

Für 6 Personen

6 Eigelb
80 g Zucker
100 g Mehl
1 Prise Zimt
1 Prise Muskat
abgeriebene Schale von 1 Zitrone
1 ½ l Milch
6 Eiweiß

Außerdem:
Butter und Mehl für die Form
Puderzucker nach Belieben

- Den Backofen auf 180 °C vorheizen.
- Das Eigelb mit dem Zucker schaumig schlagen, nach und nach das Mehl einrühren und darauf achten, dass sich keine Klümpchen bilden. Zimt, Muskat und abgeriebene Zitronenschale unterrühren.
- Die Milch nach und nach einrühren. Das Eiweiß zu steifem Schnee schlagen und vorsichtig unter die Masse ziehen.
- Eine Tortenform von 24 cm Durchmesser mit Butter einfetten, mit etwas Mehl bestäuben und die Milchcreme einfüllen.
- Im Ofen 30–40 Minuten auf mittlerer Schiene backen.
- Die gebackene Creme vor dem Servieren gut auskühlen lassen und mit Puderzucker bestreut auf den Tisch bringen.

Dolce Firenze

Florentiner Süßspeise

Diesen Namen gab der berühmte Kochbuchautor Pellegrino Artusi *einer ganz bescheidenen Süßspeise. Er lobte sie wegen ihrer Schlichtheit, mit der sie das Leben zu versüßen vermag, und meinte, dass sie der großartigen Stadt Florenz gerade dadurch besondere Ehre erweisen würde.*

Es wird behauptet, dass diese ursprünglich namenlose Leckerei der Phantasie einer Großmutter entstammte, die ihren Enkeln mit den wenigen Mitteln, die ihr zur Verfügung standen, eine Freude machen wollte …

Auch heute ist diese Süßspeise vor allem bei Kindern sehr beliebt. Sie eignet sich nicht nur als Dessert, sondern auch als kleine Mittagsmahlzeit.

Für 4–6 Personen

6 Scheiben Weißbrot
etwas Butter
50 g Sultaninen
abgeriebene Schale von 1 Zitrone
3 Eier · 100 g Zucker
½ l Milch

- Den Backofen auf 150 °C vorheizen.
- Die Brotscheiben rösten und noch warm mit Butter bestreichen.
- Die gebutterten Brotscheiben nebeneinander in eine gerade ausreichend große Auflaufform legen, die Sultaninen und die abgeriebene Zitronenschale darüber streuen.
- In einer Rührschüssel die Eier mit dem Zucker schaumig schlagen, die Milch einrühren und die Mischung über die Brotscheiben gießen.
- Die Form in den Ofen schieben und die Süßspeise 20–30 Minuten auf mittlerer Schiene backen, bis die Oberfläche goldbraun ist. Sofort heiß servieren.

Bicchieri di crema alla pratese

Cremebecher aus Prato

Dieses Dessert eignet sich besonders gut als Abschluss eines großen Festmahls. Serviert wird die Creme in ziemlich großen, flachen Bechern oder Dessertschalen.
Weil bei diesem Rezept acht Eiweiß übrig bleiben, könnten Sie damit zum Beispiel gleich noch die Brutti ma buoni *(Rezept siehe Seite 311) backen ...*

Für 6 Personen

8 Eigelb
250 g Zucker · 1 l Milch
4 cl Alkermes (sehr süßer roter Likör aus Florenz), alternativ: Grand Marnier
1 Packung Löffelbiskuits (ca. 300 g)
4 EL abgezogene, gehackte Mandeln oder gewürfelte, kandierte Früchte

Außerdem:
2 EL gehackte Mandeln
6 EL geschlagene Sahne
2 EL geraspelte Blockschokolade

◆ Das Eigelb mit dem Zucker schaumig schlagen, bis es fast weiß ist. Anschließend nach und nach die Milch unterrühren

◆ Die Mischung im Wasserbad auf kleiner Flamme so lange kräftig rühren, bis die Creme einzudicken beginnt.

◆ Inzwischen sechs Dessertschalen oder Gläser mit den in Likör getauchten Löffelbiskuits auskleiden.

◆ Die gehackten Mandeln oder die kandierten Früchte auf die Gläser verteilen und die Creme darüber geben.

◆ Die Desserts für mindestens 2 Stunden in den Kühlschrank stellen.

◆ Vor dem Servieren jedes Dessert mit gehackten Mandeln bestreuen, mit einem großen Tupfer Schlagsahne verzieren und die geraspelte Blockschokolade darüber streuen.

Timballo di fragole ducale

Erdbeerschale der Herzogin

Es heißt, dass Maria Luise von Bourbon-Parma, die Herzogin von Lucca, die zwischen 1817 und 1824 regierte, diese Süßspeise leidenschaftlich gern gegessen habe ...

Für 4 Personen

400 g Erdbeeren
4 EL frischer Orangensaft
3 EL Cognac
4 EL Zucker
1 Eigelb
4 kleine Gläschen Marsala
16 Löffelbiskuits
200 g Sahne · 1 TL Zucker

◆ Die Erdbeeren waschen, putzen, trockentupfen und halbieren.
◆ Den Orangensaft mit dem Cognac und dem Zucker vermischen. Die Erdbeeren damit übergießen und mindestens 4 Stunden im Kühlschrank marinieren.
◆ Das Eigelb mit dem Marsala verquirlen, die Löffelbiskuits darin eintauchen und eine Dessertschale damit auslegen.
◆ Die Sahne mit dem Zucker steif schlagen und über die Löffelbiskuits streichen.
◆ Die Erdbeeren auf die Sahne geben und die Schüssel vor dem Servieren noch einmal für 30 Minuten in den Kühlschrank stellen.

Pesche ripiene

Gefüllte Pfirsiche

Dieses köstliche Dessert kommt aus der Gegend von Pisa. Es ist im Sommer, wenn die Pfirsiche schön reif sind, eine beliebte Süßspeise die entweder mit Vanilleeis oder einer Mascarponecreme serviert wird.

Für 4 Personen

4 vollreife gelbe Pfirsiche
10–12 Amaretti (italienisches Bittermandelgebäck)
4 gehäufte TL gehackte Mandeln
gut 1/4 l Vin Santo
3 EL Zucker

- Den Backofen auf 175 °C vorheizen.
- Die Pfirsiche kurz mit kochendem Wasser übergießen, sofort mit kaltem Wasser abschrecken und die Haut mit einem scharfen Messer abziehen.
- Die Früchte halbieren und die Kerne entfernen. Mit einem Teelöffel die Mulden, in denen die Kerne saßen, etwas vergrößern.
- Die Amaretti zerstoßen, mit den gehackten Mandeln und 1 EL Vin Santo vermischen und die Pfirsichhälften damit füllen.
- Die Pfirsiche nebeneinander mit der Füllung nach oben in eine feuerfeste Form setzen, mit dem Zucker bestreuen und mit dem restlichen Vin Santo beträufeln.
- Die Form für 20–30 Minuten auf mittlerer Schiene in den Ofen stellen.
- Die Pfirsiche sollen am Schluss schön weich sein, dürfen aber keinesfalls gebräunt werden.

Piatti delle feste
Festtagsgerichte

In der Toskana werden auch heute noch die alten Traditionen gepflegt. Insbesondere die vielfältigen weltlichen und kirchlichen Feste sind immer wieder willkommener Anlass, mit der ganzen Familie und im Freundeskreis zu feiern.

In diesem Rahmen gibt es ganz spezielle, traditionelle Speisen, die untrennbar mit dem jeweiligen Anlass verbunden sind.

Il Natale

Weihnachten

Bis vor wenigen Jahren war der Babbo Natale, *der Weihnachtsmann, in der Toskana unbekannt, ebenso wie der Christbaum. Das hat sich inzwischen zwar geändert, die Weihnachtsbräuche sind aber trotzdem weitgehend unverändert geblieben.*

Dazu gehört, dass am Heiligabend der ceppo, *ein dicker Holzstamm oder ein großer Scheiterhaufen angezündet wird, der dann während der Feiertage brennt. Am 25. Dezember stehen die Kinder zeitig auf, um die Geschenke zu begutachten, die ihnen das Christkind (oder heute eben oft der Weihnachtsmann) vor den Kamin gestellt hat.*

Auch das Weihnachtsmenü entspricht nach wie vor der Tradition: Heiligabend isst man den berühmten Capitone *(Rezept siehe folgende Seite), einen weiblichen Aal, der nicht ins Meer zurückkehrt, um sich dort fortzupflanzen, sondern in den Binnengewässern bleibt und Fett ansetzt.*

Beim Weihnachtsessen am 25. Dezember dürfen gemischte Crostini *(Rezepte ab Seite 34), gefüllte Teigtaschen mit Fleischbrühe, gebratener Kapaun mit verschiedenen Gemüsebeilagen, gefülltes Hähnchen,* Panforte *und Weihnachtsbrot (eine vereinfachte Version des* Panpepato), Ricciarelli, Cantucci *(Rezept siehe Seite 310), getrocknete Früchte, frische Mandarinen und Orangen sowie natürlich der* Vin Santo *nicht fehlen.*

Capitone arrosto

Gebratener Aal

Für 4 Personen

1 weiblicher Aal von ca. 1 kg
einige dicke Scheiben altbackenes Brot
einige frische Lorbeerblätter
1 EL Essig
8–10 EL Olivenöl
Salz · Pfeffer
1 Zitrone

◆ Den Backofen auf 180 °C vorheizen.

◆ Den Aal wie auf Seite 189 beschrieben küchenfertig vorbereiten und in 5–6 cm lange Stücke zerteilen. Die Brotscheiben vierteln.

◆ Auf vier Bratspieße abwechselnd ein Brotstückchen, ein Lorbeerblatt, ein Aalstück, wieder ein Lorbeerblatt, Brot und so weiter stecken, bis alles verbraucht ist.

◆ Die Spieße in einen Bräter legen, mit Essig und Olivenöl beträufeln, salzen und pfeffern und im Backofen 30–40 Minuten garen. Sofort heiß mit Zitronenspalten garniert servieren.

Agnolotti di Natale

Weihnachts-Teigtaschen

Für 6 Personen

Für die Füllung:
175 g Hühnerbrust ohne Haut
175 g Kalbfleisch aus der Keule
150 g mageres Schweinefleisch
750 g Spinat
250 g Ricotta
Salz · Pfeffer
1 Prise Muskat
2 Eier

Für die Teigtaschen:
500 g Mehl
Salz · 5 Eier

◆ Das Fleisch waschen und in schwach gesalzenem Wasser gar kochen. Anschließend sehr fein hacken oder durch den Fleischwolf drehen.

◆ Den Spinat verlesen und gründlich waschen.

◆ In einem großen Topf wenig Wasser zum Kochen bringen, den Spinat 4 Minuten blanchieren, abgießen, abtropfen lassen, gut ausdrücken und sehr fein hacken.

◆ Inzwischen für die Teigtaschen das Mehl auf die Arbeitsfläche sieben, in die Mitte eine Mulde drücken und die mit etwas Salz verquirlten Eier und 3 EL Wasser dazugeben. Alles gut vermischen und zu einem glatten, elastischen Teig verkneten.

◆ Für die Füllung das erkaltete Fleisch, mit dem Spinat und dem Ricotta mischen. Mit Salz, Pfeffer und Muskat abschmecken und die Eier unterziehen. Es sollte eine relativ feste Masse entstehen.

◆ Den Teig zu einer dünnen Platte ausrollen und in ca. 6 cm breite Streifen schneiden. Im Abstand von etwa 6 cm je einen gehäuften Teelöffel Füllung darauf geben und mit einem weiteren Teigstreifen bedecken. Die Streifen jeweils zwischen den Füllungshäufchen in Quadrate schneiden und die Ränder fest andrücken. Vor dem Kochen die Teigtaschen etwa 1 Stunde trocknen lassen.

Außerdem:
gute Fleischbrühe, nach dem Rezept auf Seite 83
reichlich geriebener Parmesan

◆ Die Brühe zum Kochen bringen, die *Agnolotti* hineingeben und 6–7 Minuten in der heißen Brühe ziehen lassen.

◆ Die Teigtaschen in der Brühe mit reichlich frisch geriebenem Parmesan servieren.

Pollo in galantina

Gefülltes Hähnchen

◆ Zunächst das Hähnchen vollständig entbeinen. Gehen Sie dabei am besten so vor:

◆ Die Flügel bis zum größeren Flügelknochen abschneiden.

Für 8–10 Personen

1 Hähnchen von ca. 1,4 kg

Für die Füllung:
150 g mageres Kalbfleisch
150 g mageres Schweinefleisch
1–2 salsicce oder andere frische Schweinsbratwürste
2 EL Butter
1 Hühnerleber
1 Gläschen Vin Santo
40–50 g Pistazien

◆ Das Hähnchen mit der Brustseite nach unten auf ein Küchenbrett legen und die Haut am Rückgrat entlang mit einem scharfen Messer vom Hals bis zum Bürzel aufschneiden. Mit einem spitzen Messer das Gabelbein herausschneiden. Anschließend das Fleisch mit der Haut nach und nach vorsichtig von der Karkasse ziehen und dabei immer wieder mit dem Messer ein Stück von den Knochen ablösen.

◆ Als Nächstes das Fleisch von den Knochen lösen, die nahe an den Flügeln sitzen, und die Knochen entfernen.

◆ Anschließend das Brustfleisch auf beiden Seiten vollständig vom Knochen lösen, bis nur noch der Grat des Brustbeins, an dem die Haut festhängt, übrig bleibt.

◆ Nun das Brustbein und die Karkasse vorsichtig vom Fleisch ablösen.

50 g schwarze Trüffeln aus Norcia (frisch oder aus dem Glas)
150 g Pökelzunge im Stück
100 g magerer Schinken im Stück
2 Eier
Salz · Muskat · Pfeffer

Außerdem:
2–3 Karotten
1 Stange Staudensellerie
1 Zwiebel
3–4 Gewürznelken
1 kg Kalbsknochen
1 Rinderfuß
2 Lorbeerblätter
Salz

◆ Um auch die Schenkel und Flügel zu entbeinen, gehen Sie so vor: Die Flügelknochen am Ende festhalten, die Sehnen durchschneiden und das Fleisch mit einem scharfen Messer vom Knochen schaben. Den Knochen herausziehen, dabei Stück für Stück mit dem Messer freischneiden.

◆ Die Schenkelknochen am inneren Ende festhalten, die Sehnen durchschneiden und das Fleisch mit dem Messer von den Knochen schaben. Die Haut am Knochenende abschneiden und die Knochen entfernen. Am Schluss liegt vor Ihnen ein aufgeklapptes, vollständig entbeintes Hähnchen.

◆ Für die Füllung das Kalb- und das Schweinefleisch durch den Fleischwolf drehen. Die Würste enthäuten und die Füllung ebenfalls durch den Wolf drehen.

◆ In einer kleinen Pfanne die Butter schmelzen, die Hühnerleber darin rasch von allen Seiten anbraten und mit dem Vin Santo ablöschen. Sobald alle Flüssigkeit verdampft ist, die Leber aus der Pfanne nehmen und fein hacken.

◆ Das Fleisch mit der Leber in einer großen Schüssel gut vermischen.

◆ Die Pistazien und die Trüffeln grob hacken und zum Fleisch geben.

◆ Pökelzunge und Schinken fein würfeln und ebenfalls unter das Fleisch mischen.

◆ Die Eier mit etwas Salz verquirlen und unter die Fleischmasse mischen. Mit Muskat und Pfeffer abschmecken.

◆ Das Hähnchen mit der Hautseite nach unten auf ein Küchenbrett legen, die Füllung darauf verteilen, dabei auch etwas in die Schenkel- und Flügelöffnungen stopfen, und das Hähnchenfleisch zusammenklappen, so dass es sich etwa 3 cm überlappt. Alle Öffnungen gut mit Küchengarn zunähen, damit während des Kochens keine Füllung herausquellen kann.

◆ Mit den Händen das zusammengenähte Hähnchen wieder etwas in Form bringen, in ein Stück Küchenleinen oder eine saubere große Stoffserviette einrollen und mit Küchengarn umwickeln.

◆ Die Karotten schälen und längs halbieren. Den Staudensellerie waschen und halbieren. Die Zwiebel abziehen und mit den Gewürznelken spicken.

◆ Die Hähnchenknochen, die Kalbsknochen und den Rinderfuß zusammen mit dem Gemüse, den Lorbeerblättern und etwas Salz in einen großen Topf geben, mit etwa 1 l Wasser auffüllen und zum Kochen bringen. Sobald das Wasser kocht, das gefüllte Hähnchen in den Topf geben, die Hitze stark reduzieren und das Geflügel auf kleiner Flamme 1 1/2–2 Stunden mit geschlossenem Deckel ziehen lassen.

◆ Das Hähnchen aus der Brühe nehmen und zum Auskühlen in der Serviette beiseite legen.

◆ Die Knochen, das Gemüse und die Lorbeerblätter aus der Brühe nehmen und die Brühe ebenfalls abkühlen lassen.

◆ Zum Servieren das Hähnchen aus der Serviette wickeln, das Küchengarn entfernen und das Fleisch quer in etwa 1 1/2 cm dicke Scheiben schneiden. Die Scheiben auf einer Servierplatte anrichten und mit dem Aspik, der sich aus der Knochenbrühe gebildet hat, umlegen.

Cappone arrosto

Gebratener Kapaun

Für 6 Personen

1 küchenfertiger Kapaun von ca. 1,8 kg
2 EL Olivenöl
Salz · Pfeffer
150 g durchwachsener Speck
2 Knoblauchzehen
3 Zweiglein Rosmarin
1 Gläschen Weißwein oder Vin Santo

◆ Den Backofen auf 190 °C vorheizen.

◆ Den Kapaun unter fließendem Wasser waschen und innen und außen sorgfältig trockentupfen.

◆ Den Vogel außen mit Olivenöl bestreichen und innen und außen mit Salz und Pfeffer einreiben.

◆ Den Speck fein hacken.

◆ Den Knoblauch abziehen, halbieren und zusammen mit einem Rosmarinzweiglein und dem gehackten Speck in die Bauchhöhle stecken. Die Öffnung mit Küchengarn zunähen und die Schenkel und Flügel mit Küchengarn am Körper festbinden, damit der Kapaun beim Braten in Form bleibt. Unter jeden Schenkel ein Rosmarinzweiglein stecken.

◆ Den Kapaun mit der Brustseite nach unten auf einem Gitterrost in den Backofen schieben, eine Fettpfanne darunter stellen und das Geflügel etwa 1 1/2 Stunden im Ofen braten, dabei gelegentlich mit dem ausgetretenen Fett begießen. Nach 45 Minuten das Tier umdrehen, so dass die Brustseite oben liegt.

◆ Den Kapaun etwa 15 Minuten vor dem Ende der Garzeit mit Weißwein oder Vin Santo begießen, damit die Haut schön knusprig wird.

◆ Falls die Haut vorzeitig zu bräunen beginnt, das Fleisch locker mit Alufolie abdecken und erst kurz vor dem Ende der Garzeit, wenn das Fleisch mit dem Wein begossen wird, die Folie abnehmen.

◆ Zum Servieren das Küchengarn entfernen, Knoblauch und Rosmarin aus der Bauchhöhle nehmen, den Kapaun in sechs Portionsstücke zerteilen und mit dem Bratenfond begießen.

Reichen Sie zu diesem Festtagsbraten verschiedene Gemüse als Beilage, auf keinen Fall jedoch dürfen Kartoffeln mit Rosmarin (Rezept siehe Seite 160) fehlen ...

Ricciarelli

Mandelgebäck

Ricciarelli *sind eine typisch Sieneser Spezialität, die zwar das ganze Jahr über angeboten wird, traditionell aber in die Weihnachtszeit gehört.*

Für 35–40 Stück

375 g abgezogene Mandeln
2 Bittermandeln
250 g Puderzucker
1 ½ Eiweiß

Außerdem:
Puderzucker
Oblaten

◆ Den Backofen auf 200 °C vorheizen.

◆ Die Mandeln auf einem Backblech im Ofen ca. 4 Minuten rösten und anschließend im Mörser fein zerstoßen.

◆ Die Mandeln mit dem Puderzucker vermischen. Das Eiweiß sehr steif schlagen und vorsichtig unter die Mandel-Zucker-Mischung heben.

◆ Auf einer mit Puderzucker bestäubten Arbeitsfläche den Teig esslöffelweise zu Rauten formen, ein wenig flach drücken und je eine Raute auf eine Oblate setzen. Die überstehenden Ränder der Oblaten abschneiden.

◆ Die *Ricciarelli* mit genügend Abstand auf Backbleche verteilen und an einem kühlen Ort 10–12 Stunden ruhen lassen.

◆ Zum Backen den Ofen auf 150 °C vorheizen. Die *Ricciarelli* im heißen Ofen etwa 1 1/4 Stunden mehr trocknen lassen, als backen; sie dürfen keinesfalls braun werden und sollten eine weiche Konsistenz behalten.

◆ Das Gebäck noch etwa 30 Minuten im ausgeschalteten Ofen lassen und anschließend mit Puderzucker bestäuben.

Panpepato o panforte di Siena

Sieneser Gewürzkuchen

Von dieser berühmten Spezialität aus Siena gibt uns bereits eine Handschrift aus dem Jahre 1205 Kunde, die aus dem Kloster von Montecelso stammt und im Staatsarchiv von Siena aufbewahrt wird.

Panpepato *wurde in den Klöstern gebacken und sowohl dem Bischof als auch dem Klerus zusammen mit* Vin Santo *an Weihnachten als Geschenk überreicht.*

Um das Jahr 1515 wurde Panpepato *oder* Panforte *dann zu einer Sieneser Spezialität, die fortan vor allem zu Weihnachten verschenkt wurde. Diese Tradition hat sich bis heute erhalten und ein Weihnachtsessen ohne* Panforte *ist in der Toskana undenkbar!*

Etwa 1540 ging die Herstellung dieser Kuchen von den Klöstern auf die Gewürzhändler über und entwickelte sich nach und nach zu einem eigenen Industriezweig. Heute kennt jeder Tourist, der Siena besucht hat, diesen traditionsreichen Kuchen – er wird dort inzwischen das ganze Jahr über als Spezialität feilgeboten.

Die Rezeptur gehört zu den bestgehüteten Geheimnissen und variiert von Familie zu Familie. Ich gebe Ihnen hier ein bewährtes Rezept, das ich von einer Freundin aus Siena habe:

Für 6–10 Personen

350 g Mandeln
50 g Walnüsse
350 g Zucker
150 g Weizenmehl
1 EL Kakaopulver
450 g gehackte kandierte Früchte (Orangen, Zitronen, Melonen)
6 g gemahlener Koriander
3 g gemahlener Muskat
5 g gemahlener Zimt
3 g gemahlene Gewürznelke
2 g gemahlener weißer Pfeffer

Außerdem:
Butter
Reispapier oder Oblaten für die Form
Puderzucker zum Bestäuben

- Den Backofen auf 180 °C vorheizen.
- Die Mandeln und die Walnüsse auf einem Backblech ca. 4 Minuten im Ofen rösten. Anschließend knapp ein Drittel der Mandeln beiseite stellen, die restlichen Mandeln mit den Walnüssen fein hacken.
- In einem Topf den Zucker mit ein wenig Wasser zu einem Sirup auflösen, aber aufpassen, dass der Zucker nicht karamellisiert!
- Den Topf vom Herd nehmen und das Mehl, das Kakaopulver, die gehackten und die ganzen Mandeln, die Walnüsse sowie die kandierten Früchte und die Gewürze einrühren. Alles gut miteinander vermischen.
- Eine Springform von 24 cm Durchmesser mit etwas Butter einfetten, mit Reispapier oder Oblaten auslegen und den Teig einfüllen. Er sollte etwa 2 cm hoch sein. Die Oberfläche glatt streichen und mit Reispapier oder Oblaten abdecken.
- Den Kuchen 35–40 Minuten im Ofen backen.
- Den *Panpepato* nach dem Erkalten aus der Form nehmen und mit reichlich Puderzucker bestäuben.
- Was nicht sofort gegessen wird, kann problemlos einige Zeit aufbewahrt werden – der Kuchen wird sogar noch besser, wenn er etwas liegen bleibt …

Pane di Natale

Weihnachtsbrot

Für 6–8 Personen

50 g gehackte Walnüsse
100 g gehackter, kandierter Kürbis
1/8 l Milch
50 g frische Backhefe
1 kg Mehl
150 g flüssiger Honig
2–3 EL Zucker
1 Msp. gemahlener Zimt
1 Prise gemahlene Gewürznelken
1 Prise Salz
2 Eier
100 g Rosinen
abgeriebene Schale von je 1/2 Orange und Zitrone

Außerdem:
Butter und Mehl für das Backblech
Zimtpulver zum Bestäuben

◆ Die Walnusskerne und den kandierten Kürbis fein hacken.

◆ Die Milch leicht erwärmen und die Hefe hineinbröckeln.

◆ Das Mehl auf die Arbeitsfläche sieben, eine Mulde hineindrücken, die Hefemilch, den Honig, den Zucker und die Gewürze hineingeben und alles miteinander vermischen.

◆ Den Teig gut durchkneten und mit einem sauberen Küchentuch bedeckt an einem warmen Ort 1 Stunde gehen lassen.

◆ Nach der Ruhezeit den Teig noch einmal gründlich durchkneten und dabei die Eier, die Nüsse, den kandierten Kürbis, die Rosinen sowie die Orangen- und Zitronenschale einarbeiten. Alles zu einem elastischen, glatten Teig verkneten.

◆ Den Teig zu einer Kugel formen, mit einem sauberen Küchentuch abdecken und an einem warmen Ort noch einmal ca. 1 Stunde gehen lassen.

◆ Den Backofen auf 200 °C vorheizen.

◆ Ein Backblech mit Butter einfetten und mit Mehl bestäuben.

◆ Den Teig zu etwa faustgroßen Semmeln formen, auf das Backblech setzen und zugedeckt weitere 30 Minuten gehen lassen.

◆ Die Semmeln mit etwas Zimtpulver bestäuben und im Ofen 20–25 Minuten backen.

◆ Vor dem Servieren abkühlen lassen.

Il Carnevale

Karneval/Fasching

Das typische Faschingsgebäck sind Cenci, *die allerdings nicht nur in der Toskana, sondern in ganz Italien verbreitet sind. Sie variieren jedoch – je nach Landstrich – ein wenig in Größe, Form und Zutaten. Die Zubereitung ist dagegen überall gleich.* Cenci *schmecken sowohl lauwarm als auch kalt. Sie lassen sich übrigens gut bis zum nächsten Tag aufheben – es lohnt sich also durchaus, gleich eine etwas größere Menge zuzubereiten.*

Cenci

Frittierte Mürbeteig-Rauten

Für 25–30 Stück

300 g Mehl
1 TL Backpulver
2 EL Butter oder Olivenöl
50 g Zucker
2 Eier
4 cl Vin Santo
1 Prise Salz

Außerdem:
Pflanzenöl zum Ausbacken
Puderzucker zum Bestäuben

- Das Mehl mit dem Backpulver auf eine Arbeitsfläche sieben und mit allen übrigen Zutaten rasch zu einem glatten, elastischen Teig verkneten.
- Den Teig vor der weiteren Verarbeitung 30–40 Minuten ruhen lassen.
- Anschließend dünn ausrollen und mit einem Teigrädchen oder Messer unregelmäßige Rauten ausschneiden.
- In einer hohen Pfanne reichlich Öl erhitzen und die Rauten portionsweise goldgelb im siedenden Fett ausbacken.
- Die fertig gebackenen *Cenci* auf Küchenpapier etwas abtropfen lassen.
- Wenn alle Rauten ausgebacken sind, die *Cenci* dick mit Puderzucker bestäuben.

Berlingozzo

Karnevals-Kranzkuchen

Dieser Kranzkuchen hat eine lange Tradition und wurde früher wie heute am Unsinnigen Donnerstag gebacken. In einigen Gegenden der Toskana wird dem Teig ein Teelöffel Anissamen beigemischt.

Der Name Berlingozzo *soll angeblich vom althochdeutschen Wort „bretling" (Tisch) abgeleitet sein.*

Ich habe diesen Kuchen das erste Mal bei einer Freundin in Florenz gegessen. Sie gab mir dieses Rezept dafür:

Für 6–10 Personen

4 Eier
250 g Zucker
knapp 1/8 l Öl oder
100 g zerlassene Butter
1 Prise Salz
abgeriebene Schale von 1 Zitrone
350 g Mehl
1 Päckchen Backpulver
knapp 1/8 l Milch

Außerdem:
Butter und Mehl für die Form

◆ Den Backofen auf 175 °C vorheizen.

◆ Die Eier mit dem Zucker schaumig schlagen. Das Öl oder die zerlassene Butter unterrühren, das Salz und die abgeriebene Zitronenschale zufügen und ständig weiterrühren.

◆ Das Mehl mit dem Backpulver vermischen und nach und nach unter die Zucker-Ei-Masse rühren. Zum Schluss esslöffelweise die Milch zufügen und alles gut verrühren, bis eine cremige, glatte Masse entstanden ist.

◆ Eine Kranzform mit Butter einfetten, mit etwas Mehl bestäuben und den Teig einfüllen. Die Oberfläche glatt streichen.

◆ Die Form in den Ofen stellen und den Kuchen etwa 50 Minuten auf mittlerer Schiene goldgelb backen.

◆ Den *Berlingozzo* vor dem Servieren gut auskühlen lassen.

Festa di S. Giuseppe

Fest des heiligen Joseph

Auch zu diesem Fest, das am 19. März begangen wird, gibt es eine Spezialität: Nach alter Tradition werden an diesem Tag Krapfen aus Milchreis gebacken.
Besonders schön sieht es aus, wenn Sie die Krapfen einzeln in kleinen Papiermanschetten servieren.

Fritelle di S. Giuseppe

Josephi-Krapfen

Für 6–8 Personen

175 g Milchreis (Rundkornreis)
knapp 1/2 l Milch
3 Eier · 50 g Zucker
abgeriebene Schale von 1 Orange
1 Prise Salz

Außerdem:
reichlich Sonnenblumenöl oder Schweineschmalz zum Ausbacken
Puderzucker zum Bestäuben

- Den Reis in der Milch sehr weich kochen und auskühlen lassen.
- Anschließend die übrigen Zutaten unter den Reis mischen und den Teig 4–5 Stunden ruhen lassen.
- In einer hohen Pfanne reichlich Sonnenblumenöl oder Schweineschmalz erhitzen.
- Mit einem Teelöffel kleine Bällchen von der Reismasse abstechen und portionsweise im siedenden Öl goldgelb ausbacken.
- Die frittierten Krapfen auf Küchenpapier etwas abtropfen lassen und mit Puderzucker bestäubt servieren.

La Pasqua

Ostern

Das Osterfest wird in der Toskana traditionell mit gesegneten Ostereiern, der Ostersuppe, Lammbraten oder Kaninchen in Weißwein, Anis-Kranzkuchen und Osterfladen gefeiert. Dazu kommt möglichst die ganze Familie zusammen und es werden Freunde zum Essen eingeladen.

Minestra pasqualina

Ostersuppe

Für 6 Personen

Für die klare Hühnerbrühe:
500 g Hühnerklein oder Hühnerfleisch ohne Haut
2 Karotten
den grünen Teil von 1 Lauchstange
2 Stangen Staudensellerie
2 Tomaten
3 Eiweiß
1 ½ l Wasser
Salz
Pfeffer

◆ Das Hühnerklein oder Hühnerfleisch klein hacken.

◆ Die Karotten schälen, den Lauch, den Staudensellerie und die Tomaten gründlich waschen und das ganze Gemüse grob hacken.

◆ Das Fleisch mit dem Gemüse in einer großen Schüssel mischen. Das Eiweiß steif schlagen und unter die Mischung heben.

◆ Das Wasser leicht erwärmen, salzen, pfeffern und unter die Fleisch-Gemüse-Mischung in die Schüssel rühren. Anschließend alles in einen Topf umfüllen und auf kleiner Flamme langsam zum Kochen bringen, dabei mindestens 6–8 Minuten ständig kräftig umrühren.

◆ Sobald Schaum aufsteigt, das Rühren einstellen, die Temperatur reduzieren und mit einem Esslöffel am Topfrand in die oben schwimmende Schicht eine Öffnung machen.

◆ Die Brühe mit geschlossenem Deckel etwa 40 Minuten leise köcheln lassen.

◆ Anschließend die oben schwimmende Schicht mit einem Löffel entfernen, ein Sieb mit einem sauberen Küchentuch auslegen und die Brühe in einen anderen Topf seihen.

◆ Für die Einlage das Mehl mit dem Parmesan mischen, die Eier und die Gewürze dazugeben und alles zu einem glatten Teig verkneten.

◆ Die Brühe wieder zum Kochen bringen. Sobald sie kocht, den Teig mit den Händen durch ein Sieb mit ziemlich großen Löchern direkt in die Brühe streichen. Der Teig fällt in Form von kurzen, dünnen Strängen aus dem Sieb und gerinnt in der kochenden Brühe sofort zu kurzen Nudeln.

◆ Die heiße Suppe mit frisch geriebenem Parmesan servieren.

Für die Einlage:
6 EL Weizenmehl
6 EL geriebener Parmesan
6 Eier
etwas Muskat
Salz · Pfeffer

Außerdem:
reichlich Parmesan

Die Einlage für die Ostersuppe gleicht ein wenig den Suppennudeln, Passatelli, *von Seite 84; durch die vielen Eier und die Verwendung von Mehl statt Semmelbröseln ist sie jedoch wesentlich weicher.*
Wenn Sie möchten, können Sie ganz junge, zarte Erbsen ein paar Minuten in der Brühe mitkochen, bevor Sie die Einlage hineinstreichen.

Agnello pasqualino

Osterlamm

◆ 12 Stunden vor der Zubereitung das Lamm spicken und marinieren:

Für 10–12 Personen

1 ganzes küchenfertiges Lamm oder Zicklein von 6–8 kg, ohne Innereien
2 Zweiglein Rosmarin
6 Scheiben Bauchspeck
einige Blättchen Salbei
Salz · Pfeffer

Für die Marinade:
10 EL Olivenöl · 3 EL Essig
1/2 l Rotwein
Salz · Pfeffer
2 Lorbeerblätter

Außerdem:
1/8 l Brühe
1 1/2 kg neue Kartoffeln · Salz

◆ Dazu den Rosmarin waschen, trockenschütteln und die Nadeln abstreifen. Speck, Rosmarin und Salbei fein hacken und mit Salz und Pfeffer vermischen. Mit einem spitzen Messer an mehreren Stellen kleine Taschen in das Fleisch schneiden und mit der Würzmischung füllen.

◆ Das gespickte Lamm in einen ausreichend großen Bräter legen.

◆ Aus Olivenöl, Essig, Rotwein, Salz und Pfeffer eine Marinade rühren. Die Lorbeerblätter hineingeben und das Lamm damit übergießen.

◆ Vor der Zubereitung den Backofen auf 200 °C vorheizen.

◆ Das Lamm aus der Beize nehmen. Die Hälfte der Marinade mit der Brühe mischen und beiseite stellen. Die restliche Marinade weggießen.

◆ Das Lamm zurück in den Bräter legen, mit zwei Schöpfkellen Marinade übergießen und in den Backofen schieben.

◆ Das Fleisch während des Bratens – das dauert 2 1/2–3 Stunden – immer wieder mit etwas Marinade übergießen.

◆ Inzwischen die Kartoffeln schälen und in grobe Würfel schneiden. Etwa 40 Minuten vor dem Ende der Garzeit um das Fleisch legen und salzen.

◆ Zum Servieren das Lamm in Portionsstücke schneiden und mit Kartoffeln umlegt auf Servierplatten anrichten.

Eine andere Methode der Zubereitung, die eher auf dem Land üblich ist, besteht darin, das Lamm oder Zicklein am Drehspieß vor offenem Feuer langsam zu braten.
Auch bei dieser Methode das Fleisch immer wieder mit etwas Marinade bepinseln. Die Kartoffeln mit Rosmarin (Rezept siehe Seite 160) separat im Backofen zubereiten.

Coniglio pasqualino

Osterkaninchen in Weißwein

Für 4–6 Personen

1 küchenfertiges Kaninchen von ca. 1,2 kg
etwas Essig
2–3 Scheiben Bauchspeck
Salz
Pfeffer
6–7 kleine Artischocken
Saft von 1 Zitrone
2–3 Knoblauchzehen
2–3 Estragonzweiglein
6 EL Olivenöl
Weißwein

◆ Das Kaninchen mit Essig abwaschen und trockentupfen.

◆ Den Backofen auf 180 °C vorheizen.

◆ Den Speck fein hacken. Mit einem spitzen Messer kleine Taschen in das Fleisch schneiden und jeweils etwas Speck hineingeben.

◆ Das Kaninchen innen und außen mit Salz und Pfeffer einreiben.

◆ Von den Artischocken die äußeren harten Blätter entfernen und wegwerfen. Von den zarteren Blättern die harten Spitzen abschneiden und ebenfalls wegwerfen. Den Stiel auf ca. 2 cm Länge kürzen, und großzügig abschälen. Die so vorbereiteten Artischocken sofort in Zitronenwasser legen, damit sie sich nicht verfärben.

◆ Den Knoblauch abziehen und fein würfeln.

◆ Den Estragon waschen, trockenschütteln, die Blättchen von den Zweigen streifen und fein hacken.

◆ Die Artischocken aus dem Zitronenwasser nehmen, längs in Scheiben schneiden und grob hacken.

◆ Knoblauch, Estragon und Artischocken mit 3 EL Olivenöl vermischen, mit etwas Salz würzen und das Kaninchen mit dieser Mischung füllen.

◆ Das Kaninchen mit Küchengarn zunähen, damit die Füllung nicht herausquellen kann.

◆ Das restliche Olivenöl in einem Bräter erhitzen, das gefüllte Kaninchen hineinlegen und so viel Weißwein angießen, dass das Fleisch zu etwa drei Vierteln bedeckt ist.

◆ Das Kaninchen im Ofen etwa 1 Stunde garen.

◆ Anschließend die Temperatur auf 220 °C erhöhen, das Fleisch mit dem verbliebenen Bratenfond beschöpfen und in ca. 10 Minuten gleichmäßig bräunen.

◆ Zum Servieren das Küchengarn entfernen, das Kaninchen in Portionsstücke zerteilen und mit der Artischockenfüllung auf einer vorgewärmten Servierplatte anrichten.

Schiacciate di Pasqua

Osterfladen

Diese Fladen wurden früher in großen Mengen gebacken und an Freunde und Verwandte, die Nachbarn und den Pfarrer verschenkt. Die Bäuerinnen begannen oft schon eine Woche vor Ostern mit dem Backen und nicht selten verbrauchten sie bis zu 120 Eier, um ihre Osterfladen backen zu können.

Der Brauch, Osterfladen an Freunde und Nachbarn zu verschenken, ist – zumindest in der Provinz Siena – heute noch lebendig. Allerdings werden sie längst nicht mehr in diesen gigantischen Mengen hergestellt …

Die Bezeichnung „Fladen" ist vielleicht ein bisschen irreführend: Osterfladen sind nicht etwa dünn und flach, sondern dicke, runde, süße Brote.

Für 1 Osterfladen

1 EL Anissamen
knapp 1/8 l Vin Santo
4 EL Wasser
30 g frische Backhefe
800 g Mehl · 200 g Zucker
50 g Schweineschmalz
1 Prise Salz · 4 Eier
4 cl Rosolio-Likör oder Grappa
gut 1 EL Olivenöl
Saft von 1/2 Orange
1 EL Orangenblüten- oder Rosenwasser

Außerdem:
Butter und Mehl für das Backblech
Zuckerperlen oder Hagelzucker

◆ Die Anissamen in Vin Santo 5 Minuten kochen, beiseite stellen.

◆ Das Wasser leicht erwärmen und die Hefe hineinbröckeln.

◆ Die aufgelöste Hefe mit 6 EL Mehl und 1 EL Zucker vermischen und zugedeckt 30 Minuten an einem warmen Ort gehen lassen.

◆ Das Mehl auf die Arbeitsfläche sieben, eine Mulde hineindrücken und die Hefemischung, das Schmalz in Flöckchen, den Zucker und das Salz hineingeben. Vom Rand der Mulde etwas Mehl damit vermischen und die restlichen Zutaten sowie die Anissamen mit dem Vin Santo zugeben.

◆ Alles zu einem elastischen, nicht zu festen Teig verkneten.

◆ Den Teig zu einem runden Laib formen, mit einem sauberen Küchentuch abdecken und etwa 2 Stunden an einem warmen Ort gehen lassen.

◆ Den Backofen auf 180 °C vorheizen.

◆ Ein Backblech einfetten und leicht mit Mehl bestäuben.

◆ Den Hefeteiglaib mit bunten Zuckerperlen oder Hagelzucker bestreuen und auf das Backblech legen.

◆ Den Osterfladen im Ofen 30–40 Minuten auf mittlerer Schiene backen, bis die Oberfläche goldgelb ist.

Ciambella di Pasqua

Osterkranz

Für 10–12 Personen

3 Eier
175–200 g Zucker
100–125 g Schweineschmalz oder Butter
abgeriebene Schale von 1 Zitrone
6 EL Milch
2 cl Rosolio (Rosenblätterlikör; wahlweise Kräuterlikör, z. B. Strega)
1 Päckchen Backpulver
500 g Mehl
1 TL Anissamen

Außerdem:
Butter und Mehl für die Form
1 Ei · 1 EL Olivenöl

- Nehmen Sie das Fett, die Eier und die Milch rechtzeitig aus dem Kühlschrank, alle Zutaten sollten Zimmertemperatur haben!
- Den Backofen auf 180 °C vorheizen.
- Die Eier mit dem Zucker hell und schaumig schlagen. Das Fett nach und nach unterrühren, die abgeriebene Zitronenschale, die Milch und den Likör zugeben und zum Schluss löffelweise das mit dem Backpulver vermischte Mehl und die Anissamen unterrühren.
- Den Teig kräftig schlagen, bis er glatt und luftig ist.
- Eine Kranzform einfetten und mit etwas Mehl bestäuben. Den Teig einfüllen, die Oberfläche glatt streichen und mit einem Messer ringsherum einschneiden.
- Das Ei mit dem Olivenöl verquirlen und die Teigoberfläche damit bepinseln.
- Den Osterkranz im Ofen etwa 40 Minuten auf mittlerer Schiene backen. Während dieser Zeit den Backofen nicht öffnen!
- Vor dem Servieren den Kranzkuchen gut auskühlen lassen.

Ebenfalls in die Osterzeit gehört auch die Torta dolce di riso *(Süße Reistorte), die allerdings auch bei Hochzeiten gern als Dessert serviert wird.*
Das Rezept dazu finden Sie daher im Kapitel Dolci *auf Seite 300.*

Festa dei Santi Pietro e Paolo

Fest der Apostel Petrus und Paulus

Am 29. Juni, dem Fest der Apostel Petrus und Paulus, war es früher Brauch in Siena, am Vormittag auf der Piazza del Campo einen Teller Kutteln zu essen, während die Pferde für den berühmten Palio *ausgewählt wurden.*
Heute wird diese Tradition von den Restaurants rund um den Platz fortgeführt: Dort stehen an diesem Tag stets hervorragend gekochte Kutteln auf der Speisekarte!

Dieses spezielle Kuttelrezept unterscheidet sich von den anderen (siehe Seite 288) vor allem dadurch, dass es durch den Kalbsfuß gehaltvoller wird. Außerdem ist es ein wenig raffinierter gewürzt.

Trippa dei Santi Pietro e Paolo

Kutteln für das Fest St. Peter und Paul

Für 6 Personen

300 g Kalbsfuß
Salz
1 kg vorgekochte Kutteln
5–6 große Tomaten
1 Zwiebel
2 Knoblauchzehen
1 Stange Staudensellerie
1–2 Karotten

◆ Den Kalbsfuß in schwach gesalzenem Wasser weich kochen, abgießen und das Fleisch in feine Streifen schneiden.
◆ Die Kutteln in fingerbreite Streifen schneiden.
◆ Die Tomaten kurz mit heißem Wasser überbrühen, häuten, vierteln und entkernen, dabei die Stielansätze entfernen. Das Fruchtfleisch grob würfeln.
◆ Die Zwiebel und den Knoblauch abziehen und fein hacken.
◆ Den Sellerie waschen, die Karotten schälen und beides fein würfeln.

◆ In einem großen Topf das Olivenöl erhitzen und die Zwiebeln darin hell anschwitzen. Sobald sie Farbe angenommen haben, den Knoblauch, den Sellerie und die Karotten zufügen. Sobald der Knoblauch etwas Farbe angenommen hat, die Tomaten zugeben und alles 10–12 Minuten köcheln lassen. Anschließend salzen, pfeffern und mit Zimt und Muskat würzen.

◆ Den Kalbsfuß und die Kutteln zufügen, kurz andünsten und mit der Brühe ablöschen.

◆ Alles bei geringer Hitze im geschlossenen Topf unter gelegentlichem Umrühren gut 1 Stunden köcheln lassen.

◆ Während der Kochzeit darauf achten, dass die Kutteln stets mit Flüssigkeit bedeckt sind, eventuell noch etwas Brühe nachgießen.

◆ Zum Servieren das Weißbrot rösten und zusammen mit den heißen Kutteln auf einer großen Platte anrichten. Mit reichlich Parmesan bestreuen und sofort zu Tisch bringen.

5 EL Olivenöl
Salz · Pfeffer
1 Prise Zimt
1 Prise Muskat
knapp 1/4 l Brühe

Außerdem:
6 Scheiben Weißbrot
reichlich frisch geriebener Parmesan

Festa di Ognissanti

Allerheiligen

Zu Allerheiligen gibt es ein spezielles Brot mit Nüssen und Rosinen, das allerdings auch noch in der gesamten Weihnachtszeit gebacken wird.

Es schmeckt übrigens am besten, wenn es nicht ganz frisch, sondern zwei bis drei Tage alt ist. Dazu trinkt man einen jungen Rotwein oder Vin Santo *und isst ein wenig Pecorino …*

Pan co' Santi

Allerheiligenbrot

Für 10–12 Personen

25 g frische Backhefe
4 EL lauwarmes Wasser
1 kg Mehl
Salz
20 g Walnüsse
50 g Haselnüsse oder Mandeln
1 EL Schweineschmalz
100 g Rosinen · 75 g Zucker
1 Msp. frisch gemahlener Pfeffer
1 Prise Salz · 2 EL Olivenöl
½ TL Anissamen
abgeriebene Schale von 1 Zitrone

Außerdem:
Öl und Mehl für das Backblech
1 Eiweiß

◆ Die Hefe in das Wasser bröckeln und darin auflösen.

◆ Das Mehl auf die Arbeitsfläche sieben, eine Mulde hineindrücken und das Hefewasser sowie ein wenig Salz hineingeben. Alles zu einem elastischen, nicht zu festen Teig verkneten, mit einem sauberen Küchentuch abdecken und an einem warmen Ort etwa 1 Stunde gehen lassen.

◆ Inzwischen die Walnüsse, Haselnüsse (oder Mandeln) klein hacken und in einer Pfanne im heißen Schweineschmalz anrösten.

◆ Nach der Ruhezeit den Teig noch einmal gut durchkneten und dabei die abgekühlten, gerösteten Nüsse sowie alle übrigen Zutaten in den Teig einarbeiten.

◆ Den Teig zu einem runden, flachen Laib formen und mit einem Küchentuch bedeckt an einem warmen Ort nochmals 1 Stunde ruhen lassen.

◆ Inzwischen den Backofen auf 200 °C vorheizen.

◆ Ein Backblech einfetten und leicht mit Mehl bestäuben, den Brotlaib darauf legen und mit dem Eiweiß bepinseln.

◆ Das Allerheiligenbrot im Ofen 30–35 Minuten auf mittlerer Schiene backen.

Rezeptverzeichnis

Italienisches Rezeptverzeichnis

Q

R

S

Deutsches Rezeptverzeichnis

GMB 99

S

Meiner Mutter gewidmet

Die Autorin dankt sehr herzlich allen, die ihr bei der Fertigstellung des Manuskriptes geholfen haben, ganz besonders Francesca Bozzano, die mit ihrer Kompetenz und tatkräftigen Hilfe zum Gelingen des Buches beigetragen hat und dem Verlag, der mit seinen vielfältigen Anregungen stets sehr hilfreich war.

Ein besonderer Dank des Verlages gilt Nilo von der *Osteria Vecchia* in Cetona sowie Andrea und Cristina vom *La Crocetta* in San Casciano dei Bagni, die uns mit ihrer wunderbaren Küche dazu inspiriert haben, dieses Kochbuch überhaupt zu machen.

Übersetzung aus dem Italienischen: Veronika Maasburg, München
Redaktion, Gestaltung und Satz: Bine Cordes, Weyarn
Schlusskorrektur: Susanne Kattenbeck, Verlagsservice, Laaber
Zeichnungen: Carlo Maria Bloser, Porto (Italien)
Fotos Einband/Titelseite und alle Farbfotos im Buch: Verlag
Foto Einband/Rückseite: Paolo Destefanis, Montichiello (Italien)
Fotos Seite 32, 55, 87, 139, 179, 225, 289, 319: PhotoAlto
Printed in Germany
ISBN 3-934058-25-6